U0920828

广州地铁设计研究院建院20周年
优秀作品集

刘智成　农兴中　主编

图书在版编目(CIP)数据

广州地铁设计研究院建院20周年优秀作品集 / 刘智成，农兴中主编. — 北京 : 人民交通出版社，2013.6
ISBN 978-7-114-10644-6

Ⅰ. ①广… Ⅱ. ①刘… ②农… Ⅲ. ①地下铁道—铁路工程—设计—作品集—广州市 Ⅳ. ①U231

中国版本图书馆CIP数据核字（2013）第111191号

书　　名：广州地铁设计研究院建院20周年优秀作品集
著 作 者：刘智成　农兴中
责任编辑：刘彩云
出版发行：人民交通出版社
地　　址：（100011）北京市朝阳区安定门外外馆斜街3号
网　　址：http：//www.ccpress.com.cn
销售电话：（010）59757973
总 销 售：人民交通出版社发行部
经　　销：各地新华书店
印　　刷：北京盛通印刷股份有限公司
开　　本：787×1092 1/12
印　　张：21
版　　次：2013年6月　第1版
印　　次：2013年6月　第1次印刷
书　　号：ISBN 978-7-114-10644-6
定　　价：198.00元

栉风沐雨　春华秋实
广州地铁设计研究院建院20周年优秀作品集

序 Preface

广州地铁设计研究院从1993年成立时不足40人的小院，发展到今天近900人的大院，历经从无到有、从有到强、从强到优，这个发展过程是值得好好回味、总结和思考的。她的成长和发展是我国轨道交通跨越式大发展的缩影和写照，发展成绩可喜可贺，发展经验可圈可点！

以出版作品集的形式来庆祝建院二十周年，其意义在于真实地记录历史，客观地记载成就，科学地探讨问题，宁静地思考未来，这种形式和行为对设计院综合实力的稳步提升，对设计人员设计水平的提高都是极为有益的。

多年来，设计院致力于安全、节能、经济、环保的城市轨道交通设计，注重提升精细化、人性化设计水平，从过去单一线路设计到开展轨道交通全线网设计，业务范围遍及广州、北京、天津、沈阳、西安、郑州、成都、南京、无锡、苏州、宁波、武汉、长沙、南昌、南宁、福州、厦门、深圳、佛山、东莞、江门等国内23个大中城市，完成了超过30条轨道交通线路工程可行性研究、勘察设计总体总包，250多座车站的工程设计，400多公里不同工法的区间设计，机电与系统设计涵盖了整个轨道交通工程。

在轨道交通设计中，设计院注重科技创新与经验积累，主编了《城市轨道交通隧道结构安全保护技术规范》、《直线电机轨道交通设计规范》等8项国家标准和行业标准，参编了《城市轨道交通岩土工程勘察规范》、《城市轨道交通工程基本术语标准》等6项国家标准和行业标准。同时，在广州地铁一体化经营模式下，设计院注重轨道交通网络资源共享，借助广州地铁建设、运营等管理优势，定时进行设计回访，不断总结经验，提升新线的设计水平，为改善城市交通、促进城市节能环保、绿色出行做出积极贡献。

这本作品集充分反映了设计院二十年来在城市轨道交通工程、市政工程、民用建筑等领域中的设计理念和创新成果，展示了行业前沿的建筑创作水平和锐意创新精神，特别体现了广州地铁设计研究院独特的设计风格和浓郁的时代气息，以及务实、开放、包容、创新的文化理念。

值此广州地铁设计研究院建院二十周年喜庆之际，衷心祝愿设计院全体员工不断进步，创造出更多、更优秀的设计作品，祝愿设计院的未来更加美好、辉煌！

广州市地下铁道总公司总经理

二〇一三年五月

前言 Foreword

广州地铁设计研究院建院20周年优秀作品集

二十载峥嵘岁月结硕果，二十载激昂进取谱华章。广州地铁设计研究院伴随着中国轨道交通大发展，历经全体员工的辛勤耕耘取得累累硕果，成长为中国城市轨道交通设计领域一支强劲的中坚力量。

二十年风雨砺炼，设计院务实进取，锐意创新，先后承担了广州市轨道交通15条线路以及珠江新城旅客自动输送系统、广州至佛山城际快速轨道交通等工程的前期咨询、勘察、工可研究、初步设计、总体设计、施工图设计、设计咨询和总体总包工作。近年来，业务范围涉及国内23个大中城市，完成了30多条轨道交通线路工程可行性研究、勘察设计总体总包，250多座车站的工程设计，400多公里各种不同工法的区间设计，机电与系统设计涵盖了整个轨道交通工程。同时，我院还完成了多项沿线物业开发、城市综合体及地下空间利用、市政工程、综合交通枢纽工程等咨询和设计工作。在发展过程中，与时俱进、注重资源配置、优化设计手段，先后荣获“国家科学技术进步奖”、“国家环境友好工程环境保护设计优秀奖”、“国家优质工程奖”、“全国优秀工程设计奖”、“全国优秀工程勘察设计行业奖”、“全国优秀工程咨询成果奖”、“全国优秀勘察设计院”等国家级、省部级科技、规划、勘察、设计、咨询等各类奖励和荣誉称号170多项。

值此建院二十周年之际，我院编辑出版《广州地铁设计研究院建院20周年优秀作品

集》，系统回顾了我院建筑设计发展历程，使我们有机会重新审视走过的奋斗和发展历程，振奋精神，坚定信心，鼓舞我们继续开拓前进。

秉持先进文化，传承优秀理念，设计院在务实创新中不断完善，始终站在建筑设计科技的前沿，创作出许多优秀的设计作品，为我国轨道交通设计领域的创新发展做出了突出的贡献。

作品集反映了设计院二十年来在轨道交通工程、市政工程、民用建筑等领域的技术创新与设计研发成果，每一幅作品都凝聚着设计人的心血和汗水，它既是一本建筑设计创作精美的历史文献，也是一本高雅的建筑设计创作艺术精品；既是设计院建院二十年发展历程的回顾，又是中国轨道交通日新月异发展变化的见证，对推动我国城市轨道交通建设发展具有十分重要的意义。

这部作品集的出版，只是一个新的起点，我院今后将继续加大科技创新力度，秉承“精心设计、诚信服务”的质量方针，致力于安全、节能、经济、环保的城市轨道交通设计与建设，打造设计精品，为改善城市交通、提升城市品质、促进城市经济发展再做新的贡献。

目录 Contents

广州地铁设计研究院建院20周年优秀作品集

一、轨道交通篇

广州地铁设计研究院建院周年优秀作品集

广州地铁二号线工程

Guangzhou Metro Line 2

线路起止 ◎ 广州南站—嘉禾望岗站
功能定位 ◎ 中心城区的南北向骨干线
线路长度 ◎ 31.8km
车站数量 ◎ 24座
近期最高客流断面 ◎ 4.85万人/h
开通时间 ◎ 江南西站—三元里站：2003年
广州南站—江南西站、三元里站—嘉禾望岗站：2010年

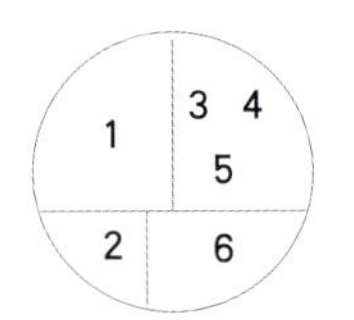

❶ 线路示意图
❷ 开门迎客
❸ 海珠广场站
❹ 公纪区间三线停车隧道
❺ 广州火车站
❻ 广州南站

广州地铁二号线是一条贯通市区中心和火车站的南北向城市轨道交通骨干线，北端与三号线衔接换乘，以连通新白云机场，南端直达广州南站。线路全长31.8km，共设24座车站，其中换乘站13座。车辆采用6辆编组A型车，最高运行速度80km/h。信号采用准移动闭塞制式，正线供电采用DC1500V刚性架空接触网。

广州地铁二号线是对首期工程万胜围—三元里段进行拆解并延长，是国内第一条对已运营线路进行拆解的线路，是广州市第一次大规模在岩溶发育区域建设地铁的线路。广州南站是广州市第一座与大型对外交通枢纽同步设计、同步建设的地铁车站。

获奖信息：
广东省优秀设计一等奖
广东省科学技术进步特等奖
2004年首届全国十大建设科技成就之一
城市设轨道交通放工专项技术科技示范工程（建设部）
国家科技进步奖二等奖
全国优秀工程设计奖（市政专业）银质奖

AB
DEF
GH
D

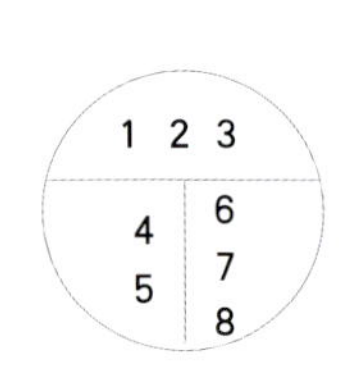

❶、❸ 拆解现场施工
❷ 拆解指挥部
❹ 线路拆解示意图
❺ 嘉禾望岗站站台
❻ 公园前控制中心
❼ 嘉禾车辆段列车整备待发
❽ 嘉禾车辆段

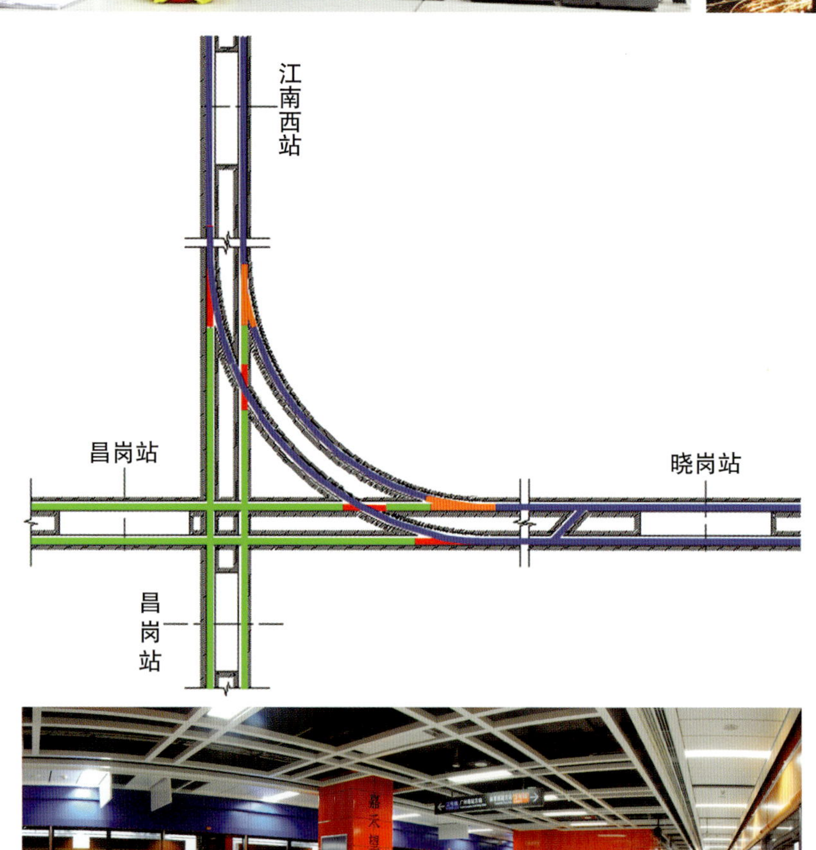

二号线工程已成为国内地铁工程建设的样板，在设计上具有多项技术创新：

1．首期工程

在国内首次采用屏蔽门系统，填补了国内空白；首次采用集中供冷系统，并成功应用珠江水直流冷却，充分体现了节能和环保的效能；首次在国内地铁领域、电气化铁道领域采用架空刚性接触网，结构简单、安全可靠；首次成功采用全非接触式IC卡自动售检票（AFC）系统，且在国际上首次采用了代币（TOKEN）式IC卡单程票系统，实现了地铁售检票系统的全智能化。

2．拆解工程

该作业涉及轨道、供电、信号、通信、控制中心、AFC、BAS、

FAS、ACS、隧道通风、区间给排水、低压等系统拆解，其中，轨道、供电、信号是拆解的关键。拆解作业的次序为：轨道→供电（接触网）→信号。其他相关专业在节点拆解前完成轨旁作业或在独立作业短时间内完成。

本工程的拆解实施周期为3天，于2010年9月22～24日完成。2010年9月25日开通试运营后，该线达到了较高的服务水平，其中二号线行车间隔达到3.5min，八号线行车间隔达到4.5min。

3． 结构设计

首期工程是在广州地区第一次自主设计和施工复合地层中的盾构隧道，并在国内首次采用1.5m宽盾构隧道衬砌管片和三元乙丙密封垫；纪念堂—越秀公园区间通过清泉街断裂破碎带时采用了全断面水平冻结法，是当时国内外最长距离水平冻结法的应用案例；公园前—纪念堂区间的单线、双线、三线隧道组合结构，也是当时国内最大跨度（21.6m）的浅埋地铁隧道；海珠广场站临近珠江边，基坑深达27m，是当时广东地区最深的大型基坑。

北延段(三元里—嘉禾望岗)是广州市轨道交通第一次在岩溶发育的不良地质区域大规模修建地铁的线路。针对岩溶处理的特殊要求，该线首先提出了高、低风险区的划分原则，对高、低风险区的溶、土洞采用区别对待的处理方式，既有效减少了岩溶发育对地下工程的风险，同时也减少盲目处理造成工程费用的浪费，为后期同等地质条件下的地下工程实施开创了先河。

广州市轨道交通三号线工程

Guangzhou Metro Line 3

线路起止 ◎ 番禺广场站—机场北站
功能定位 ◎ 城市快速干线
线路长度 ◎ 67.007km
车站数量 ◎ 30座
远期最高客流断面 ◎ 4.5万人/h
开通时间 ◎ 广州东站—客村站：2005年
客村站—番禺广场站、体育西站—天河客运站：2006年
广州东站—机场北站：2010年

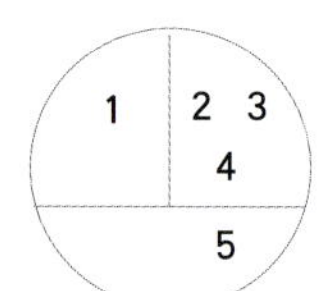

❶ 线路示意图
❷ 区间内的联络通道
❸ 隧道内人防门
❹ 机场南站厅中空设计
❺ 龙归站无柱岛式站台

广州市轨道交通三号线是第一条最高速度为120km/h的轨道交通线，是第一条贯通城市南北、连接机场的快速干线。原三号线工程呈南北Y形走向，其中主线北起广州火车东站，线路全长28.750km，南至番禺广场，设13座车站；支线北起天河汽车客运站，南至体育西路，在体育西路站与主线汇合，线路全长7.417km，设5座车站。敷设方式均为地下线路，全线共计18座车站，1座车辆段及综合基地，2座主变电站，1处控制中心。北延段由广州火车东站向北延伸至新机场，全长30.84km，共设12个车站。车辆采用6辆编组B型车，信号采用移动闭塞制式，正线供电采用DC1500V刚性架空接触网。

获奖信息：
广州市优秀设计一等奖
广东省优秀设计一等奖
全国优秀设计行业奖二等奖

工程特点：
1．“短”
工程的工期短。本线路是广州亚运会配套工程，30.8km的全地下线，工期不到3年半。经过建设、设计、施工、运营等多方努力如期通车，有力地支持了2010年广州亚运会的顺利举行。

地铁
维修模式
UNDER MAINTENANCE

购物赢大礼

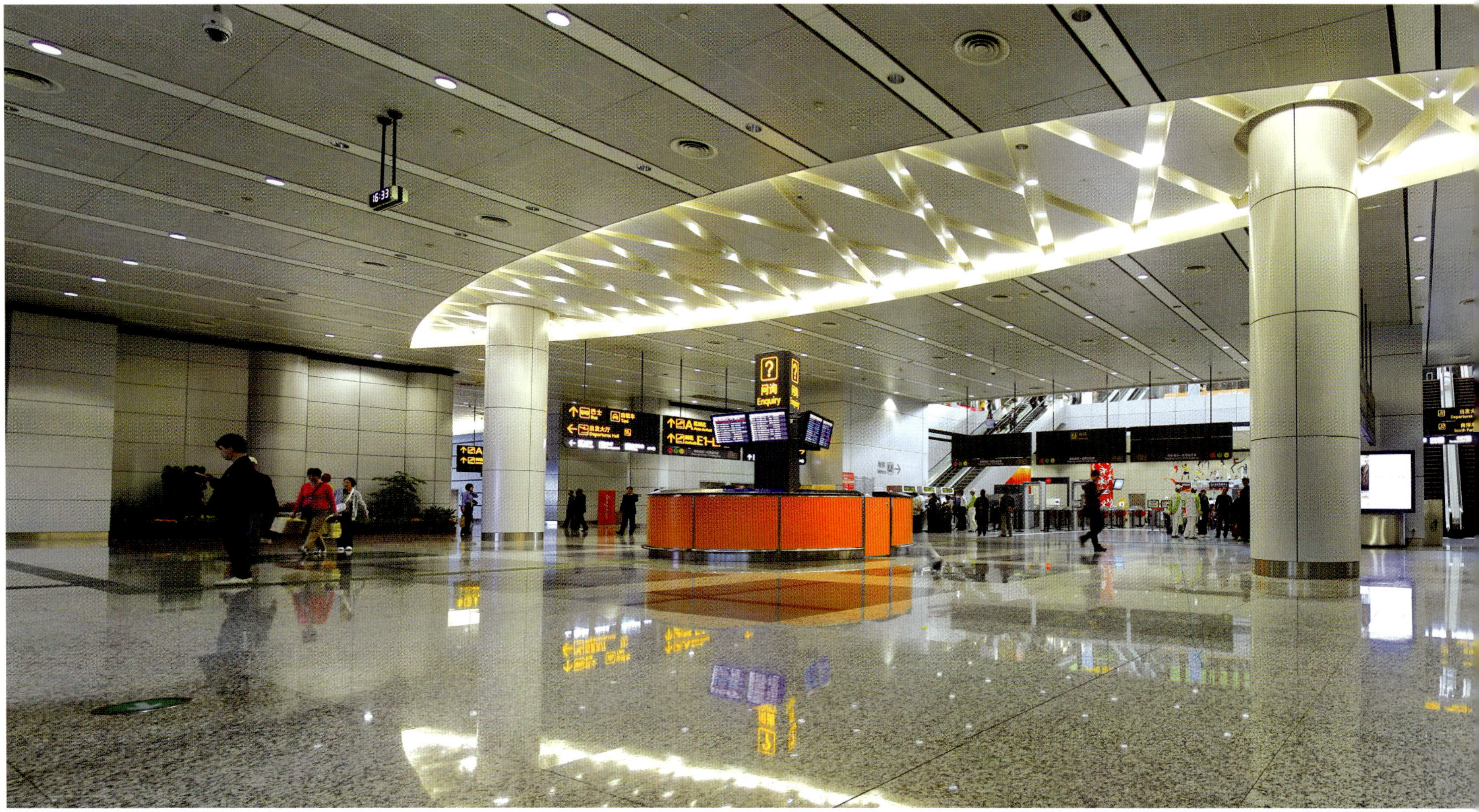

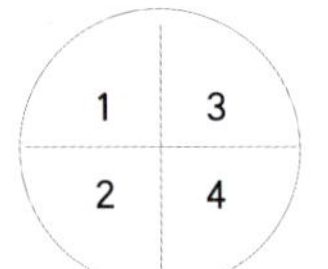

❶ 机场南站厅与机场共享
❷ 机场宽闸机
❸ 机场公众信息服务
❹ 燕塘站双柱岛式站台

2. “快”

三号线是国内第一条时速达120km/h的轨道交通线，与常规的轨道交通线路相比，其在行车组织、车辆、线路、轨道、限界、隧道通风、供电等方面要求更高，更具特点。三号线进行了一系列的技术创新，并在实际运营中得以成功验证，三号线北延段对此系统吸收，并针对性地作了优化调整。

3. “险”

全线地质风险大。全线80%的区段地质条件恶劣，7.8km花岗岩残积土、孤石地带，9.8km岩溶发育地带，5.3km深厚富水砂层地带。广州地区各种不良地层本工程均存在，克服风险是本线的技术重难点。

广州市轨道交通四号线工程

Guangzhou Metro Line 4

线路起止 ◎ 黄村站—南沙客运港站
功能定位 ◎ 组团联系快线
线路长度 ◎ 59.3km
车站数量 ◎ 24座
远期最高客流断面 ◎ 2.72万人/h
开通时间 ◎ 2005~2010年分段开通

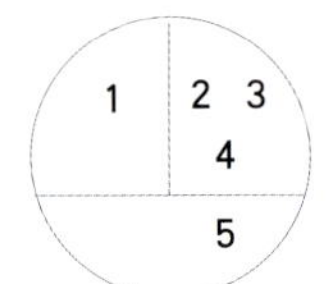

❶ 线路示意图
❷ 列车驾驶室内观
❸ 车辆段可动心辙叉道岔
❹ 大学城北站站台
❺ 跨怡峰园放生池高架桥景观

广州市轨道交通四号线是一条位于广州东部，联系天河、海珠、官洲、大学城、番禺、南沙组团的南北向快速干线，北起天河区黄村，经奥林匹克体育中心、东圃、琶洲、官洲生物岛、广州大学城、石碁、东涌、黄阁等地，南至南沙区南沙客运港，全长59.3km，共设24座车站（其中2座预留站，11座换乘站），平均站间距为2.54km，最大站间距为6.27km，最小站间距为1.19km。采用4辆编组直线电机车辆，最高运行速度90km/h。2005～2010年黄村—金洲段分段运营开通46.7km，南延段金洲—南沙客运港段12.6km计划在2016年年底建成。

获奖信息：
广州市优秀设计一等奖
广东省优秀设计一等奖
全国优秀设计行业奖二等奖

技术创新：
国内首次应用中大运量等级的直线电机运载系统；
国内首次应用DC1500V三轨供电；

金洲方向
金洲方向

1 2 3
4 5

❶ 低涌站外观
❷ 蕉门站外观
❸ 区间桥梁
❹ 金洲站外观
❺ 新造车辆段鸟瞰

国内首次应用基于无线通信的Train Guard MT移动闭塞信号系统；
国内首次应用预制混凝土板式道床；
国内城市轨道交通工程中首次应用运架一体架设整孔预制箱梁；
国内城市轨道交通工程首次应用节段预制拼装桥梁；
国内首次在隧道内采用埋入式长轨枕道床；
国内首次应用新型减振扣件Vanguard扣件对直线电机运载系统减振；
国内首次应用高架站台安全门；
国内首次应用最小号码（9号）可动心辙叉道岔；
国内首次应用最小号码（5号）单开道岔；
国内首次应用树脂轨枕；
国内首次应用复合材料电缆支架和复合材料疏散平台；
国内首次应用轨网转换技术；
国内首次同时配备轨网受电设备(车辆)；
国内首次在列车内安装CCTV系统。

广州市轨道交通五号线工程

Guangzhou Metro Line 5

线路起止 ◎ 滘口站—文冲站

功能定位 ◎ 城市骨干线

线路长度 ◎ 32km

车站数量 ◎ 24座

远期最高客流断面 ◎ 4.2万人/h

开通时间 ◎ 2009年

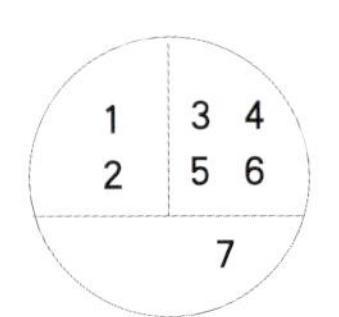

❶ 线路示意图
❷ 开通典礼
❸ 滘口站岛式站台
❹ 车辆调试
❺ 高架站景观
❻ 明亮的站厅
❼ 高架站滘口站室内景观

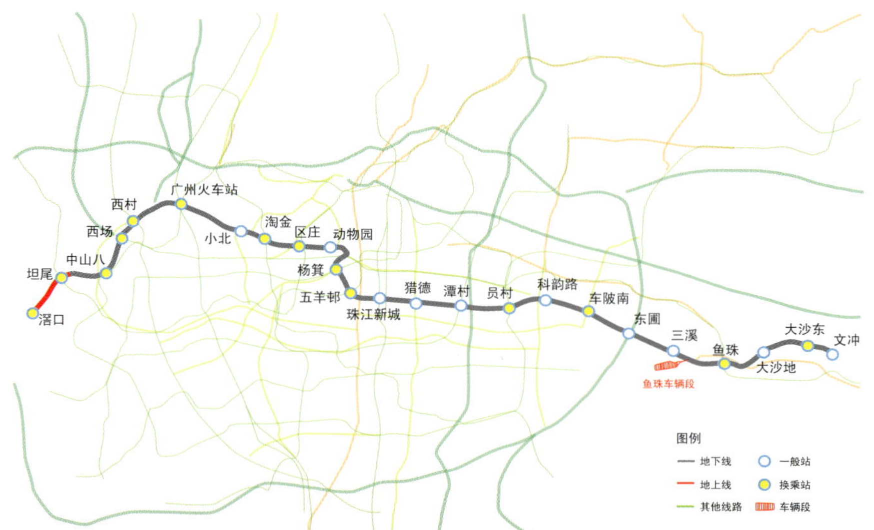

广州市轨道交通五号线为东西向骨干线，贯穿广州城市东西，线路西起芳村的滘口，东达黄埔的文冲。线路全长32km，共设24座车站，其中换乘站10座，滘口—坦尾段为高架线，其余全为地下线。车辆采用6辆编组，最高运行速度80km/h。

获奖信息：

广州市优秀设计大奖和一等奖

广东省优秀设计一等奖

全国优秀设计行业奖二等奖

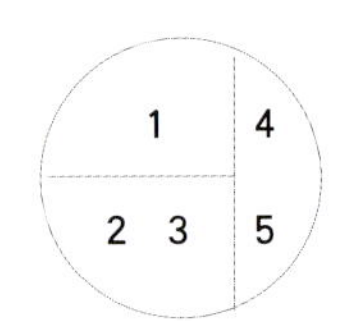

❶ 鱼珠车辆段停车列检库
❷ 车站车控室
❸ 车站控制室
❹ 隧道内联络通道
❺ 鱼珠主变电站一号主变器本体

工程特点：

成功应用大运量等级直线电机运载系统的轨道交通技术；

成功应用正线最小曲线半径只有200m、最大坡度5.5%的地铁线路和隧道设计技术；

成功应用矿山法进行洞内桩基托换设计；

盾构成功穿越溶洞群的隧道设计技术；

创新型站隧分离暗挖车站设计技术：西场站、西村站、火车站、小北站、区庄站、动物园站创造了在繁忙道路下不影响地面交通，创新型超复杂分离式暗挖车站的设计与施工的成功应用；

采用上下重叠暗挖站台车站设计，首次采用小间距上下重叠盾构隧道设计技术；

应用先隧道后车站的创新工法设计（五羊邨站）。

D28B
D28B

隧道通风
车站环控
屏蔽门
文冲站

禁止攀登
高压危险

珠江三角洲城际快速轨道交通广州至佛山段工程

Guangzhou–Foshan Inter–City Rapid Rail Transit Line

线路起止 ◎ 佛山魁奇路站—广州沥滘站
功能定位 ◎ 连接广州与佛山城市中心区干线
线路长度 ◎ 32.16km
车站数量 ◎ 21座
远期最高客流断面 ◎ 2.85万人/h
开通时间 ◎ 佛山魁奇路站—广州西朗站：2010年
广州西朗站—广州沥滘站：2014年

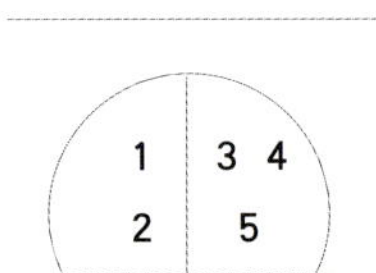

❶ 线路示意图
❷ 同济站出入口设计效果图
❸ 金融高新区效果图
❹ 广佛线柱面艺术陶瓷大样
❺ 车辆段鸟瞰图
❻ 车站站厅层

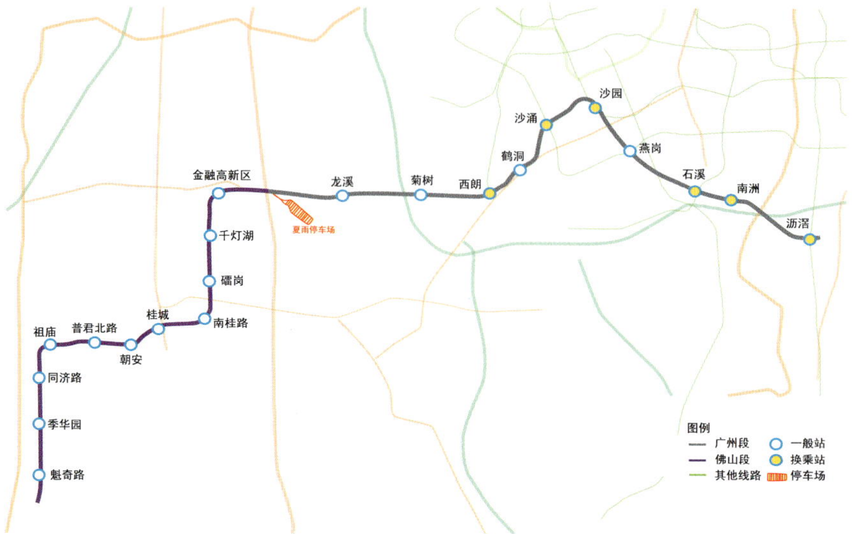

珠江三角洲城际快速轨道交通广州至佛山段（简称广佛线）是全国第一条全地下城际地下轨道交通线，起点为佛山市魁奇路，终点为广州市沥滘，线路全长32.16km。全线设车站21座，其中换乘站10座。设车辆段1处，位于佛山市南海区夏南。工程总投资为145.196亿元。

工程特点：

线路专业：国内城市轨道交通首次成功实现存车线方案优化的设计技术；

建筑专业：国内城市轨道交通首次成功应用车站结合轨排井优化的设计技术，首次组织出入口方案全民参与设计；

通风空调专业：国内城市轨道交通首次成功应用均匀送风的设计技术；

供电系统：国内城市轨道交通首次成功应用静止无功发生器进行系统动态无功调节的设计技术，国内城市轨道交通首次成功应用全寿命周期成本法选择变压器的设计技术，国内城市轨道交通首次成功应用接触网设置弹性底座的设计技术；

通信系统：国内城市轨道交通首次接入城市消防联动远程中心。

获奖信息：

广州市优秀设计一等奖

广东省优秀咨询一等奖

魁奇路方向
Towards Kuiqi Lu
佛山方向

广州市珠江新城旅客自动输送系统

Guangzhou Zhujiang Newtown Automated People Mover Systems

线路起止 ◎ 赤岗塔站—林和西站
功能定位 ◎ 中央商务区新型交通骨干线
线路长度 ◎ 3.94km
车站数量 ◎ 9座
远期最高客流断面 ◎ 1万人/h
开通时间 ◎ 2010年

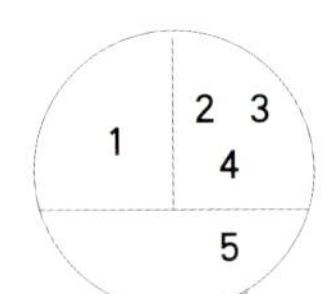

❶ 线路示意图
❷ 林和西站全景（站厅、站台同层）
❸ 赤岗塔站站厅中空全景
❹ 车场全景图
❺ 赤岗塔站站厅全景

广州市珠江新城旅客自动输送系统是联系天河商贸区、珠江新城中央商务区和广州新电视塔的新交通线路，采用自动导向轨道系统，由我院进行勘察设计总承包，自主设计，填补了我国在轨道交通制式应用上的一项空白，在广州乃至全国轨道交通工程中创造了多个第一：

1. 国内首条采用自动导向轨道系统的市政公共交通线路；
2. 广州首条无人驾驶线路，国内首条实现以无人驾驶运行模式直接开通运营的线路；
3. 采用全地下敷设方式，包括了1座车场与1处控制中心；
4. 按无人驾驶、无人值守的运营管理模式进配套土建规模与机电系统设置；
5. 采用创新型隧道通风、自动灭火、自动售检票、综合监控系统等；
6. 引用外部电源、冷源，与沿线的地下空间合建，实现室内空间与室外出入口的共享。

获奖情况：
2012广州市优秀设计一等奖
2012年广东省优秀咨询二等奖

MGS31

感应区

广州市中山大道快速公交（BRT）试验线工程设计

Guangzhou Zhongshan Avenue Bus Rapid Transit

线路起止 ◎ 广州体育中心站—夏园站
功能定位 ◎ 轨道交通的辅助与延伸
线路长度 ◎ 22.9km
车站数量 ◎ 26座
开通时间 ◎ 2010年

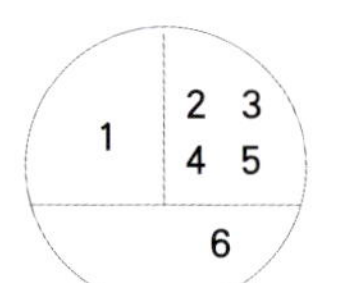

❶ 车站站台
❷ 控制中心
❸~❺ 车站实景
❻ 车站夜景

广州市中山大道快速公交（BRT）试验线是广州市快速公交系统第一条试验路段，线路呈东西走向，全长约22.9km，沿线新建26对侧式车站，最高运营速度为23km/h。

项目创新性地使用了“专用走廊＋灵活线路”的运营模式，车站采用模块标准设计，可兼容12m、18m常规公交车，同方向实现免费换乘，石牌站与广州市轨道交通三号线实现有效整合，BRT智能监控系统已达86项功能，且整合了BRT干线走廊相交道路的普通公交线路联合调度，力求最大化保证专用道公交运输效率，是国内功能最齐全、最复杂和最先进的BRT调度系统。照明系统节能环保。

获奖情况：

2011年荣获美国交通运输研究委员会(TRB)颁发“可持续发展交通奖”(我国首个获得可持续交通国际大奖)

2012年荣膺联合国颁发“2012年应对气候变化灯塔奖”

KFC

广州地铁一号线屏蔽门改造工程

Re-installation of Platform Screen Door in Guangzhou Metro Line 1

建造地点 ◎ 广州市
建成时间 ◎ 2009年

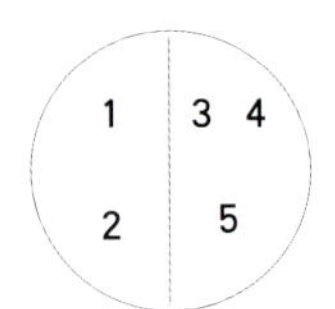

❶ 线路示意图
❷ 公园前站改造前站台实景
❸ 改造后的坑口站
❹ 改造后的西朗站站台
❺ 改造后的烈士陵园站站台

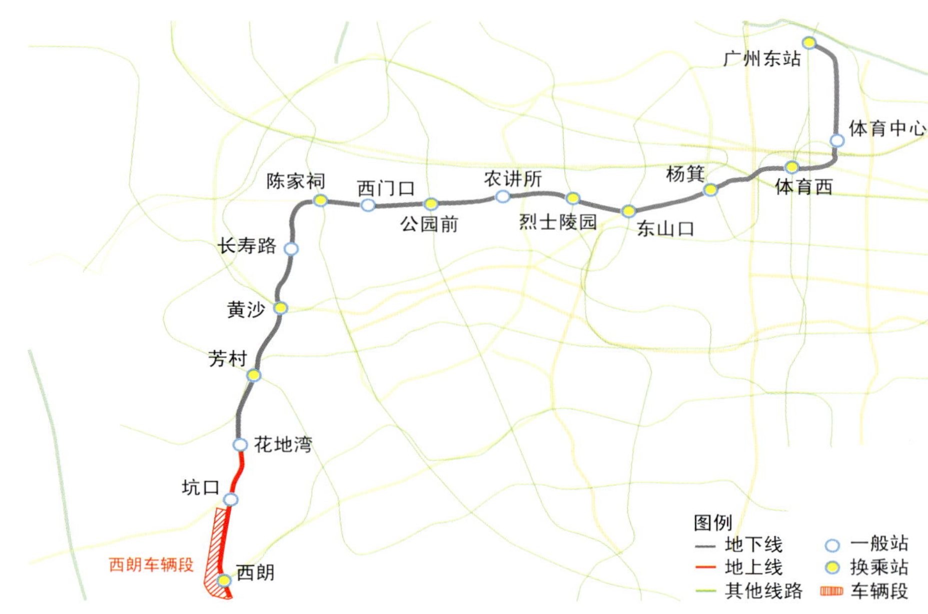

广州地铁一号线是内地第一条在已开通运营的基础上进行屏蔽门系统设备加装的地铁线路。于2004年年底，首先对黄沙站进行加装屏蔽门，2005年11月完成了黄沙的屏蔽门系统加装工作。随后对其他车站分3批进行加装屏蔽门施工，历时4年半的时间完成了所有车站的屏蔽门加装，于2009年7月22日完成所有安装工作并投入运营。

一号线全线共16座车站，其中2座地面车站（西朗站、坑口站），14座地下车站。根据车站的结构形式及屏蔽门的性能，西朗站、坑口站、花地湾站设置半高屏蔽门，其他地下车站设置全封闭式屏蔽门。

屏蔽门使车站与区间隧道的气流相互隔离，避免列车运行产生的热负荷对车站的影响，同时取消了车站两端的迂回风道和线路由地面转入地下时在洞口设置的空气幕系统，简化了车站环控系统，降低运营能耗，可节省运行费约38%，同时为乘客提供一个安全、舒适、宽敞的候车环境。

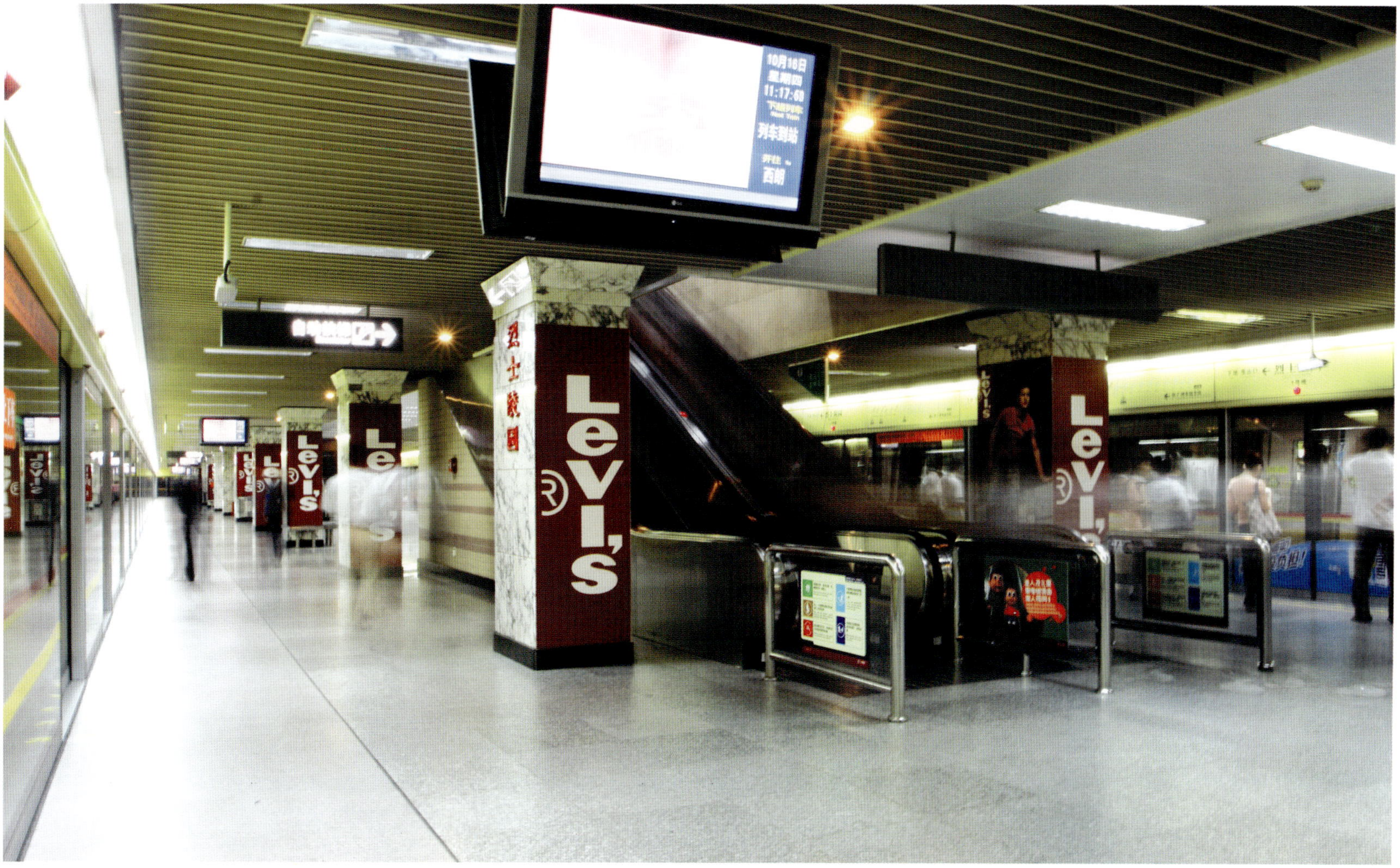

广州市轨道交通六号线工程

Guangzhou Metro Line 6

线路起止 ◎ 浔峰岗站—香雪站
功能定位 ◎ 加强中心组团与东北、西北客流连接的辅助线
线路长度 ◎ 41.8km
车站数量 ◎ 32座
远期最高客流断面 ◎ 3.2万人/h
开通时间 ◎ 首期工程：2013年
二期工程：2015年

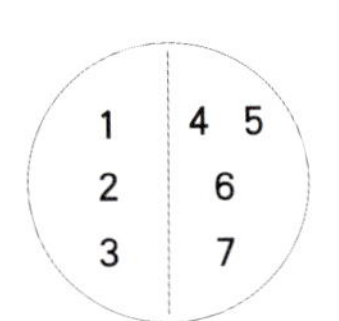

❶ 线路示意图
❷ 黄沙站（一号线、六号线换乘站）
❸ 主题站点文化装饰设计
❹ 车辆
❺ 白沙河大桥
❻ 沙贝高架站
❼ 浔峰岗停车场综合库

六号线西起白云区的金沙洲，向东南穿越荔湾区、越秀区，之后折向东北，经天河区，止于萝岗区。线路大致呈“U”形走向，主要经过大坦沙、珠江北岸、先烈路、广州大道北、燕岭路、广汕路、开创大道，是加强中心组团与东北向、西北向客流连接的轨道交通辅助线，为解决沿线交通及加强新区与老城区之间的联系起重要作用。六号线最高运行速度90km/h，初、近、远期均采用4辆编组。六号线线路全长41.8km，共设32座车站。其中29座地下站，3座高架站。

工程特点：

1. 功能多样。由中心区内“U”形走向辅助线，到线网调整后二期延伸至萝岗，兼顾中心组团与东北向、西北向客流连接功能。

2. 工程复杂。线路穿越老城区，道路狭窄、管线密布，交通疏解异常困难，地质条件复杂，珠江北岸段广泛分布砂层及淤泥，工程实施难度高。

3. 勇于创新。高架区间采用双薄壁墩连续梁节段拼装，美观大方。

广州市轨道交通七号线一期工程

Phase Ⅰ Project of Guangzhou Metro Line 7

线路起止 ◎ 广州南站—大学城南站
功能定位 ◎ 连接线、加密线
线路长度 ◎ 18.6km
车站数量 ◎ 9座
远期最高客流断面 ◎ 3.19万人/h
开通时间 ◎ 2016年

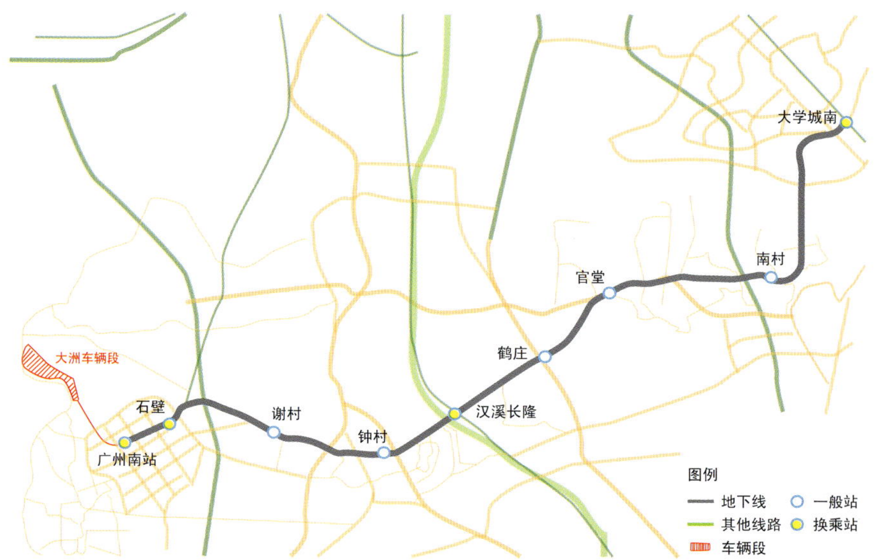

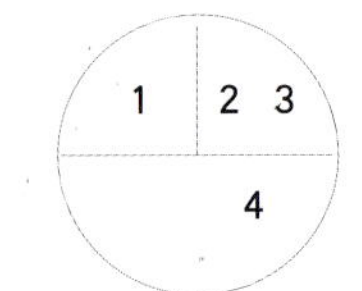

❶ 线路示意图
❷ 汉溪长隆站剖透视图
❸ 鹤庄站站台层效果图
❹ 汉溪长隆站站厅层效果图

广州市轨道交通七号线是广州市东南部东西向快速干线，一期工程全部位于番禺区，线路全长18.6km，平均站间距为2.18km，最大站间距为3.786km，最小站间距为1.122km。共设9座车站，其中4座换乘站。车辆采用6辆编组B型车，最高运行速度80km/h。预留远期东端延伸至黄埔、西端延伸至顺德的条件。

七号线的特点是“接运线”，沿线经过广州华南板块多个大型居住组团，起到为广州市轨道交通二、三、四、五号线客流集散接运的功能，同时通过广州南站铁路枢纽连接武广高铁、广深港高铁、南广高铁、贵广高铁、广珠城际、佛莞城际、广佛环城际等线路，起到为铁路客流集散接运的作用。

3 号线
7 号线

广州地铁八号线运营段工程

Operating Section of Guangzhou Metro Line 8

线路起止 ◎ 万胜围站—凤凰新村站
功能定位 ◎ 联系中心城区与北部、南部组团的骨干线
线路长度 ◎ 15.0km
车站数量 ◎ 13座
远期最高客流断面 ◎ 4.71万人/h
开通时间 ◎ 万胜围站—琶洲站：2005年
琶洲站—晓港站：2003年
晓港站—凤凰新村站：2010年

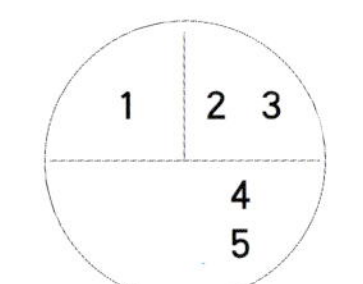

❶ 线路示意图
❷ 沙园站站台
❸ 凤凰新村站站台
❹ 琶洲站站台
❺ 沙园站全景图

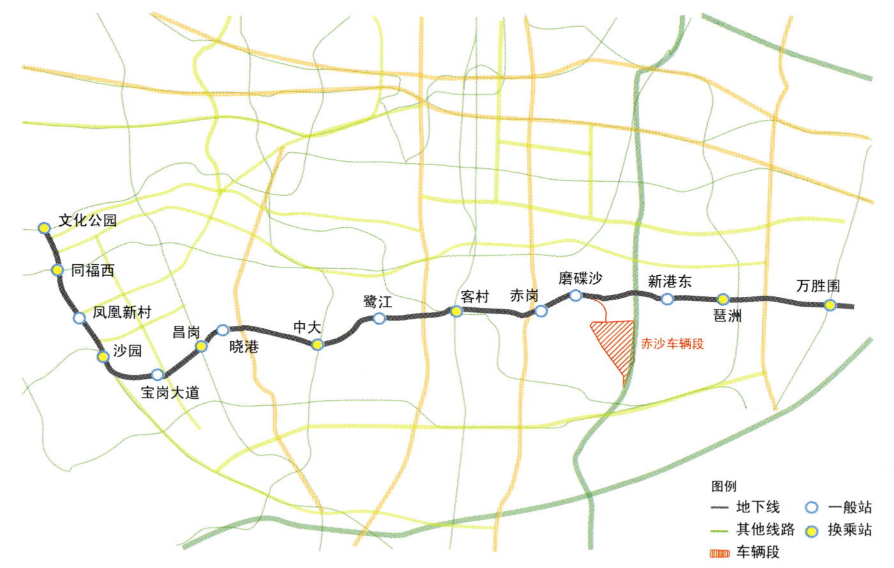

广州地铁八号线呈南北、西东的“L”形走向，是联系中心城区与北部白云湖地区、白云新城西延区、珠江前航道河南地区、番禺化龙地区的轨道交通骨干线。线路全长47km，设34座车站。其中万胜围—凤凰新村段已运营，线路长15.0km，共设13座车站。平均站间距为1.25km，最大站间距为1.85km，最小站间距为0.67km。该段设有4座换乘站（万胜围、客村、昌岗、沙园）和1座车辆段（赤沙）。车辆采用6辆编组A型车，最高运行速度80km/h。信号采用准移动闭塞制式，正线供电采用DC1500V刚性架空接触网。

八号线对首期工程万胜围—三元里段进行拆解并延长，是国内第一条对已运营线路进行拆解的线路，是广州首次采用梯形轨枕减振技术的地铁线路。

获奖信息：
广州市优秀设计一等奖

方向
Towards Fenghuang Xincun
8号线
Line8
自动扶梯
Escalator
沙
园

CD

B.C出口
Exit

广州地铁八号线北延段工程

North Extension Line of Guangzhou Metro Line 8

线路起止 ◎ 文化公园站—白云湖站
功能定位 ◎ 连接同德围、白云湖地区与城市中心的轨道交通干线
线路长度 ◎ 16.3km
车站数量 ◎ 13座
远期最高客流断面 ◎ 4.71万人/h
开通时间 ◎ 2016年

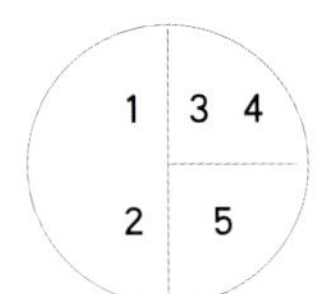

❶ 线路示意图
❷ 彩虹桥站鸟瞰
❸ 白云湖规划效果图
❹ 白云车辆段（地铁+物业）代表方案
❺ 陈家祠鸟瞰

广州地铁八号线北延段工程（文化公园站—白云湖站），线路长约16.3km，均为地下线。共设13座车站，其中4座换乘站（陈家祠站、彩虹桥站、西村站、聚龙站）。平均站间距为1.24km，最大站间距为2.00km，最小站间距为0.76km，在亭岗站西侧新建车辆段1座（原八号线赤沙车辆段调整为规划十一号线使用）。在彩虹桥站附近新建主变电站1处。

工程特点：

1. 建设需求强。是实现同德围交通解困、支持白云湖地区发展的重点工程。

2. 工程难度大。石井河以北区域位于石炭系灰岩区，溶土洞发育，以南区域位于荔湾、海珠老城区，工程实施难度大。

滨湖宜居住区
滨水商业
邻里中心
车辆段上盖物业
长途码头
滨江居住区
国际采购贸易区
物流中心

广州市轨道交通九号线工程

Guangzhou Metro Line 9

线路起止 ◎ 飞鹅岭站—高增站
功能定位 ◎ 组团联系快线
线路长度 ◎ 20.1km
车站数量 ◎ 10座
远期最高客流断面 ◎ 3.09万人/h
开通时间 ◎ 2016年

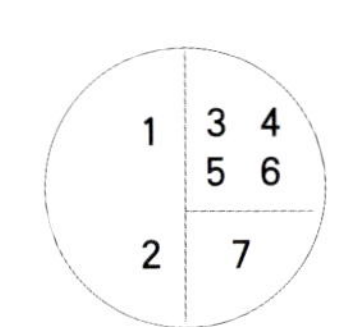

❶ 线路示意图
❷ 紧急疏散出口效果图
❸ 高增站效果图
❹ 马鞍山B段高风亭效果图
❺ 单柱标准站站台效果图
❻ 双柱标准站站厅效果图
❼ 单柱标准站站厅效果图

广州市轨道交通九号线是一条是以解决汽车城、花都中心城区主要发展组团与广州中心组团的交通需求为重点，兼顾花都区内交通出行及其与机场的交通联系、最高运行速度为120km/h的快速干线。线路全长20.1km，共设10座车站，其中换乘站2座（广州北站、高增站）。平均站间距为2.13km，最大站间距为5.63km，最小站间距为1.18km。初、近期独立运营，在高增站与三号线北延段换乘；预留远期与三号线贯通运营的条件。九号线采用与三号线相同的技术标准。

技术创新：

国内外首条地铁盾构隧道下穿时速350km高速铁路无砟轨道路基段线路。

国内首条大面积穿越岩溶区并采用地下敷设的地铁线路。

国内首次采用MJS（Metro Jet System）水平地基加固工法施工的地铁线路。

乘 车

乘 车
Train
PlayStation.

广州市轨道交通十三号线首期工程

Phase Ⅰ Project of Guangzhou Metro Line 13

线路起止 ◎ 鱼珠站—象颈岭站
功能定位 ◎ 轨道交通骨干兼顾市域快线
线路长度 ◎ 27.03km
车站数量 ◎ 11座
远期最高客流断面 ◎ 5.64万人/h
开通时间 ◎ 2016年

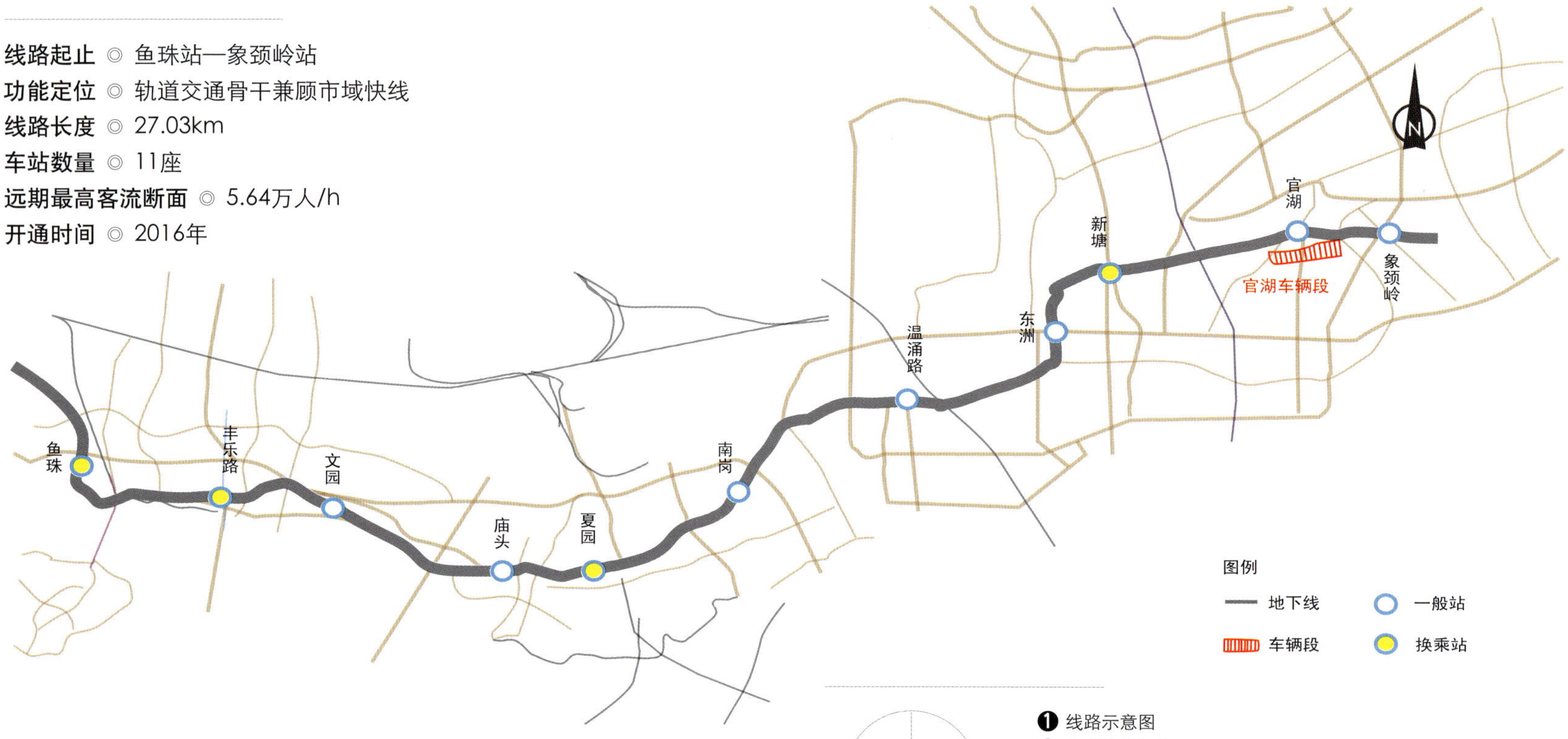

鱼珠
丰乐路
文园
庙头
夏园
南岗
温涌路
东洲
新塘
官湖
象颈岭
官湖车辆段
N

图例
地下线
一般站
车辆段
换乘站

1 3 4
2 5

❶ 线路示意图
❷ 鱼珠站剖视效果图
❸ 新塘站初步设计剖切图
❹ 8A列车编组
❺ 东部交通枢纽

十三号线首期工程线路全长27.03km，均为地下线，新建11座车站，其中换乘站4座（鱼珠站、丰乐路站、夏园站、新塘站）。全线最大站间距为3.71km，最小站间距为1.52km，平均站间距为2.6km。设车辆段1座，主变电所2座。

工程特点：

1. 求创新。广州市第一条全线采用最高运行速度100km/h的8辆编组A型车。

2. 功能强。兼顾城市骨干线及市域快线双重功能定位的特性，为十字快线骨架中的东西干线。

3. 高运量。线路全长62.8km，乘客平均运距超过12km，客运规模大，远期高峰单向最大断面客流量为5.64万人/h，属于高运量级线路。

广州市轨道交通十四号线工程

Guangzhou Metro Line 14

线路起止 ◎ 主线：嘉禾望岗站—街口站
支线：新和站—镇龙站
功能定位 ◎ 市域快线
线路长度 ◎ 76.2km
车站数量 ◎ 20座
远期最高客流断面 ◎ 2.7万人/h
开通时间 ◎ 2016年

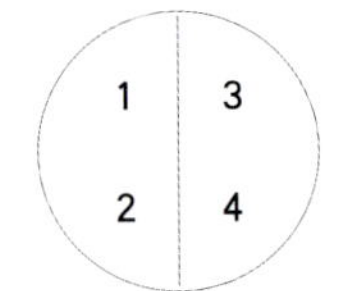

❶ 十四号线一期工程及知识城支线线路示意图
❷ 双岛四线车站站台效果图
❸ 车站效果图
❹ 区间桥梁效果图

十四号线一期工程（嘉禾望岗站—街口站）线路全长54.4km，其中地下线长21.8km，地上线长32.6km；设13座车站（其中地下站6座，高架站7座，换乘站2座），知识城支线（新和站—镇龙站）线路长21.9km，地下线长19.9km，地上线长2.0km，共设9座车站（不含新和站）。十四号线一期及知识城支线工程设置一段两场，在逸泉山庄、105国道南侧地块设置邓村车辆段，在105国道东侧、石湖新大道南侧地块设置石湖停车场，在九龙大道东侧、广汕公路北侧地块设置镇龙北停车场。

工程特点：

1．主线+支线。十四号线及知识城支线初期采用主、支线贯通运营模式。

2．快慢车运营。根据综合交通规划，外围副中心至主城中心区的旅行时间在60min以内，本线定位为市域快线，最高运行速度为120km/h，采用快车与站站停列车组合运营模式。

3．与新广从路改造工程同步实施。十四号线一期工程在白云区至街口段约40km走廊沿新广从路敷设，新广从路全线采用快捷路模式，十四号线沿路中高架敷设，与新广从路快速化道路工程同步实施。

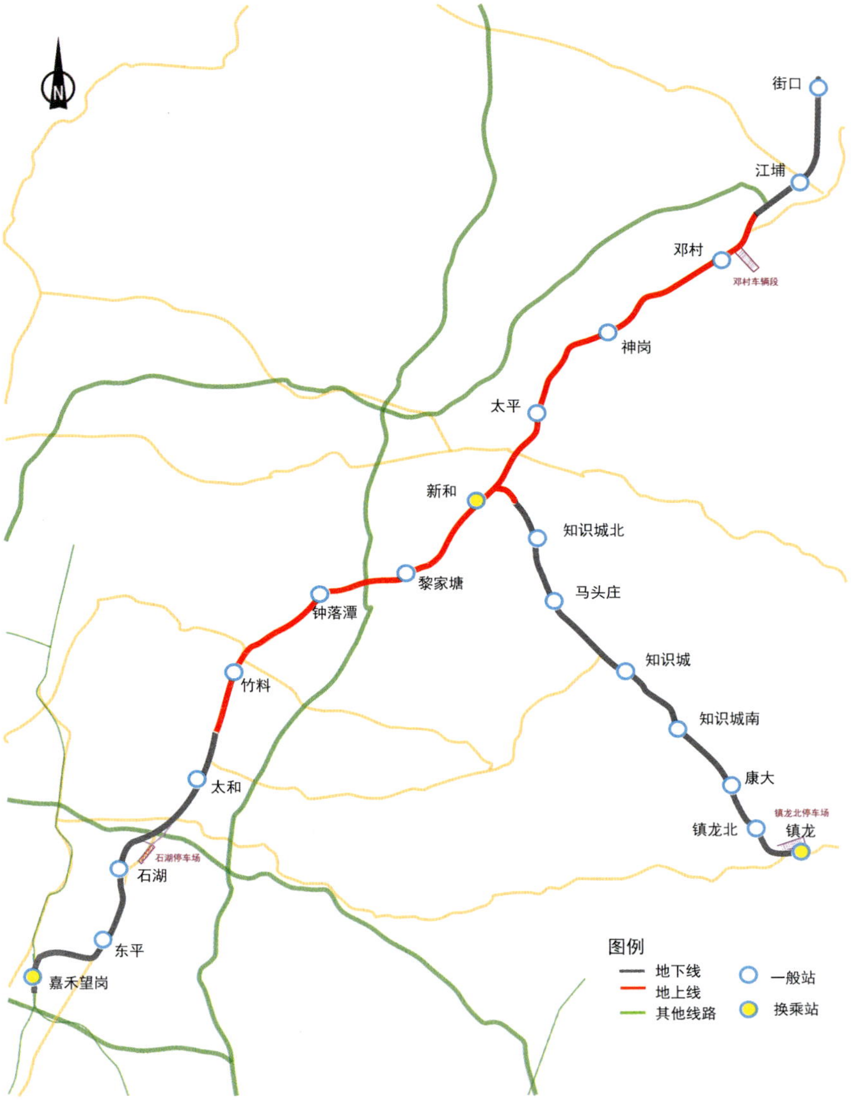

广州市轨道交通二十一号线工程

Guangzhou Metro Line 21

线路起止 ◎ 员村站—增城广场站
功能定位 ◎ 市域快线
线路长度 ◎ 60.9km
车站数量 ◎ 20座
远期最高客流断面 ◎ 3.33万人/h
开通时间 ◎ 2016年

❶ 线路示意图
❷ 增城广场鸟瞰
❸ 长平上盖
❹ 萝岗科学城
❺ 镇龙车段鸟瞰
❻ 长平鸟瞰推荐方案
❼ 天河公园站厅

广州市轨道交通二十一号线工程西起广州市天河区，依次经过萝岗区、增城市，止于增城市荔城区增城广场，位线网东部的市域快线。

二十一号线工程（员村站—增城广场站）初期线路全长约61.5km，其中地下线长约40.0km，穿山隧道6.8km，地上线14.7km；共设20座车站，其中地下车站16座，高架车站4座，共有7座换乘站；全线设置一段两场，在萝岗区水西村南侧设水西停车场，在增城市山田村东侧设象岭停车场，在萝岗区与增城交界处，镇龙站北侧设镇龙车辆段。采用6辆编组B型车，最高设计速度为120km/h。

工程特点及创新：

1. 线路长度较长。本线为加强城市外围东部副中心与广州中心城区的快速联系，途径天河区、萝岗区及增城市，初期线路全长约61.5km。

2. 采用快慢线运营模式。为实现增城副中心与广州中心城区"1小时"时空目标，本线采用快慢线运营模式，快车停靠区域主要为大客流、枢纽站点。

3. 沿线地势地貌相对复杂，工法多样。线路途经萝岗区北部山岭地区，车站及区间结合地貌因地制宜，合理采用地下隧道、山岭隧道与高架线路相结合的形式。

天河公园

广州市海珠环岛新型有轨电车试验段工程

Guangzhou Haizhu Light Rail Transit Testing Section

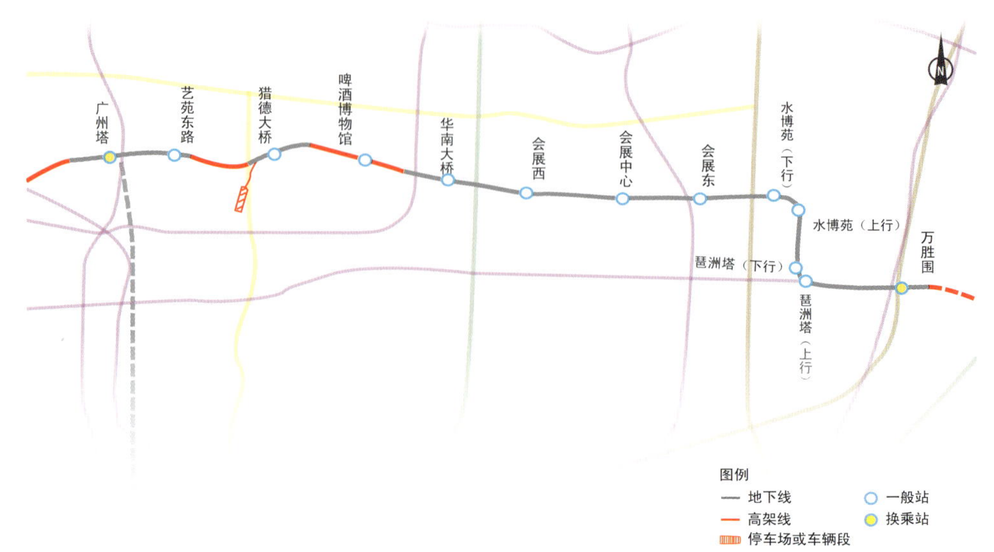

线路起止 ◎ 万胜围站—广州塔站
功能定位 ◎ 兼顾观光旅游公共交通线
线路长度 ◎ 7.7km
车站数量 ◎ 11座
开通时间 ◎ 2014年

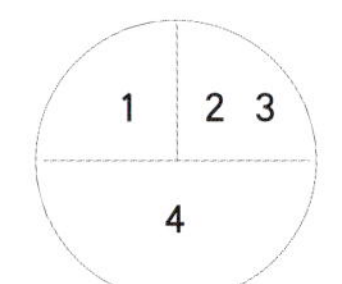

❶ 海珠环岛新型有轨电车线路走向示意图
❷ 分离侧式站台车站
❸ 会展东站
❹ 华南大桥站

海珠区环岛新型有轨电车线试验段为海珠区环岛新型有轨电车的一部分。线路起始于万胜围，终止于广州塔，大致沿新港东路、琶洲塔路和阅江路布设，线路全长约7.7km；共设置11座车站（其中高架站1座，地面站10座），平均站间距约为725m，其中最小站间距为487m，最大站间距约为1026m。设置停车场一处，位于磨碟沙公园内。

工程特点：

1．求创新。为介于地铁和公共汽车之间的第三套公交系统，广州市第一条有轨电车系统。

2．生态、低碳。该系统以电力为主要动力，无废气排出；采用弹性车轮等新技术，噪声低，比道路交通对环境的影响更小。

3．人性化。新型有轨电车方便居民出行，与地铁、公交共同构成立体式交通。100%的低地板电车为乘客提供了方便的乘车条件，特别适合老人和儿童出行。

会展东站

深圳市城市轨道交通9号线工程

Shenzhen Metro Line 9

线路起止 ◎ 红树湾站—文锦站
功能定位 ◎ 中心城区内主要居住与就业片区之间的局域线
线路长度 ◎ 25.464km
车站数量 ◎ 22座
远期最高客流断面 ◎ 4.13万人/h
开通时间 ◎ 2017年

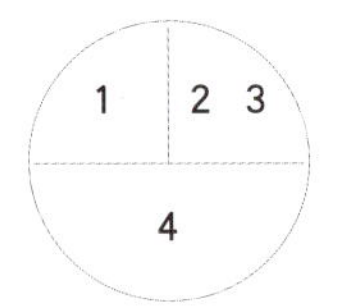

❶ 线路示意图
❷ 笔架山地下停车场上部景观鸟瞰图
❸ 侨城东车辆段二层总平面图
❹ 侨城东车辆段西南视角鸟瞰图

深圳市城市轨道交通9号线从红树湾至文锦，呈“几”字形走向，经过深圳湾、梅林、罗湖等地区，是中心城区内主要居住与就业片区之间的局域线。线路全长约25.464km，车站共设22座，均为地下车站，共有10座换乘站，与线网中的9条线换乘。平均站间距为1.170km，最大站间距为3.377km，最小站间距为0.647km。全线均在特区内敷设，沿线需经过高楼密集的繁华商业区，且部分地区道路狭窄，全线共6处设置小于400m半径小曲线，有6个区间穿越地块。采用6辆编组A型车，设计运行速度为35km/h，初、近、远期均为1个行车交路，设一段一场。

深圳市城市轨道交通9号线合同额6.5亿元，覆盖范围包括基础资料、前期工程、工程设计、配套专题。同时，9号线为我院承担的第一条BT建设管理模式的轨道交通线路，设计针对性地采取了有效的保障措施。9号线工程首创采取的技术包括航拍技术，客流、排烟、消防仿真技术，三维管线综合和Google Earth线路模拟汇报等。

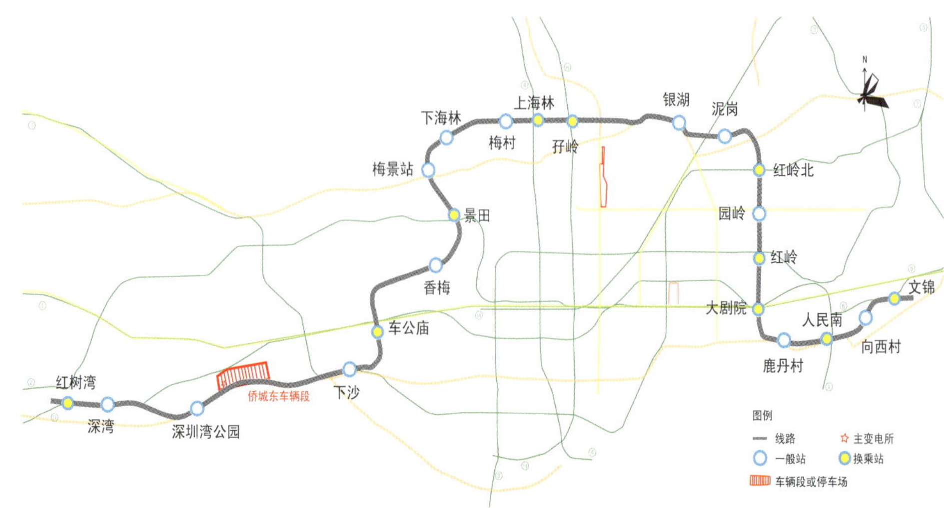

N
一号线竹子林车辆段
白石路
侨城东路
污水处理
滨海大道
车行过街隧道
红树林保护区
人行过街隧道
侨城东立交
红树林滨海生态公园

南宁市轨道交通1号线工程

Nanning Metro Line 1

线路起止 ◎ 石埠站—火车东站
功能定位 ◎ 贯通南宁市都会区东西向的骨干线
线路长度 ◎ 32.1km
车站数量 ◎ 25座
远期最高客流断面 ◎ 3.25万人/h
开通时间 ◎ 2017年

❶ 火车站同台换乘效果图
❷ 南宁市轨道交通1号线线路示意图
❸ 南宁市轨道交通2号线（玉洞站—西津站）线路示意图
❹ 朝阳广场站剖视图

南宁市轨道交通1号线为贯通南宁市都会区东西向的骨干线，联系了城西组团、城北组团、中心组团、青秀组团，以解决城市中心组团与周边组团东、西向客流走廊的衔接为主，并起到拉开城市布局、促进城市结构调整发展的引导作用。1号线全长约32.1km，共设25个车站，均为地下站，其中换乘站6座。平均站间距为1.31km，最大站间距为2.07km，最小站间距为0.73km。设置车辆段和停车场各1座，主变电站2座，控制中心1处，国铁联络线1处。车辆采用6辆编组B型车，信号采用移动闭塞制式，正线供电采用DC1500V刚性架空接触网。

该线路的特点是换乘便捷：

（1）火车站、朝阳广场站为1、2号线连续同站台换乘；

（2）火车东站为平行换乘；

（3）东客运站为同站台换乘。

南宁市轨道交通2号线工程

Nanning Metro Line 2

线路起止 ◎ 玉洞站—西津站
功能定位 ◎ 贯通南宁市都会区南北向的骨干线
线路长度 ◎ 20.9km
车站数量 ◎ 25座
远期最高客流断面 ◎ 3.31万人/h
开通时间 ◎ 2017年

南宁市轨道交通2号线是贯通南宁市都会区南北向的骨干线，联系了蒲庙五合组团、龙岗组团、良庆组团、江南组团、中心组团、城北组团，以解决城市中心组团与周边组团的南北向客流交通为主，实现南宁市“完善江北，提升江南，重点向南”的战略拓展需要，对拉开城市布局，支持五象新区建设，形成城市轨道交通“十”字骨架线网，进一步提升城市地位起到重要作用。2号线全长37.3km，其中一期工程（玉洞站—西津站）长约20.9km，均为地下线，共设置18座车站，其中换乘站6座。平均站间距为1.18km，最小站间距为0.71km。设综合基地1座，主变电站2座，与1号线共用电里控制中心。车辆采用6辆编组B型车，信号采用移动闭塞制式，正线供电采用DC1500V刚性架空接触网。

南昌市轨道交通2号线一期工程

Phase Ⅰ Project of Nanchang Metro Line 2

线路起止 ◎ 站前南大道站—辛家庵站
功能定位 ◎ 城市快速干线
线路长度 ◎ 23.78km
车站数量 ◎ 22座
远期最高客流断面 ◎ 3.19万人/h
开通时间 ◎ 2016年

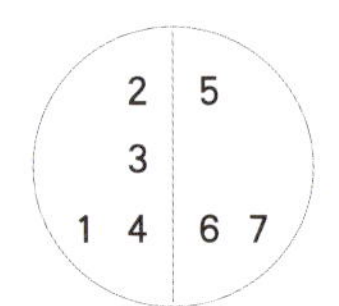

❶ 物业开发鸟瞰图
❷ 南昌市轨道交通2号线线路示意图
❸~❹ 车站剖透视效果图
❺ 南昌市轨道交通3号线线路示意图
❻ 车站剖透视效果图
❼ 车站站厅效果图

南昌市轨道交通2号线一期工程起点为站前南大道站，终点为辛家庵站，线路全长23.78km，均为地下线，共设22座车站，其中换乘站6座。平均站间距1.09km，最大站间距为1.843km，最小站间距为0.643km。车辆采用6辆编组B型车，信号采用移动闭塞制式，正线供电采用DC1500V刚性架空接触网。

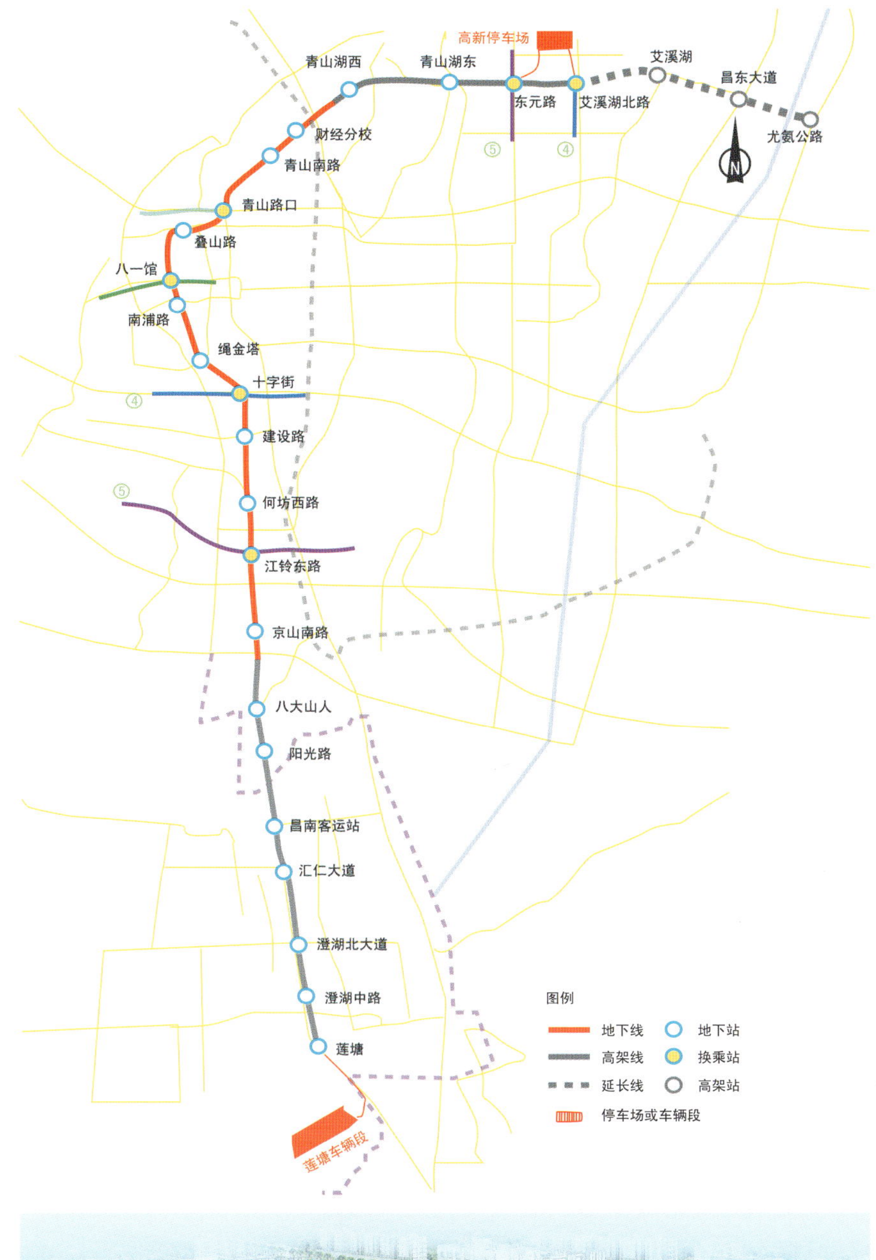

南昌市轨道交通3号线工程

Nanchang Metro Line 3

线路起止 ◎ 莲塘站—尤氨公路站
功能定位 ◎ 城市快速干线
线路长度 ◎ 32km
车站数量 ◎ 26座
远期最高客流断面 ◎ 3.26万人/h
开通时间 ◎ 2018年

南昌市轨道交通3号线是一条纵贯昌南老城的南北向骨干线，始于南昌县莲塘镇，止于尤氨公路，全长32km，共设26座车站。其中，3号线一期工程起点为莲塘站，终点为艾溪湖北路站，线路全长27km（地下线13.2km，高架线13.8km），设车站23座（地下站12座，高架站11座），其中换乘站6座（青山路口站、八一馆站、十字街站、江铃东路站、东元路站、艾溪湖北路站），平均站间距约1.2km，设车辆段和停车场各1座。车辆采用6辆编组B型车，信号采用移动闭塞制式，正线供电采用DC1500V刚性架空接触网。

南京至高淳城际快速轨道南京南站至禄口机场段工程（南京地铁机场线工程）

Nanjing Metro Airport Line

线路起止 ◎ 禄口机场站—南京南站
功能定位 ◎ 城际快速轨道
线路长度 ◎ 35.8km
车站数量 ◎ 8座
开通时间 ◎ 2014年

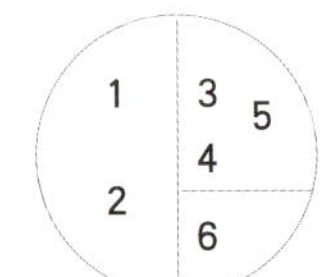

❶ 线路示意图
❷~❸ 南京南站效果图
❹ 机场站效果图
❺ 机场站总平面示意图
❻ 机场交通大厅效果概念方案

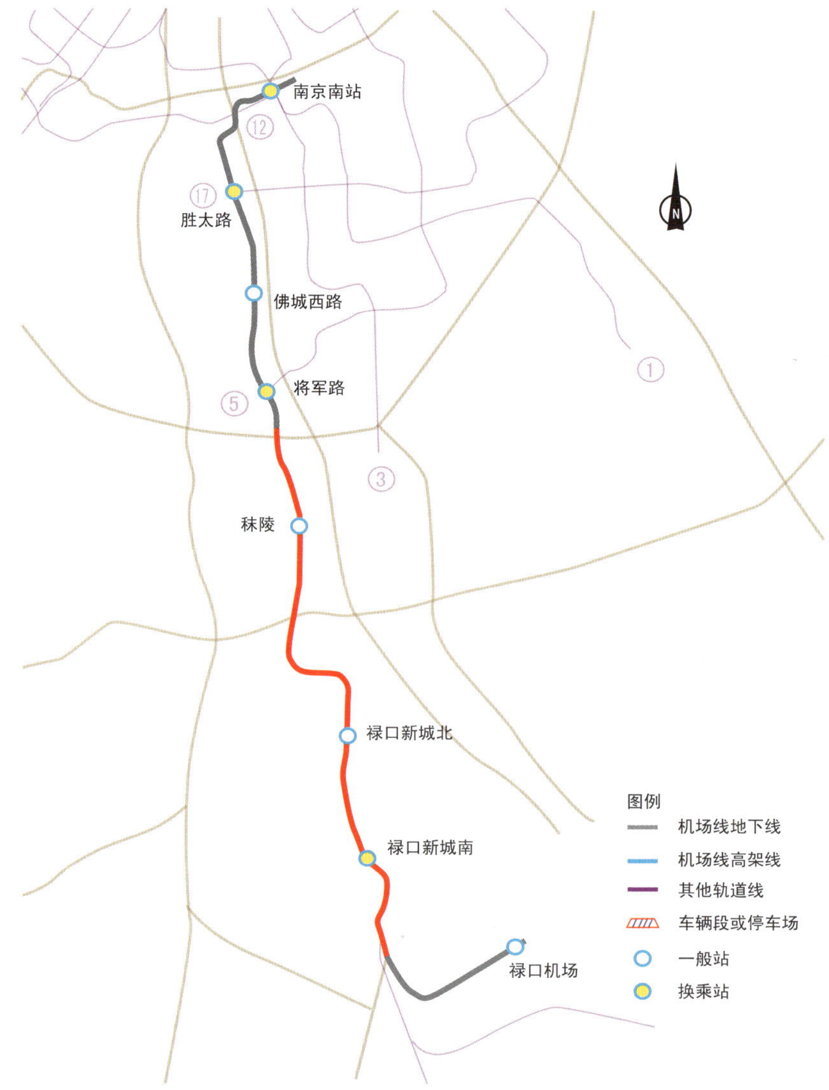

南京机场线是南京至高淳城际快速轨道（S1线）的一期工程，贯穿于南京南枢纽核心部分，直达禄口机场T2航站楼底，是南京南超大型枢纽（含大铁、高铁、公交场、社会停车场、出租车停车场、长途客运站及地铁1、3、S1、S3线）与南京禄口国际机场之间的交通专线。工程南起禄口机场，止于南京南站。全长约35.8km，其中高架段长约16.9km，过渡段长约0.7km，地下段长约18.2km。共设8座车站，其中高架车站3座，地下车站5座；设置车辆段1座。车辆采用6辆编组B型车。

南京南站站房
机场线

T1
停车楼
交通中心
T2
地铁站（地下）

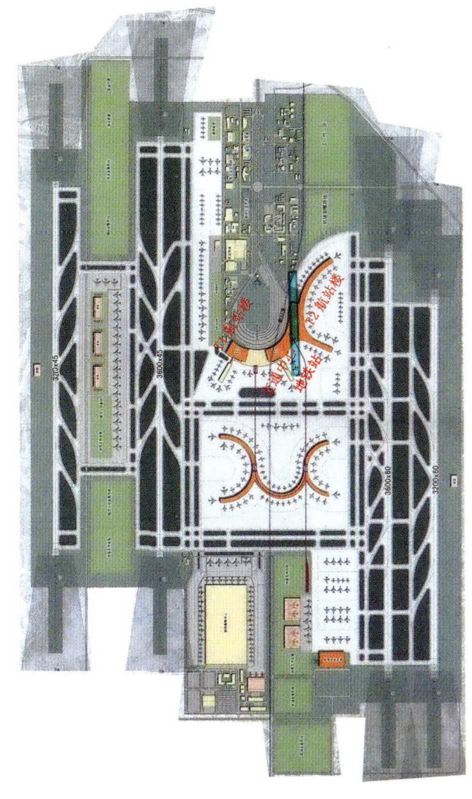

西安市地铁4号线工程

Xi'an Metro Line 4

线路起止 ◎ 航天新城站—北客站

线路长度 ◎ 35.1km

车站数量 ◎ 29座

远期最高客流断面 ◎ 4.09万人/h

开通时间 ◎ 2016年

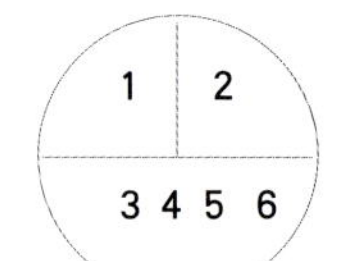

❶ 线路示意图
❷ 尚稷路站剖切效果图
❸ 航天城车辆段与综合基地方案鸟瞰图
❹ 火车站剖透视效果图
❺ 行政中心站剖透视效果图
❻ 李家村站推荐方案剖视效果图

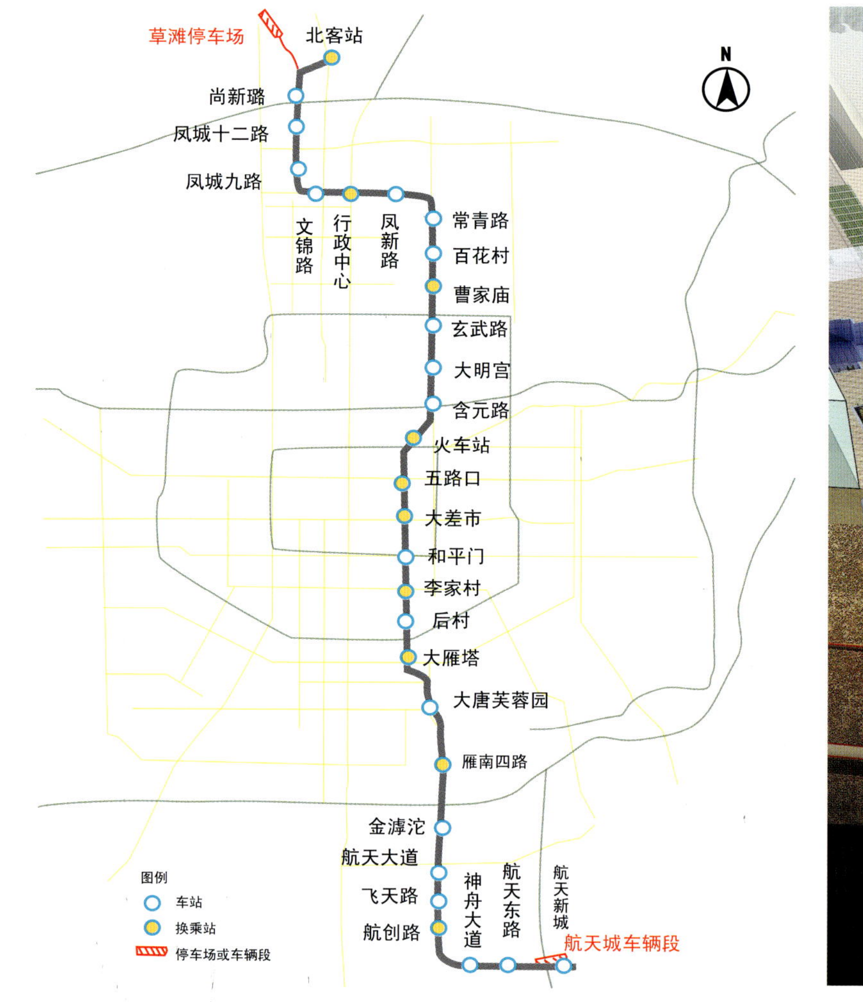

西安市地铁4号线南起航天新城站，北至北客站，与2号线一起构建了城市南北向主要客流双走廊。线路全长35.1km，均为地下线路，共设车站29座，平均站间距约1.226km，最大站间距1.978km，最小站间距约0.869km。全线设车辆段及停车场各1座，新建飞天路主变1座、控制中心1处。车辆采用6辆编组B型车，设计运行速度为35km/h。

李家村站推荐方案剖视效果图

长沙市轨道交通4号线一期工程

Phase Ⅰ Project of Changsha Metro Line 4

线路起止 ◎ 普瑞大道站—桂花大道站

功能定位 ◎ 串联主城区并对外辐射的骨干线路

线路长度 ◎ 33.6km

车站数量 ◎ 24座

最高时速 ◎ 80km/h

远期客流最高断面 ◎ 3.58万人/h

开通时间 ◎ 2018年

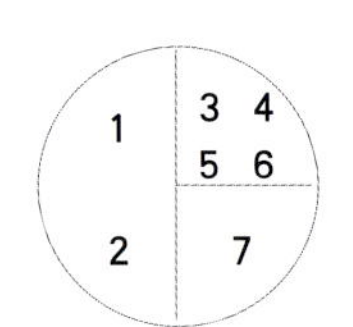

❶ 线路示意图
❷ 黄榔停车场综合楼效果图
❸ 滨江新城站站厅效果
❹ 滨江新城站站台效果
❺ 过湘江鸟瞰
❻ 滨江新城站透视图
❼ 长沙4号线穿越湘江段

长沙市轨道交通4号线一期工程北起普瑞大道，南至桂花大道，长约33.6km，是串联望城区、岳麓区、天心区、雨花区和长沙县各区重要组团，并对外辐射的骨干线路。本线路重点满足城市西北、东南向主城中心的客流需求，并发挥带动和引导沿线组团发展的功能。线路敷设全部为地下方式，共设车站24座，其中13座与其他轨道交通线路换乘；本线路分别于石长铁路长沙西站北侧、北三环以南的地块内设车辆段1座，2号线黄兴车辆段东侧设停车场1座；并与2号线共享主变电站2座（分别为西湖公园、体育公园）、控制中心1处。

工程特点：

1. 作为城市主干线，串联沿线8个中心组团；
2. 客流分布不均匀，断面分布为“偏心型”特点；
3. 全线换乘站点多，24座车站中有13座换乘站；
4. 沿线下穿高校园区、历史文物保护区、湘江和浏阳河，线路埋深较深，局部地段溶洞发育，工程实施难度较大。

滨江新城站

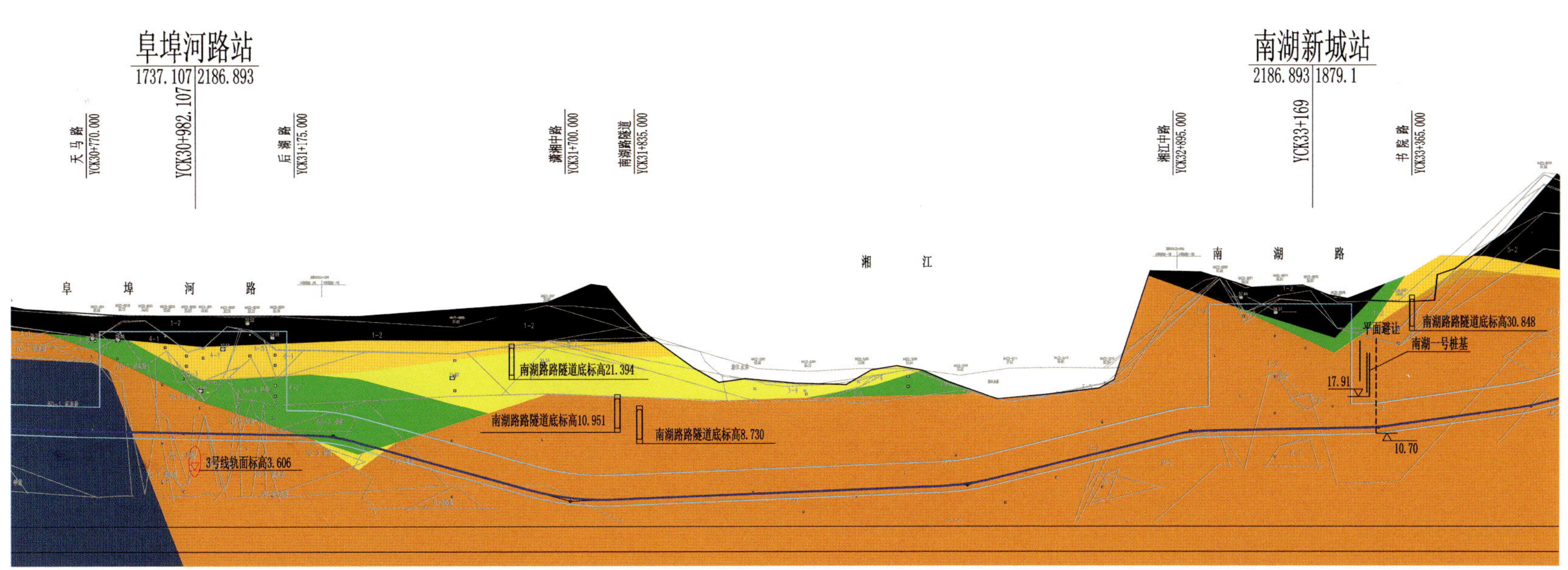
阜埠河路站
1737.107
2186.893
YCK30+982.107
天马路
YCK30+770.000
后湖路
YCK31+175.000
潇湘中路
YCK31+700.000
南湖路隧道
YCK31+835.000
南湖新城站
2186.893
1879.1
湘江中路
YCK32+895.000
YCK33+169
书院路
YCK33+365.000
阜 埠 河 路
湘 江
南 湖 路
南湖路路隧道底标高21.394
南湖路路隧道底标高10.951
南湖路路隧道底标高8.730
3号线轨面标高3.606
平面避让
南湖路路隧道底标高30.848
南湖一号桩基
17.91
10.70

福州市轨道交通2号线工程

Fuzhou Metro Line 2

线路起止 ◎ 沙堤站—鼓山站
线路长度 ◎ 25.94km
车站数量 ◎ 22座
远期最高客流断面 ◎ 3.4万人/h
开通时间 ◎ 2018年

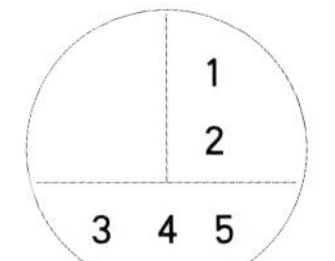

❶ 线路示意图
❷ 停车场上盖物业开发意向图
❸~❺ 站点综合物业开发意向图

福州市轨道交通2号线整体呈东西走向，西起闽侯县沙堤村，东至晋安区鼓山镇，沿东西向城市发展轴，途径上街大学城片区、金山工业区、金山居住区、闽江北岸商务中心区、鼓楼成熟建成区及晋安区东部鼓山片区，串联了城市主要文教科研区、主要工业区、福州市历史文化中心、大型居住区，有利于疏解城市东西向客流，有力地支持了城市近期规划重点发展地区。线路全长25.94km，均为地下敷设，共设车站22座，均为地下站。平均站间距约1.21km，最大站间距2.59km，最小站间距0.67km。4座车站（金洲南路站、南门兜站、长乐中路站、前横南路站）与其他轨道交通线路有换乘关系。全线设竹岐定修段和下院停车场。控制中心与1号线共址，设主变电站2座（南门兜站主变与1号线共用）及配套机电系统工程。

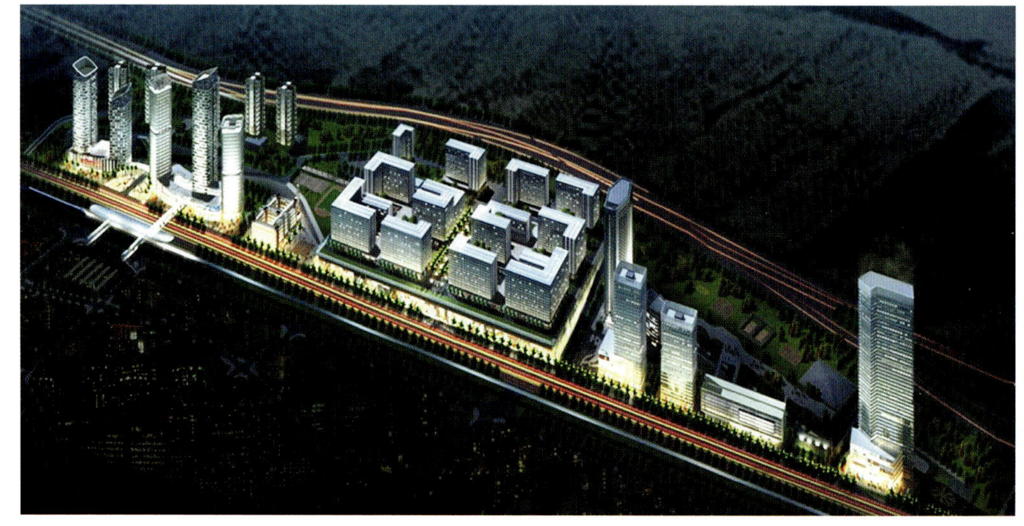

佛山市城市快速轨道交通3号线工程

Foshan Metro Line 3

线路起止 ◎ 容桂站—大学城站

功能定位 ◎ 城市快速干线

线路长度 ◎ 73.9km

车站数量 ◎ 35座

开通时间 ◎ 2018年

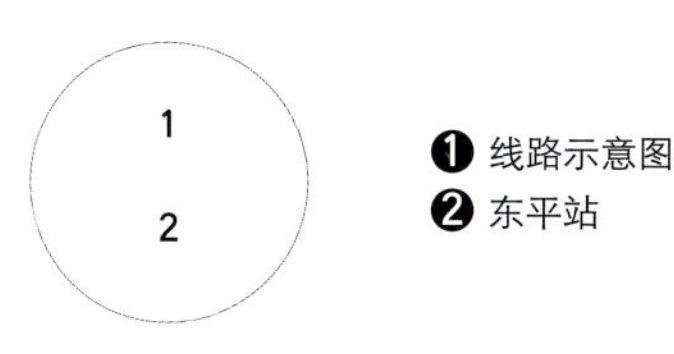

❶ 线路示意图
❷ 东平站

佛山市城市快速轨道交通3号线呈东南、西北走向，南起容桂，北至狮山，为贯通中心组团南北的主干线。线路全长约73.9km，其中高架段16.3km，地下段57.6km。共设35座车站，其中高架站7座，地下站28座，换乘站7座。平均站间距为2.15km，最大站间距为3.79km，最小站间距为0.96km。车辆采用B型车，最高运行速度为100km/h，初、近、远期均采用6辆编组。信号采用移动闭塞制式，正线供电采用DC1500V刚性架空接触网。

工程特点：

长：三号线全长约73.79km，共设35座车站，连接佛山市禅桂中心区、西北狮山组团、东南大良容桂组团。

交通枢纽：本线衔接佛山各大交通枢纽，其中包含与航运衔接的佛山机场站、与大铁衔接的佛山火车站、佛山火车西站以及与城际铁路衔接的容桂站（广珠城际，广珠高速容桂站）、北滘站（广佛环线北滘站）。

水系复杂：三号线多次穿越各级水系，其中穿越航道级水系4次，下穿容桂水道为一级航道、东平水道为二级航道、佛山水道为五级航道，上跨顺德水道为三级航道，工程风险高。

无锡地铁3号线一期工程

Phase Ⅰ Project of Wuxi Metro Line 3

线路起止 ◎ 苏庙站—机场站
功能定位 ◎ 地铁骨干线
线路长度 ◎ 29.03km
车站数量 ◎ 22座
远期最高客流断面 ◎ 3.2万人/h
开通时间 ◎ 2017年

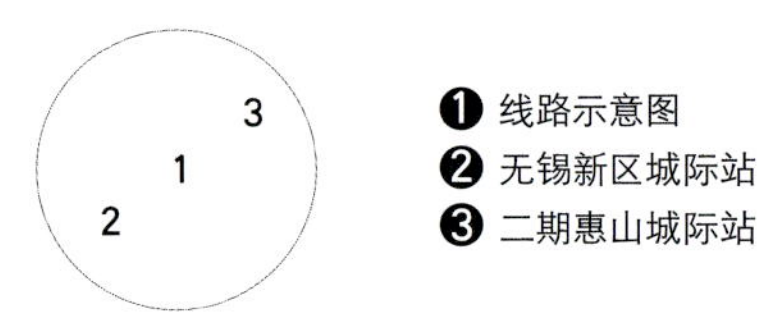

❶ 线路示意图
❷ 无锡新区城际站
❸ 二期惠山城际站

无锡地铁3号线一期工程是一条贯通无锡市西北至东南、最高运行速度80km/h的地铁骨干线。西北起于惠山区苏庙，东南至苏南硕放机场，连接了无锡火车站、无锡新区城际站、苏南硕放机场等交通枢纽。线路全长29.03km，全部为地下线，共设22座车站。平均站间距为1.35km，最大站间距为2.40km，最小站间距为0.96km。5座车站（盛岸站、无锡火车站、靖海公园站、太湖花园站、新区城际站）与其他地铁线路有换乘关系。车辆采用6辆编组B型车，信号采用移动闭塞制式，正线供电采用DC1500V刚性架空接触网。

图例
高架线　一般站
地下铁　换乘站
停车场或车辆段

宁波市轨道交通3号线工程

Ningbo Metro Line 3

朝阳村停车场
骆驼北
骆兴
团桥
客运北
外漕村
宝成路
甬江北
曙光路
明楼
体育馆
樱花公园
儿童乐园
锦寓路
麦德龙
万达广场
鄞县大道
南部商务区
黄家村
鄞州大道
陈婆渡
姜山车辆段
①
②
④
⑤
⑥
图例
线路
换乘线
停车场或车辆段
一般站
换乘站

线路起止 ◎ 陈婆渡站—骆驼北站
功能定位 ◎ 轨道交通南北向骨干线
线路长度 ◎ 25.86km
车站个数 ◎ 20个
远期最高客流断面 ◎ 3.08万人/h
开通时间 ◎ 2018年

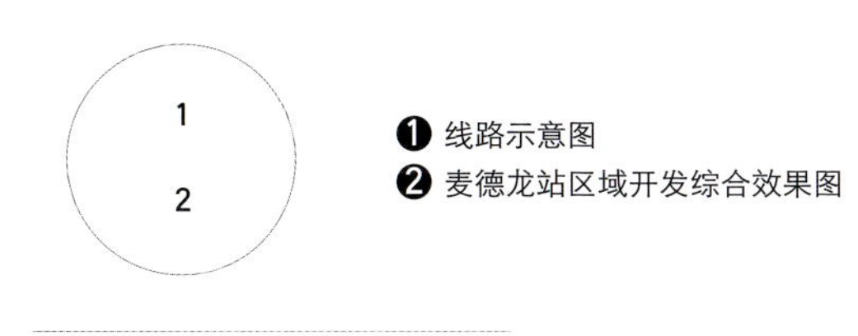

❶ 线路示意图
❷ 麦德龙站区域开发综合效果图

宁波市轨道交通3号线全长25.86km，均为地下线，共设20座车站，其中6座换乘站。平均站间距为1.33km，最大站间距为2.530km，最小站间距729m。全线在姜山镇设车辆段1座，朝阳村设停车场1处。

3号线一期工程陈婆渡—甬江北段全长约16.86km，约占线路全长的65.2%，设站14座，在姜山设车辆段1座。

工程特点：

1. 南北向骨干线（串联城市南北向公建轴四大区域）；
2. 具有规划引导的功能（陈婆渡、江北区和镇海新城）；
3. 换乘站多，共6座（与1、2、4、5、6及5号线支线均有换乘）；
4. 工程实施难度大，风险点多（下穿河流20次，下穿甬江1次，多处下穿房屋，6处下穿铁路、高速公路及快速路）；
5. 协调量及协调难度大（军用机场、铁路、市政桥梁、城中村等）。

广州市轨道交通线网规划

Guangzhou Metro Network Planning

广州市远期轨道交通线网规划结构为“环线＋放射线”，共由31条线组成，其中城市线21条，城际线10条。总线网里程1221km，其中城市线905km，城际线316km。

总体评价：

本轮轨网深化突出了“以人为本”的规划理念，从建设和谐社会出发，注重提供多样化、多层次轨道交通服务。

1．规划共引入11条珠三角城际线进入广州，并充分预留了7条广佛直通或无缝衔接轨道交通线路。基本实现了广州与珠三角城市1小时轨道交通互达目标。

2．加密中心城区，提高线网服务水平。

3．强化外围联系，形成1小时时空圈。

4．确立轨道主体，实现可持续发展。

规划创新：

1．将国家铁路网、城际轨道与城市轨道纳入统一平台加以研究，构建了一体化轨道交通线网方案，实现了尊重上层规划，完善上层规划，落实上层规划的规划理念。

2．规划开展轨道交通发展历史切片研究，在系统研究欧、美、日、韩等国家轨道交通发展规律的基础上，首次提出轨道交通发展阶段概念。

3．规划开展线网结构适用性研究，对世界上十大城市轨道交通线网进行解析研究，提出了轨道环线与市域快线的适用条件及构建标准。

4．规划锚固四十个换乘枢纽，构建了多层次现代枢纽体系，实现了与海、陆、空、铁枢纽的快速接驳，提高了线网的开放性。

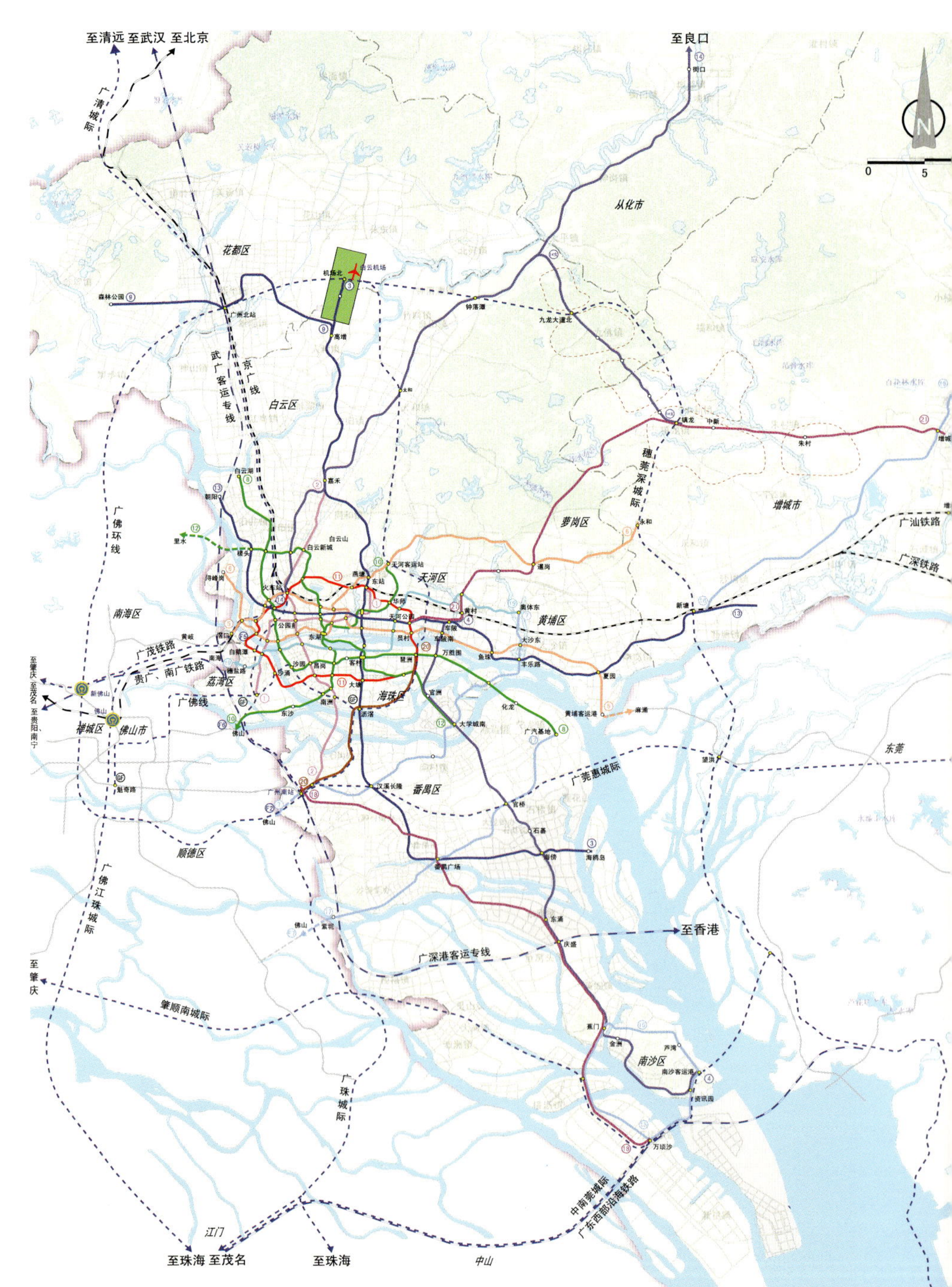

广州与周边城市轨道交通线网接驳规划

Metro Network Integration Planning of Guangzhou and the Surrounding Cites

为加强珠江三角洲地区不同层次轨道交通网的衔接，充分发挥广州市在华南地区的交通枢纽作用，推动珠三角社会经济共同体发展，对广州与周边城市轨道交通衔接方案及其可操作性进行了深入研究，对国内其他城市群的轨道交通线网规划具有一定的示范意义。

研究内容：

共分为四个专题，分别为背景、思路、系统分层体系及方案研究，客流预测及方案评价，可实施性论证，快线标准研究。

研究成果：

1．突出创新，水平国内领先；

2．对珠三角乃至整个国家的轨道交通决策产生很大影响；

3．具有较强的可操作性。

获奖信息：

2010年度广东省优秀工程咨询成果一等奖

2010年全国优秀工程咨询成果二等奖

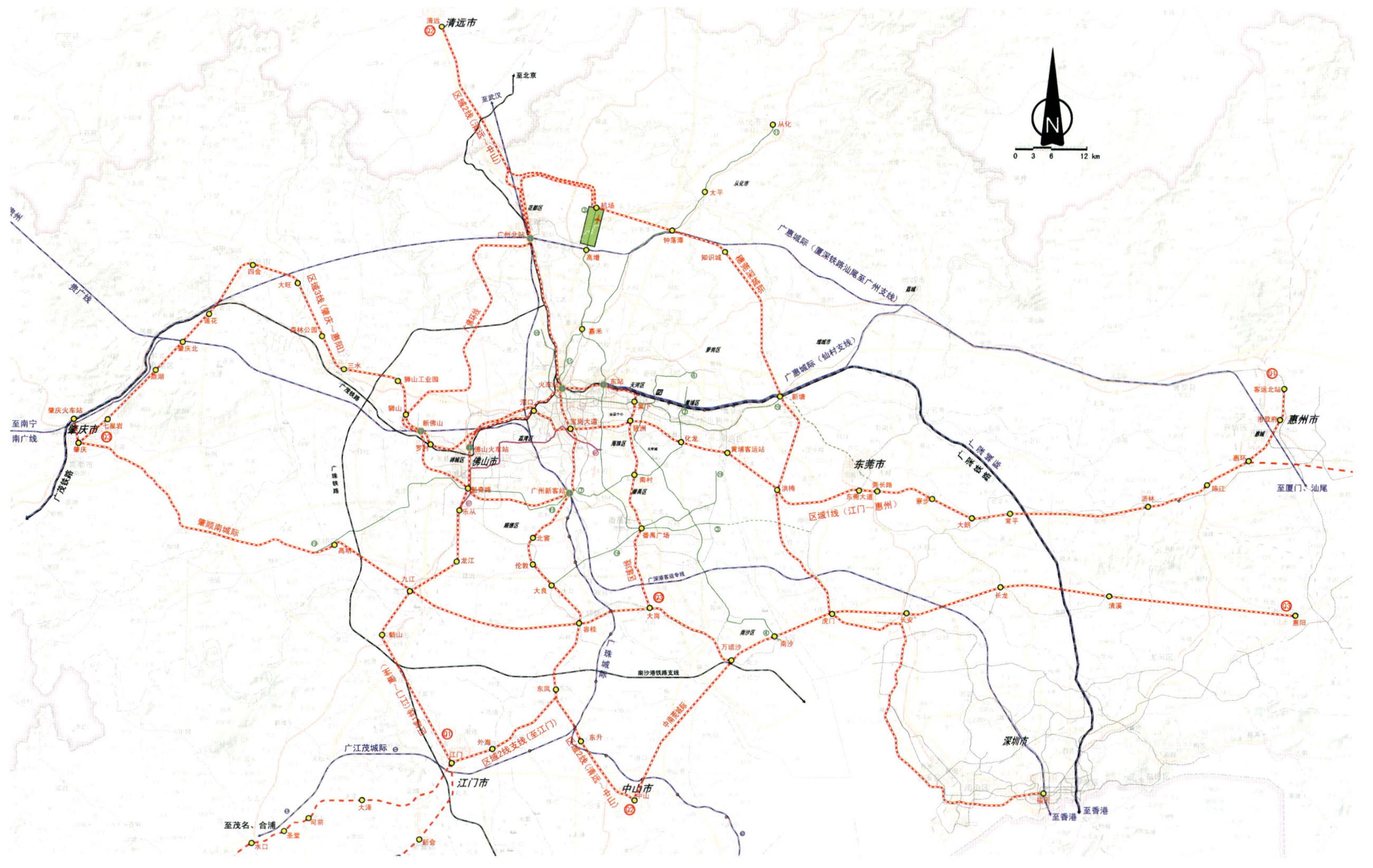

南宁市城市轨道交通线网规划修编

Revision of Nanning Metro Network Planning

修编地点 ◎ 南宁•广州
线网总长 ◎ 252.1km
车站总数 ◎ 160座
完成时间 ◎ 2011年

在稳定在建线路1、2号线的基础上，合理吸收以往规划成果，按照新版城市总体规划中确定的城市发展格局，优化线路方案、拓展线网覆盖范围，形成了2020年和远景年的线网规划方案。规划远景线网结构为“网格放射线”，由8条线组成，整体形态为“四横四纵”，线路总长252.1km，规划区线网密度为0.39km/km^2（其中，中心组团密度为1.04km/km^2，青秀组团密度为0.69km/km^2，良庆组团密度为0.48km/km^2）。全线网共设车站160座，其中换乘站23座。

获奖信息：
广东省优秀工程咨询成果一等奖

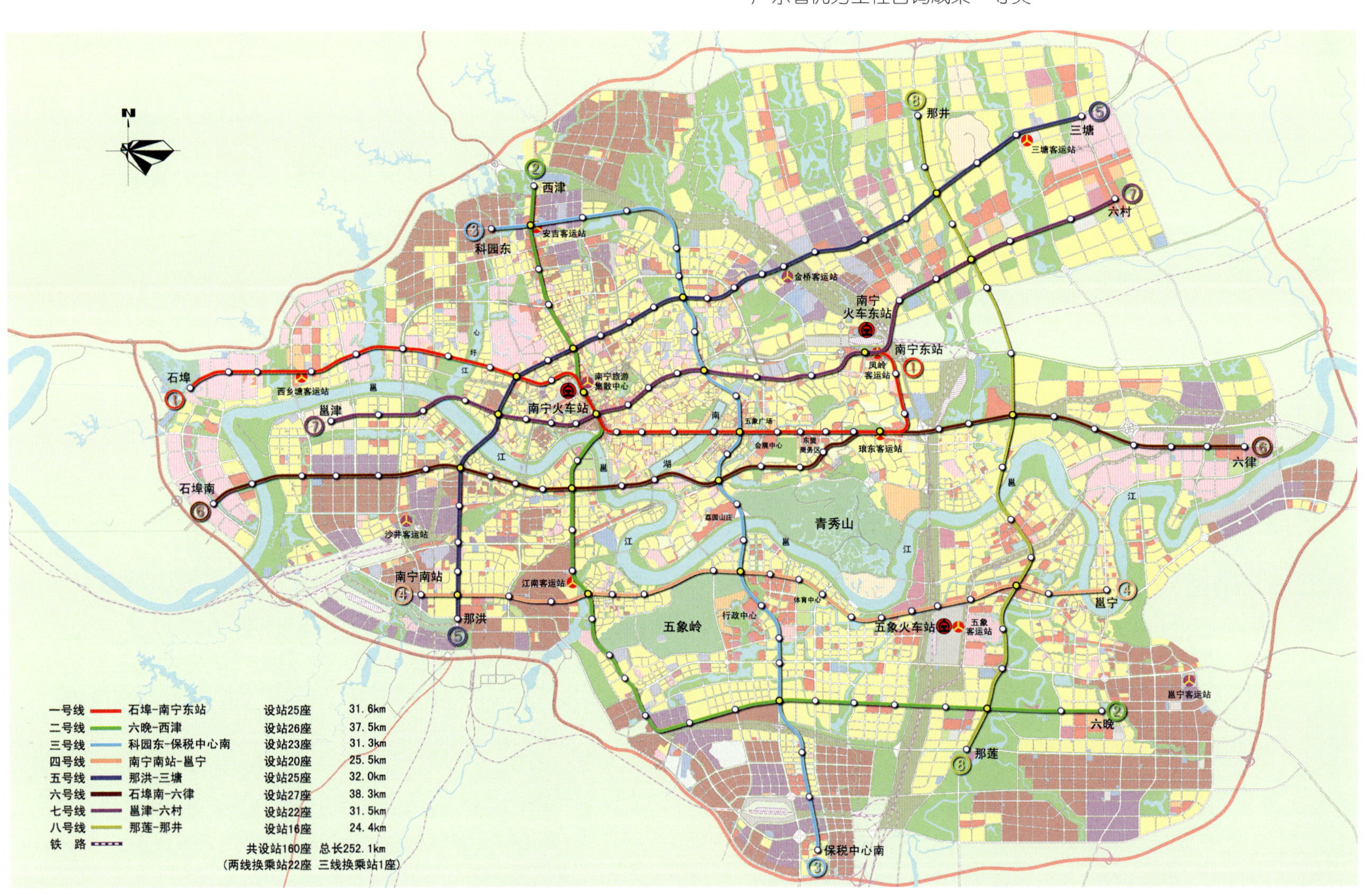

佛山市轨道交通线网规划

Foshan Metro Network Planning

佛山市远景年城市轨道交通线网结构为“棋盘＋放射线”，由8条线路组成，总长约264.3km，设车站133座，其中换乘车站35座，核心区域线网密度1.03km/km^2，中心组团线网密度0.30km/km^2。

近期建设规划为建设3号线工程和2号线一期工程，长约102.2km，贯穿城市东西、南北主轴，连接城市和区域交通枢纽，与1号线构成覆盖中心城区的轨道交通骨架网。

广州地铁二号线——越秀公园站

Guangzhou Metro Line 2 —Yuexiu Park Station

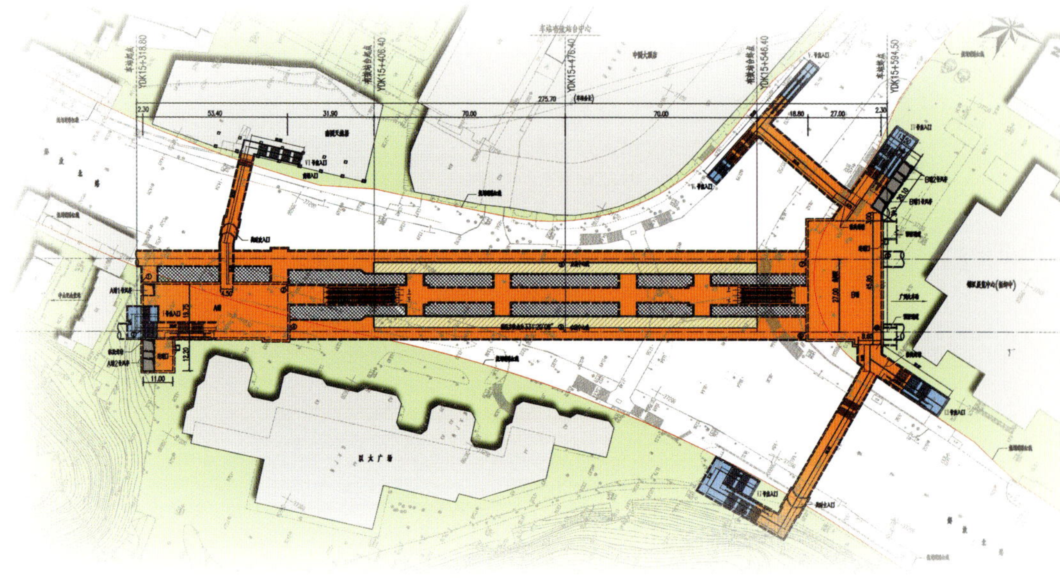

建造地点 ◎ 广州市越秀公园
总建筑面积 ◎ 1.43万m^2，主体：1.06万m^2
设计客流 ◎ 10424人/h
建成时间 ◎ 2003年

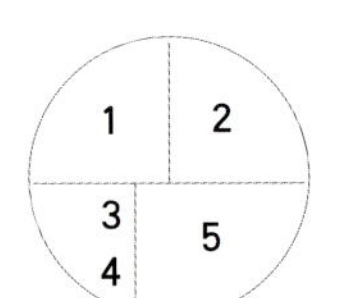

❶ 总平面图
❷ 越秀公园站站台
❸ 站厅至站台暗挖通道
❹ 分离岛站台的侧站台
❺ 站台及横通道

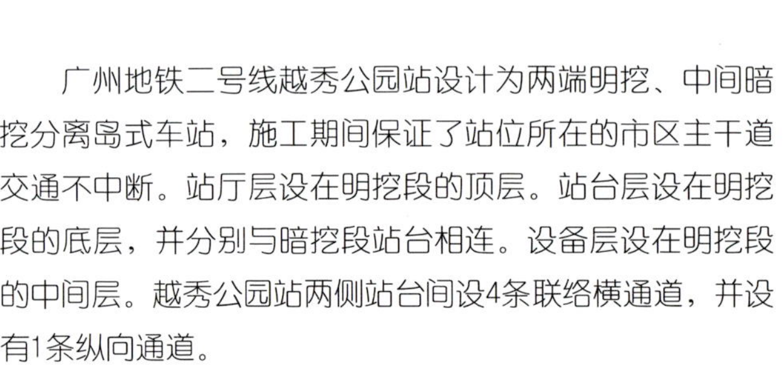
广州地铁二号线越秀公园站设计为两端明挖、中间暗挖分离岛式车站，施工期间保证了站位所在的市区主干道交通不中断。站厅层设在明挖段的顶层。站台层设在明挖段的底层，并分别与暗挖段站台相连。设备层设在明挖段的中间层。越秀公园站两侧站台间设4条联络横通道，并设有1条纵向通道。

Personalizing
MicroStation
Keith R. Little
22:58
LUX
格

广州地铁二号线——海珠广场站

Guangzhou Metro Line 2 —Haizhu Square Station

建造地点 ◎ 广州市越秀区海珠广场
总建筑面积 ◎ 二号线：1.47万m^2
六号线：1.08万m^2
主体建筑面积 ◎ 二号线：1.35万m^2
六号线：0.99万m^2
设计客流 ◎ 二号线：22011人/h
六号线：11147人/h
建成时间 ◎ 二号线：2003年
六号线：2013年

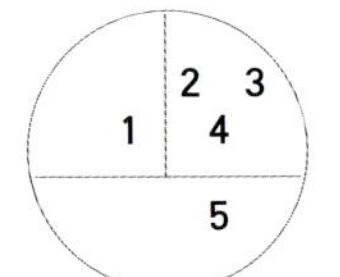

❶ 总平面图
❷、❺ 站台
❸ 站厅宽景
❹ 站厅

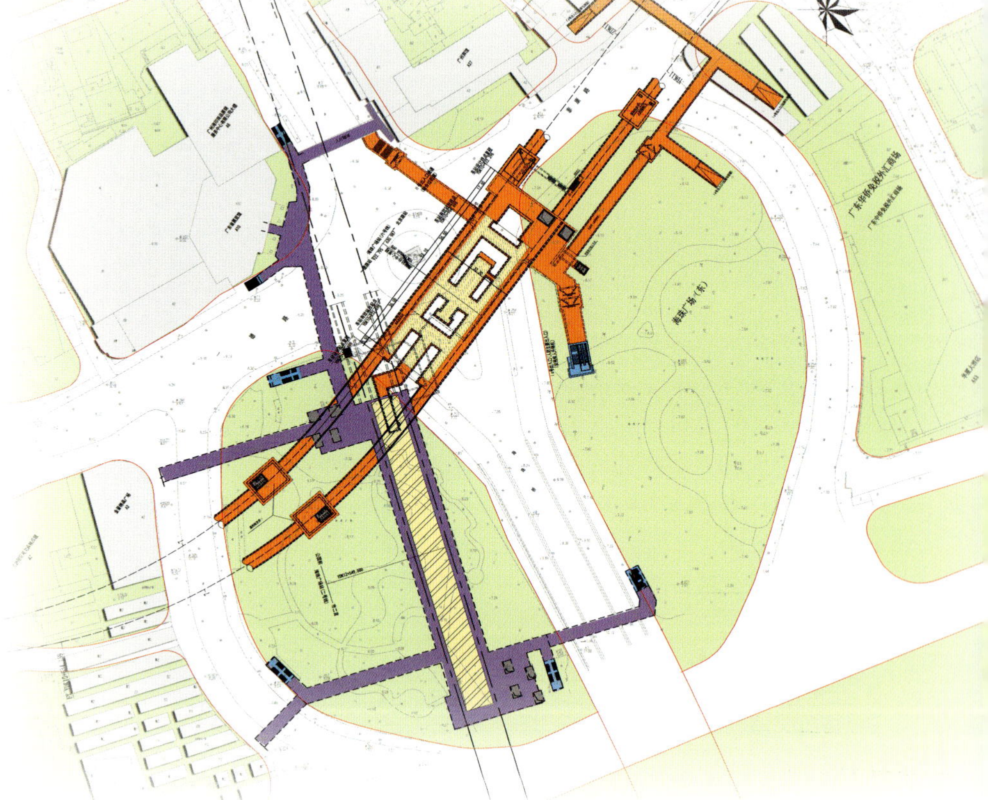

广州地铁二号线海珠广场站为4层岛式站台车站，总长147m，站台宽12m，远期与六号线换乘，采用通道换乘方式。车站线路埋深23m，设计为四层双柱三跨结构。车站地下一层为站厅层，地下二、三层为设备层，地下四层为站台层。

海珠广场站是六号线的中间站，通过站厅层和站台层西端设换乘通道与二号线车站实现换乘。车站采用局部明挖三层站台暗挖的建筑结构形式。

海
HAI
珠
ZHU
广
GUANG
场
CHANG
消火栓
HR

广州地铁二号线——嘉禾望岗站

Guangzhou Metro Line 2 —Jiahe Wanggang Station

建造地点 ◎ 广州市白云区嘉禾镇望岗村

总建筑面积 ◎ 二、三号线：2.71万m^2
十四号线：3.93万m^2

主体建筑面积 ◎ 二、三号线：2.22万m^2
十四号线：3.76万m^2

设计客流 ◎ 二号线：14079人/h
三号线：14079人/h
十四号线：25644人/h

换乘客流 ◎ 十四号线与二号线的换乘：1972人/h
十四号线与三号线的换乘：4290人/h
二号线与三号线的换乘：8754人/h

建成时间 ◎ 二、三号线：2010年
十四号线：2016年

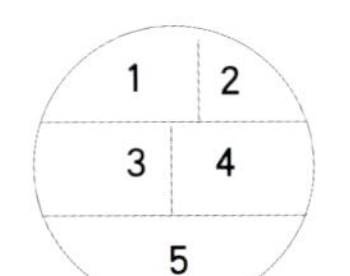

❶ 总平面图
❷ 十四号线站厅
❸ 十四号线站台
❹ 二、三号线站台
❺ 全景图

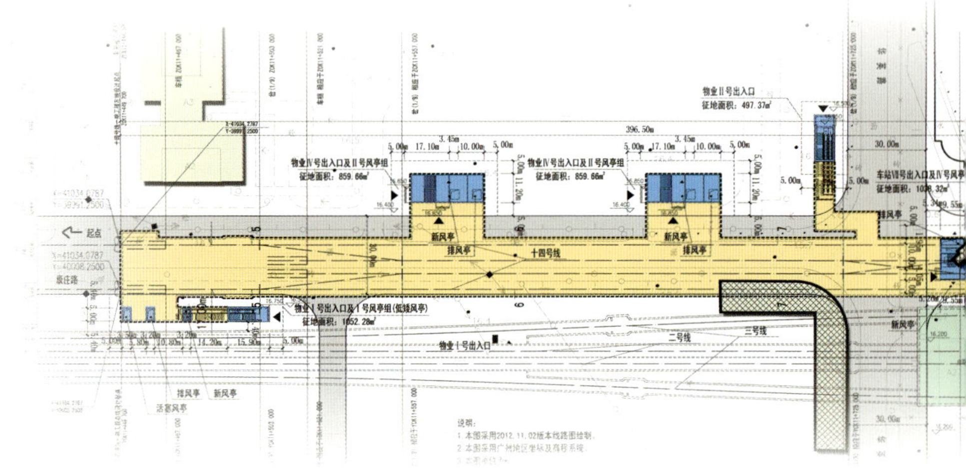

嘉禾望岗站是广州地铁二号线、广州市轨道交通三号线和十四号线（规划中）的换乘站，位于广州市白云区106国道以东的规划七路西侧地块。嘉禾望岗站与周边公交站场、长途客运站、P+R停车场等交通设施合理衔接，共同形成了一个综合城市交通枢纽。

嘉禾望岗站换乘采用“双岛平行同站台换乘”模式，实现了广州两大交通枢纽——新火车南站和新白云机场的无缝衔接。

车站地面建筑现代大方，采用红砂岩石材幕墙体现了岭南地域风格。

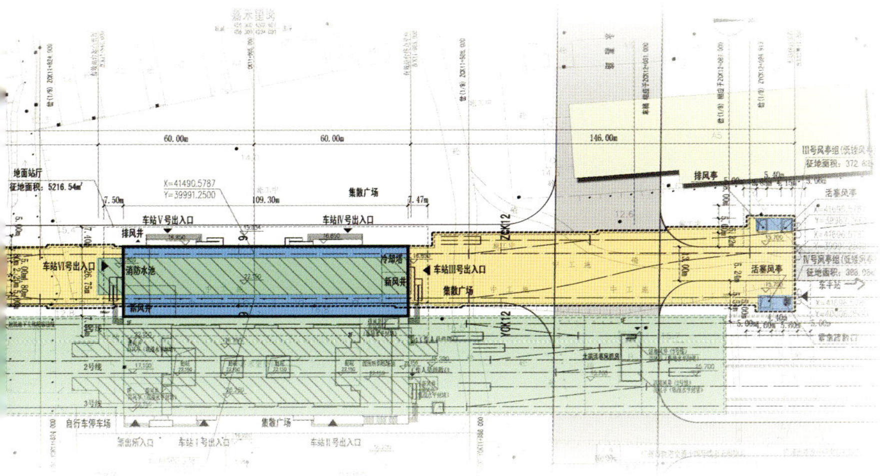
60.00m
60.00m
146.00m
地面站厅
征地面积：5216.54㎡
X=41490.5787
Y=39991.2500
7.50m
109.30m
7.47m
集散广场
排风亭
活塞风亭
车站V号出入口
车站IV号出入口
排风井
车站VI号出入口
消防水池
冷却塔
新风井
车站III号出入口
ZDK12
YDK12
2号线
3号线
自行车停车场
车站I号出入口
车站II号出入口

2号线 广州南站方向
体育I路方向 3号线

嘉禾站

广州地铁一号线——西朗站

Guangzhou Metro Line 1 —Xilang Station

西朗站是广州地铁一号线与广佛线的换乘站，位于广州市芳村区花地大道南城市主干道北侧公交地块的北侧和花地大道中与鹤洞路交叉部位。该站是一号线的起点站，地面车站，首层为站台层，二层为站厅层，上部预留远期办公开发空间。广佛线西朗站是地下两层双柱岛式车站，为广佛线首通段的终点站，站后设折返线和存车线，两线通过换乘通道无缝接驳。

建造地点 ◎ 广州市芳村区

总建筑面积 ◎ 广佛线：1.86万m^2

设计客流 ◎ 一号线：1365人/h

换乘客流 ◎ 13072人/h

建成时间 ◎ 一号线：1997年
广佛线：2010年

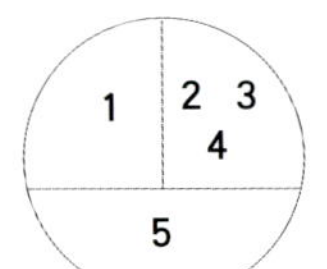

❶ 总平面图
❷ 广佛线站厅层
❸ 广佛线站台层
❹ 广佛线站台层全景
❺ 一号线站台层全景

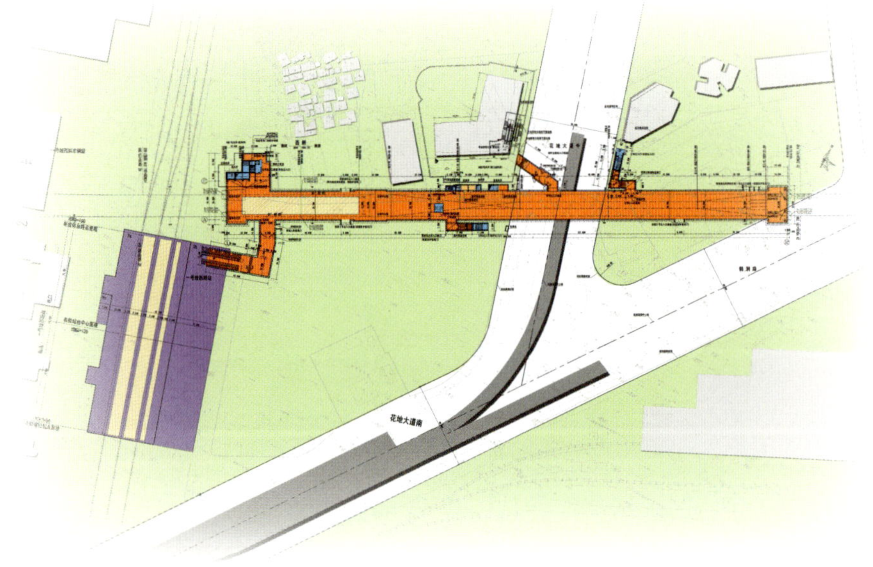

西
朗

换乘1号线
Transfer to
Line 1
西
朗

广州地铁一号线——坑口站

Guangzhou Metro Line 1 —Kengkou Station

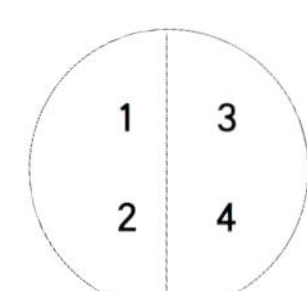

❶ 总平面图
❷ 坑口站现状
❸、❹ 站台

建造地点 ◎ 广州市荔湾区坑口村
总建筑面积 ◎ 1.22万m^2
设计客流 ◎ 4931人/h
建成时间 ◎ 1997年

坑口站是广州地铁一号线的第二个车站，毗邻坑口村，为地面两层侧式站台车站，首层为站台层，二层为站厅层，设备用房设于站台两侧及站厅层的北侧。站厅层中部楼板大面积打开，形成巨大中庭，站厅公共区可俯视站台候车区。车站顶板为大跨度圆拱结构，两侧边墙设通风采光窗。

获奖信息：
广州市优秀设计二等奖
广东省优秀设计三等奖

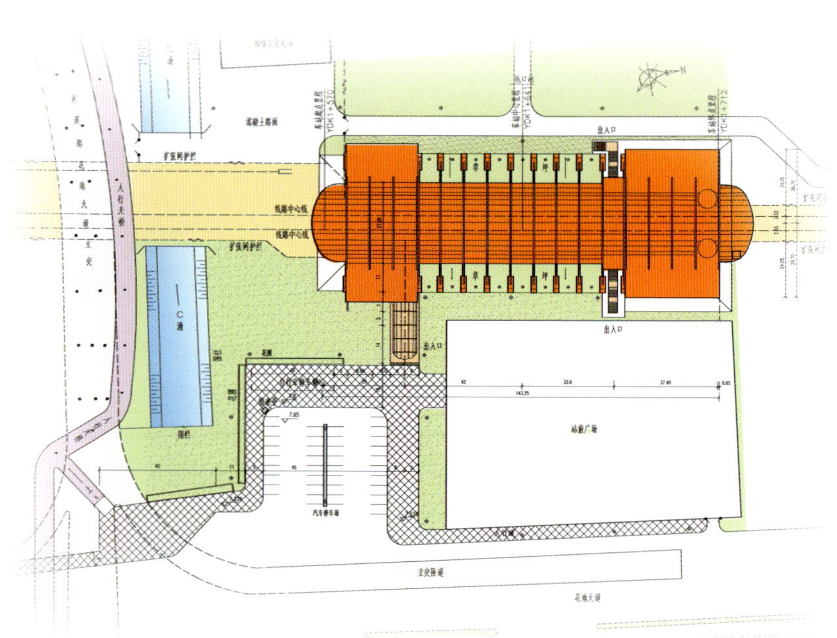

广州东站方向

广州市轨道交通三号线——珠江新城站

Guangzhou Metro Line 3 —Zhujiang Newtown Station

建造地点 ◎ 广州市天河区珠江新城
总建筑面积 ◎ 3.65万m²，主体：2.98万m²
设计客流 ◎ 三号线：31634人/h；五号线：22957人/h
换乘客流 ◎ 19388人/h
建成时间 ◎ 三号线：2005年；五号线：2009年

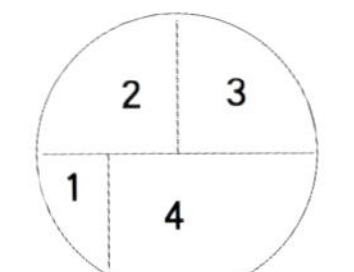

❶ 总平面图
❷ 五号线站台
❸ 站厅
❹ 三号线站台

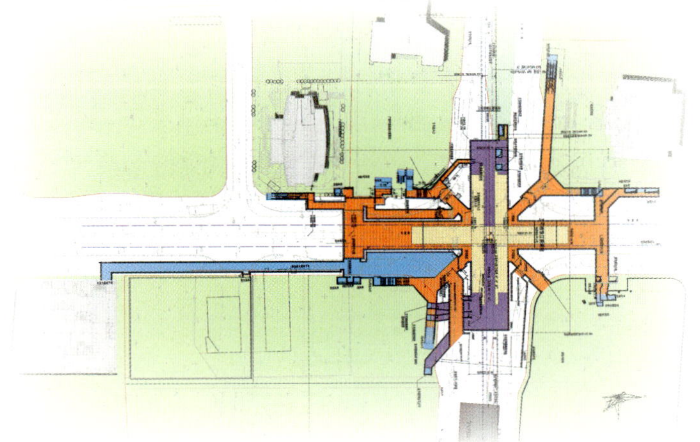

珠江新城站是广州市轨道交通三号线和五号线的换乘站，位于广州华厦路与花城大道交叉路口。三号线与五号线呈“十”字交叉。三号线是地下两层岛式站台车站，五号线是地下三层侧式站台车站，在三号线站台层设置交叉楼扶梯直达五号线站台层的中部，三号线站台层同时布置两组扶梯直达站厅，五号线站台层的两侧布置进出站扶梯。三、五号线通过扶梯的灵活布置，达到了进出站客流和换乘客流区分，流线简洁，方便。

广州市轨道交通四号线——万胜围站

Guangzhou Metro Line 4 —Wanshengwei Station

建造地点 ◎ 广州市海珠区琶洲村
总建筑面积 ◎ 2.20万m^2，主体：1.92万m^2
建成时间 ◎ 2005年

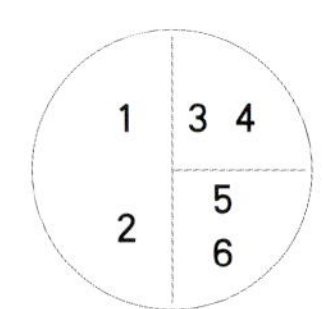

❶ 剖切效果图
❷ 二号线站台与站厅交接处
❸ 站厅一
❹ 四号线站台一
❺ 四号线站台二
❻ 站厅与二号线站台

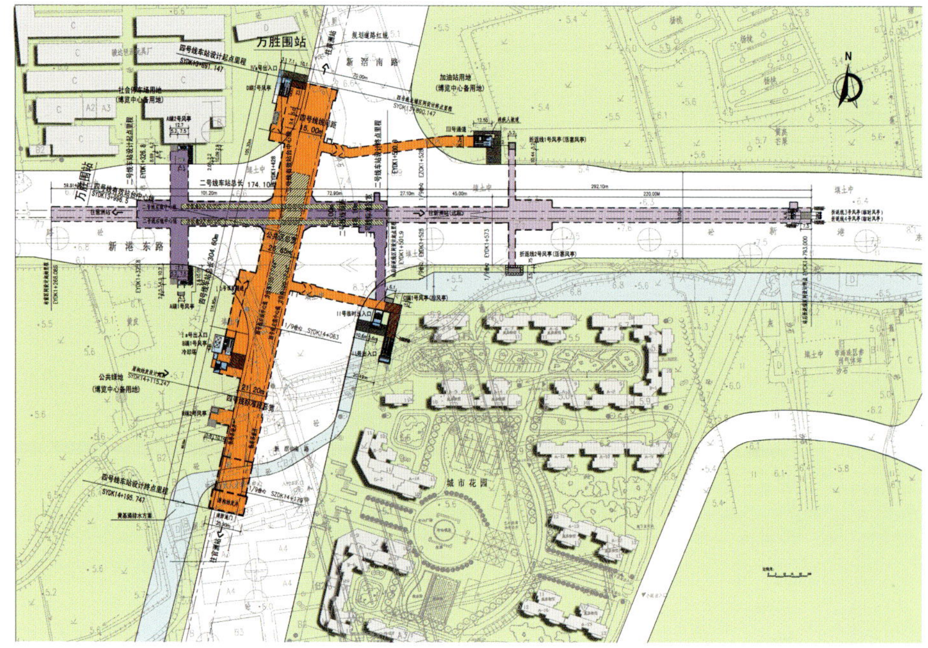

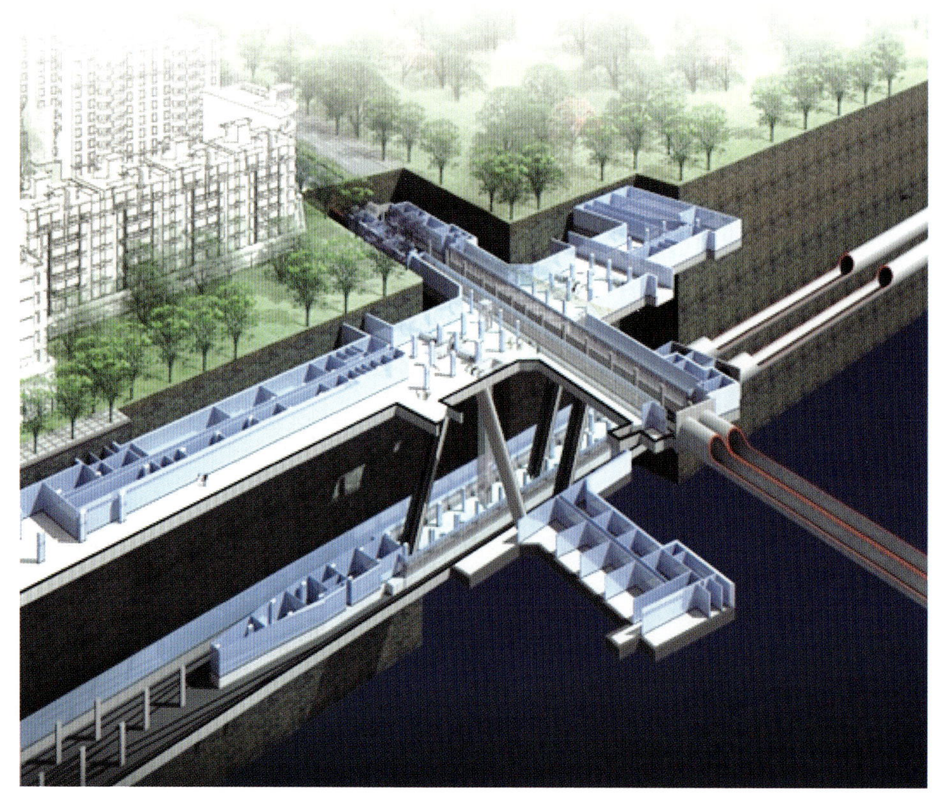

万胜围站是广州地铁八号线与广州市轨道交通四号线的换乘车站，位于广州市海珠区琶洲地块，毗邻琶洲塔。设置在新港东路和规划的新滘南路交叉路口下，往北约650m是珠江前航道，站位周边地块现状除少量三至四层琶洲村民居外，其他都以菜地、果林为主，规划为公用绿地、居住小区、加油站用地和社会停车场。

万胜围站是国内首次采用地下两层十字侧岛换乘车站，在负一层的八号线采用前侧式浅埋，设计及施工也可借鉴前三个侧式站，四号线线路往北要过珠江，区间采用盾构施工方法，要求线路有足够的埋深和线间距，宜采用在八号线之下的岛式站台。

获奖信息：
广州市优秀设计一等奖
广东省优秀设计二等奖
全国优秀设计行业奖三等奖

万胜围

CD
换乘二号线
（往前方乘搭扶梯）
Transfer to Line 2

换乘四号线
Transfer to Line 4
换乘四号线
换乘四号线

广州市轨道交通四号线——车陂南站

Guangzhou Metro Line 4 —Chebeinan Station

建造地点 ◎ 广州市天河区车陂村
总建筑面积 ◎ 4.24万m^2，主体：3.62万m^2
设计客流 ◎ 四号线：30859人/h
五号线：17397人/h
换乘客流 ◎ 11308人/h
建成时间 ◎ 2009年

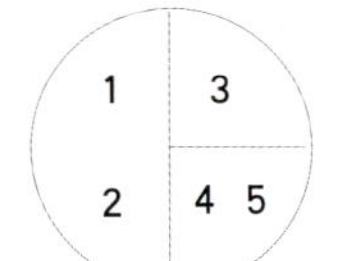

❶ 总平面图
❷ 车陂南跨线桥鸟瞰图
❸ 剖面图
❹ 效果图
❺ III号出口及3号风亭

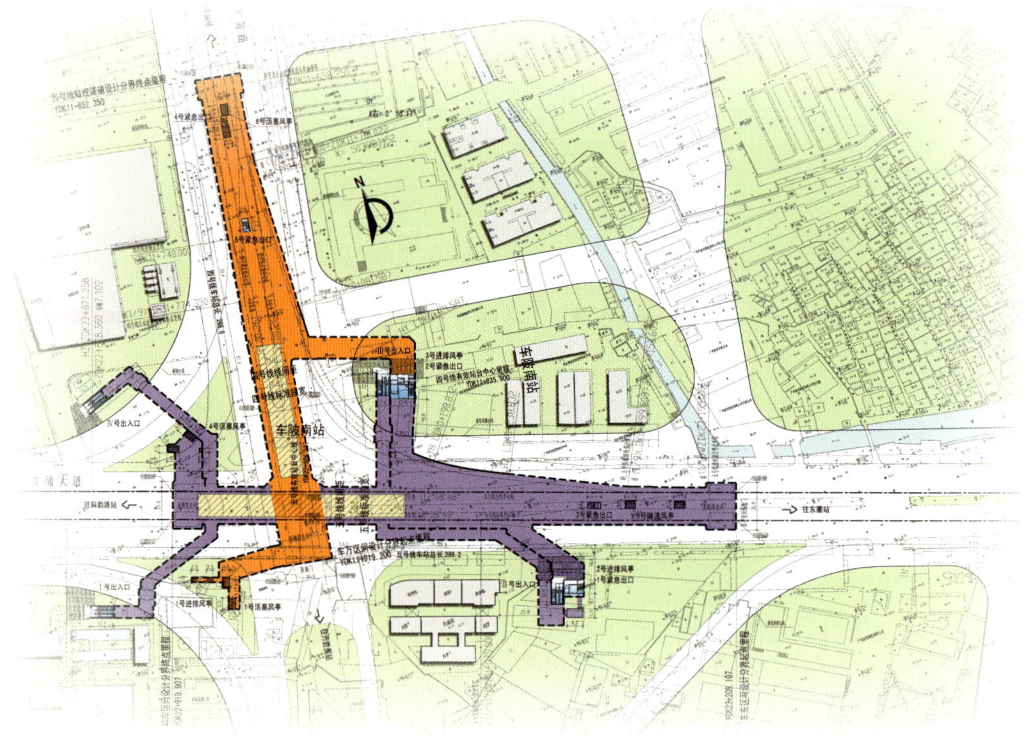

车陂南站是广州市轨道交通四号线与五号线的换乘站，设置在黄埔大道东与车陂路交叉路口下，为广州市首座同步设计、同步施工、同步开通的“T”型岛式换乘车站。该站设置了四号线与五号线的联络线，地下一层为两线共用站厅层，地下二层为五号线站台层，地下三层为四号线站台层。

车陂南站 C 出口
chebeinan station

广州市轨道交通五号线——淘金站

Guangzhou Metro Line 5 —Taojin Station

建造地点 ◎ 广州市环市东路
总建筑面积 ◎ 1.34万m^2
设计客流 ◎ 24638人/h
建成时间 ◎ 2009年

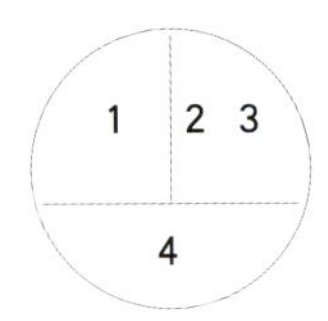

❶ 总平面图
❷ 站厅层
❸、❹ 站台层

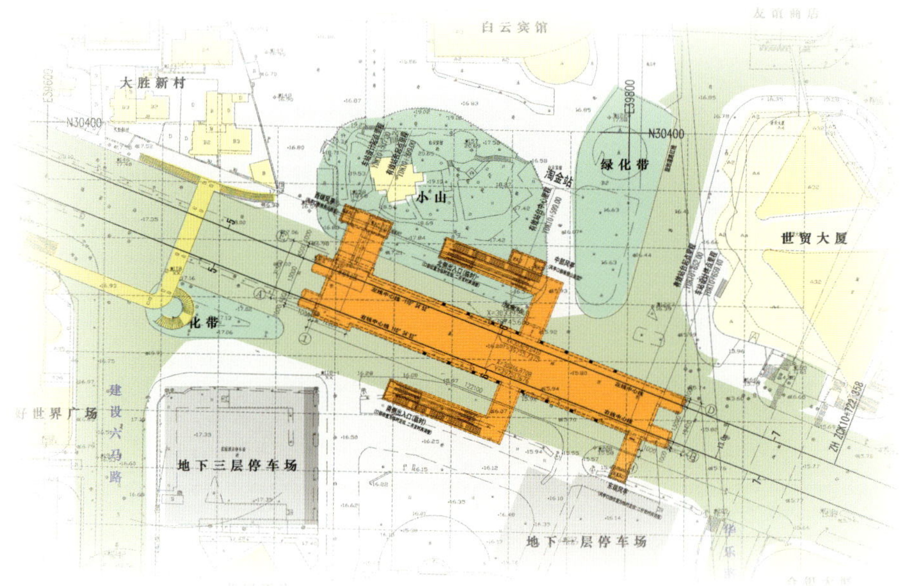

淘金站位于广州市老城区中心，站位地面规化为市政广场，广场下为下穿隧道，车站设在隧道下方，设计为地下三层岛式车站，负一层为站厅层，负二层为设备层，负三层为站台层。

设计特点：

1. 在广州市轨道交通中第一次采用超短车站设计方案，6节编组，车站全长24.70m。

2. 在交通繁忙的城市主干道的深基坑设计，车站基坑深度达到了27m。

3. 盾构先吊出再做车站主体，为广州市轨道交通首例。

4. 暗挖法施工大断面附属结构，最大断面为8.5m宽、10.8m高。

5. 通风空调机房设置在车站中部，全站只设置一个新风井和一个排风井。

6. 机电专业采用节能设计。车站采用公共区中部送风，水系统采用集中供冷。公共区照明采用高效节能灯。

获奖信息：

2010年广州市优秀工程设计二等奖

2011年广东省优秀工程设计三等奖

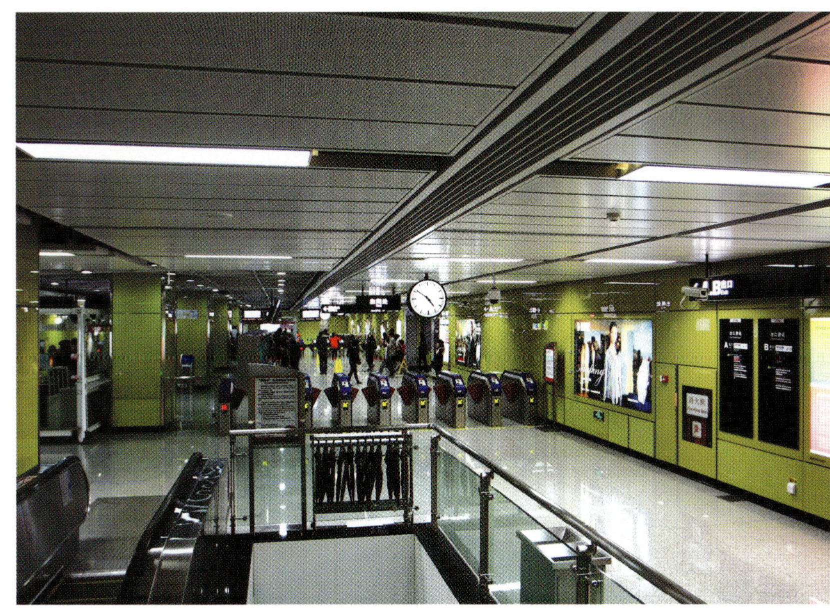

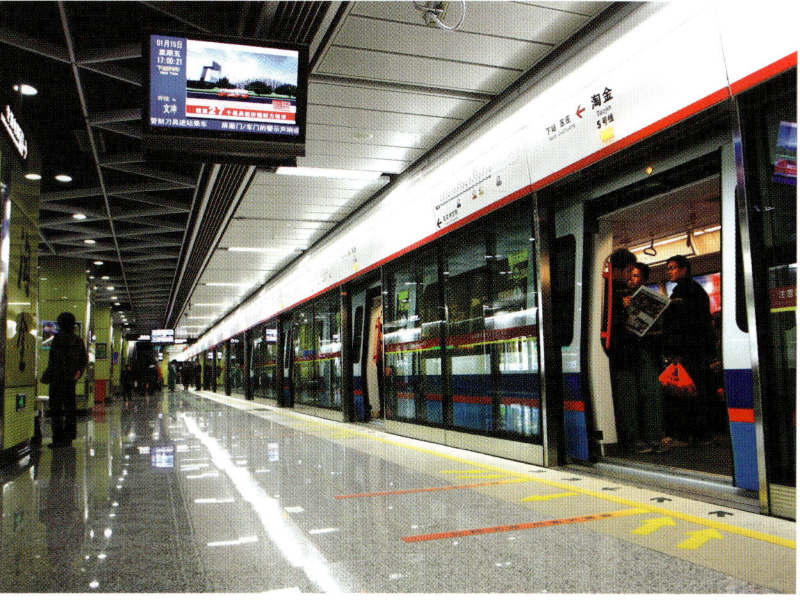

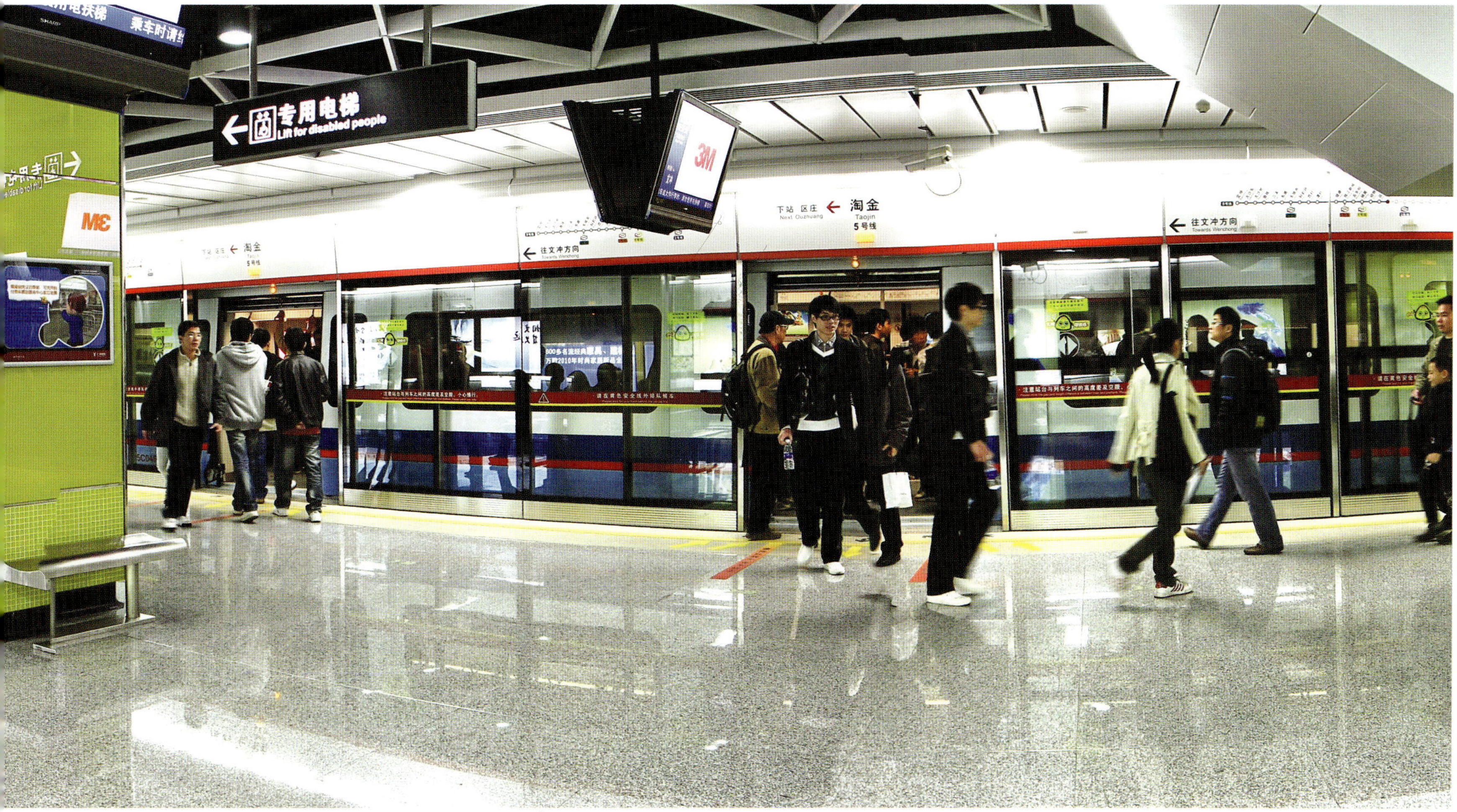
专用电梯
Lift for disabled people
3M
下站 区庄
Next Ouzhuang
淘金
Taojin
5号线
往文冲方向
Towards Wenchong

广州市轨道交通七号线——汉溪长隆站

Guangzhou Metro Line 7
—Hanxi Changlong Station

建造地点 ◎ 广州市番禺区汉溪村

总建筑面积 ◎ 三号线：1.14万m^2，主体：0.94万m^2
七号线：1.89万m^2，主体：1.29万m^2

设计客流 ◎ 三号线：10130人/h
七号线：42131人/h

换乘客流 ◎ 30545人/h

建成时间 ◎ 三号线：2006年
七号线：2016年

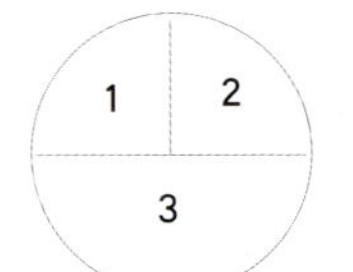

❶ 总平面图
❷ 剖切效果图
❸ 站台效果图

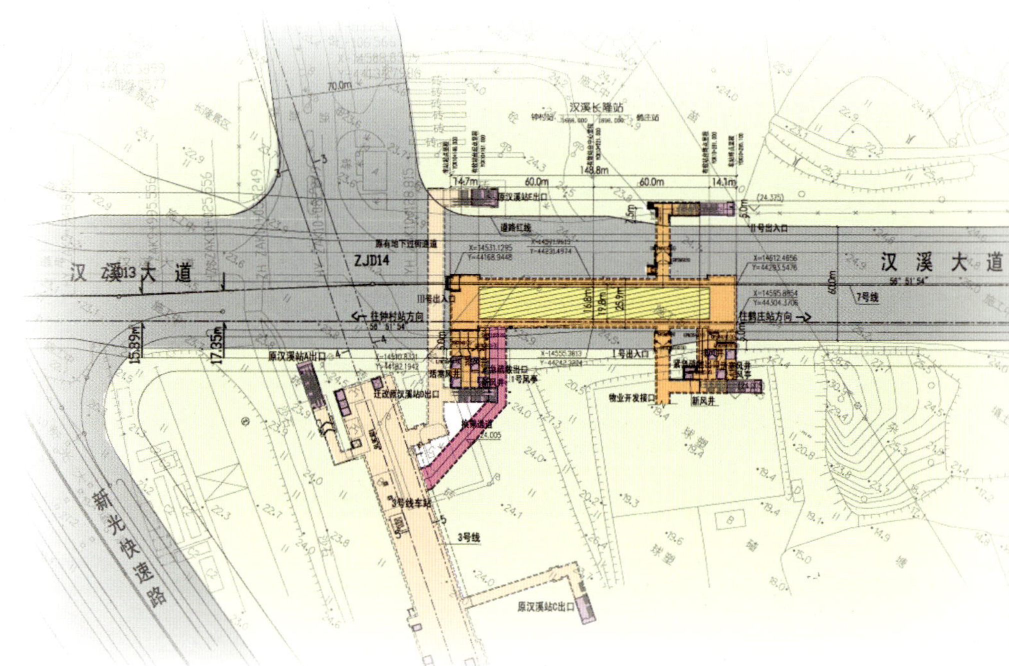

汉溪长隆站是广州市轨道交通三号线和七号线的换乘站。三号线车站位于新光大道和汉溪大道交叉口东侧的汉溪大道道路南侧地块内；七号线车站位于新光大道和汉溪大道交叉口东侧的汉溪大道道路南半幅，沿汉溪大道呈西南向东北走向。站址北侧为香江野生动物世界和长隆欢乐世界，西南侧为大型楼盘——南国奥林匹克花园，东南侧为大型楼盘——锦绣香江，西面临近新光快速路的高架桥。

汉溪长隆站在三号线建成时为标准站，规划没有考虑该车站为换乘站，所以没有考虑预留换乘的条件。随着地铁带动该区域日新月异的发展，车站周边旅游业和居住客流急速增加，广州市新线规划调整后，该站成为三号线和七号线的换乘站，三号线为地下两层岛式站台车站，七号线为地下三层岛式站台车站，受条件限制，七号线车站在站厅公共区西南端设宽通道与三号线汉溪站采用通道形式换乘。

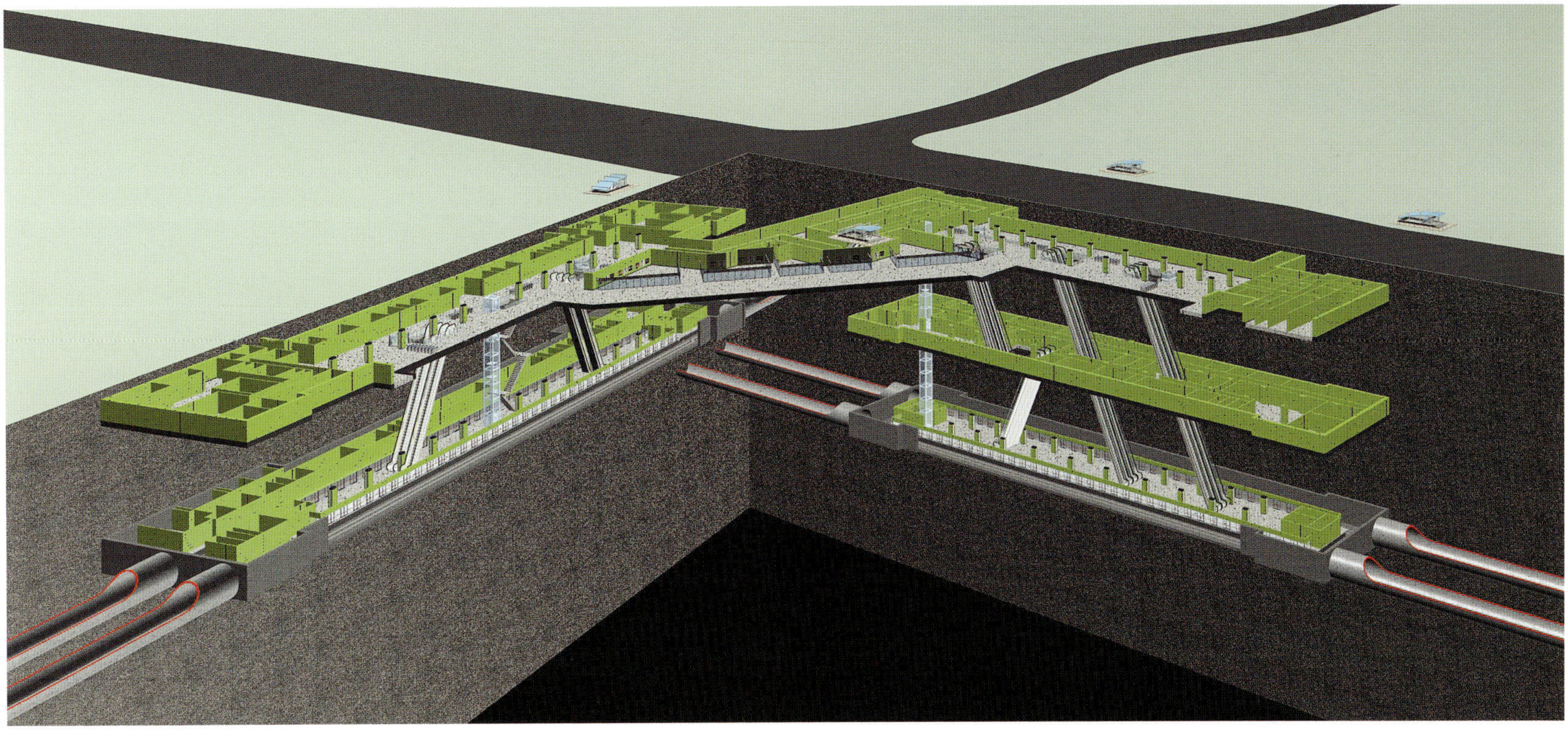

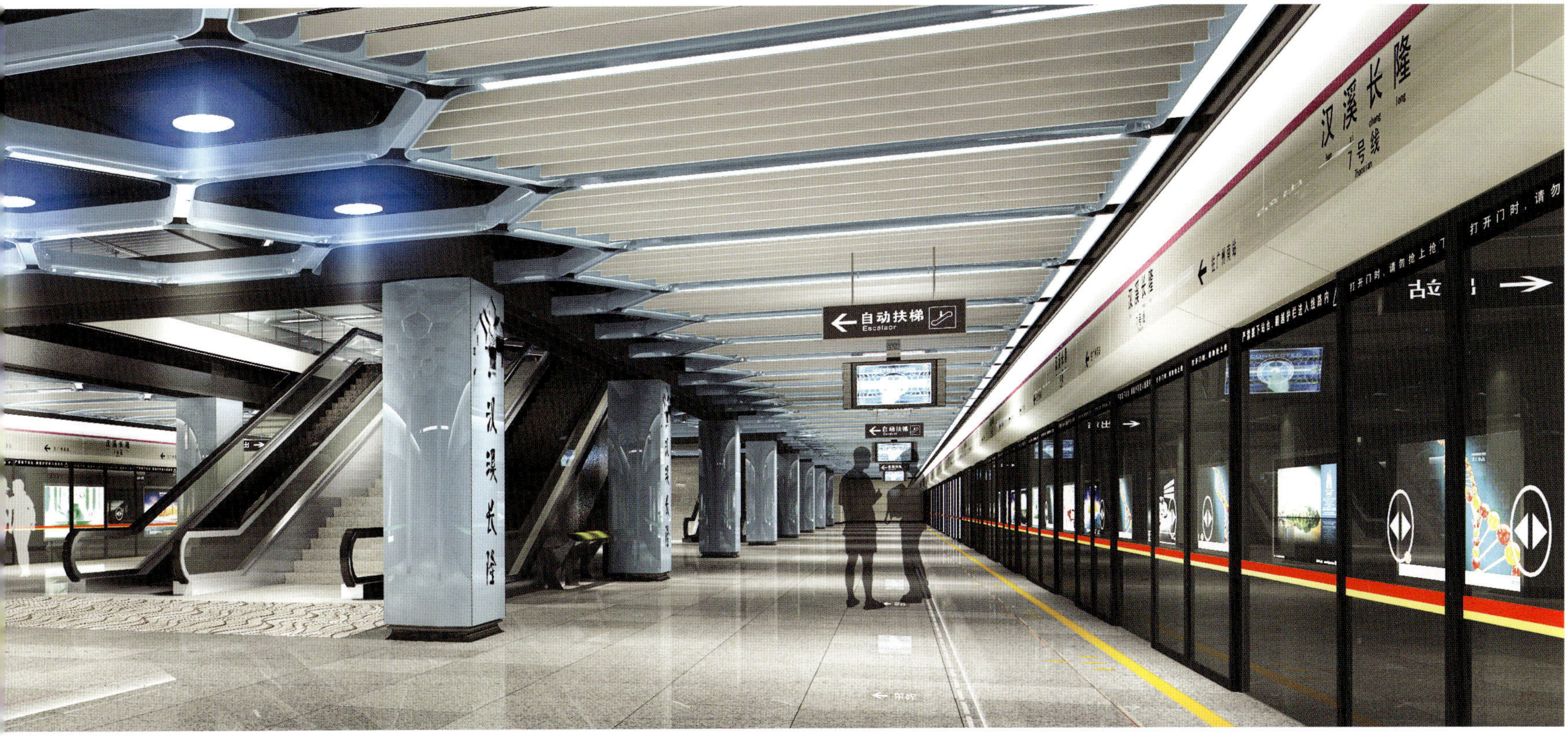
汉溪长隆
7号线
自动扶梯
Escalator

广州地铁八号线——同福西站

Guangzhou Metro Line 8 —Tongfuxi Station

建造地点 ◎ 广州市海珠区洪德路

总建筑面积 ◎ 2.48万m^2，主体：2.11万m^2

设计客流 ◎ 八号线：7091人/h

建成时间 ◎ 2016年

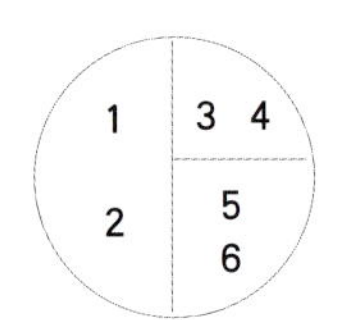

❶ 总平面图
❷ 流线示意图
❸ 站址周边环境
❹ 十九号线站厅
❺ 八号线站台
❻ 八号线站厅

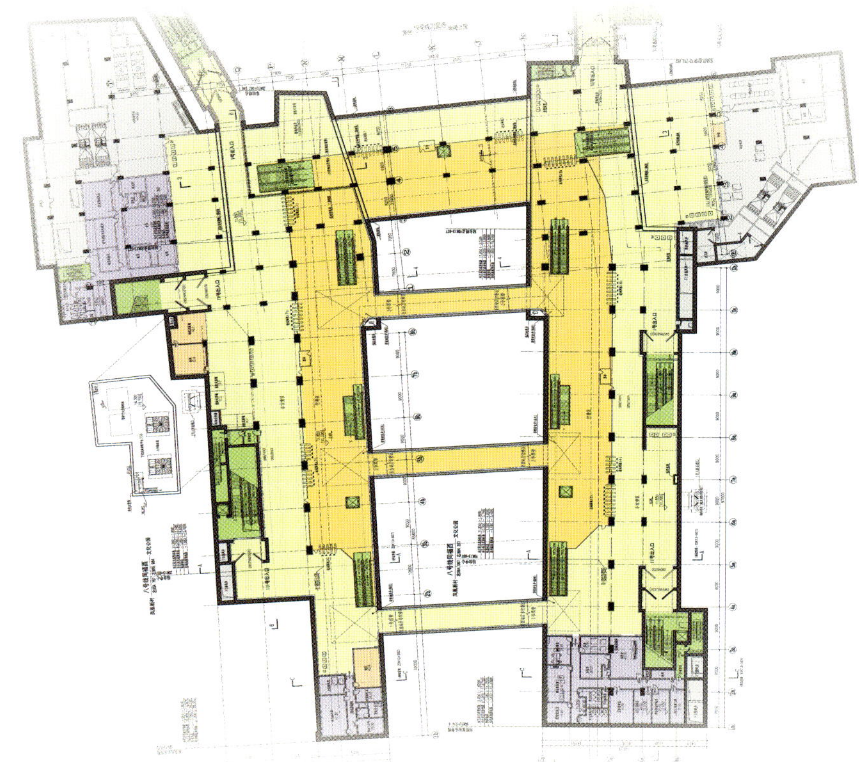

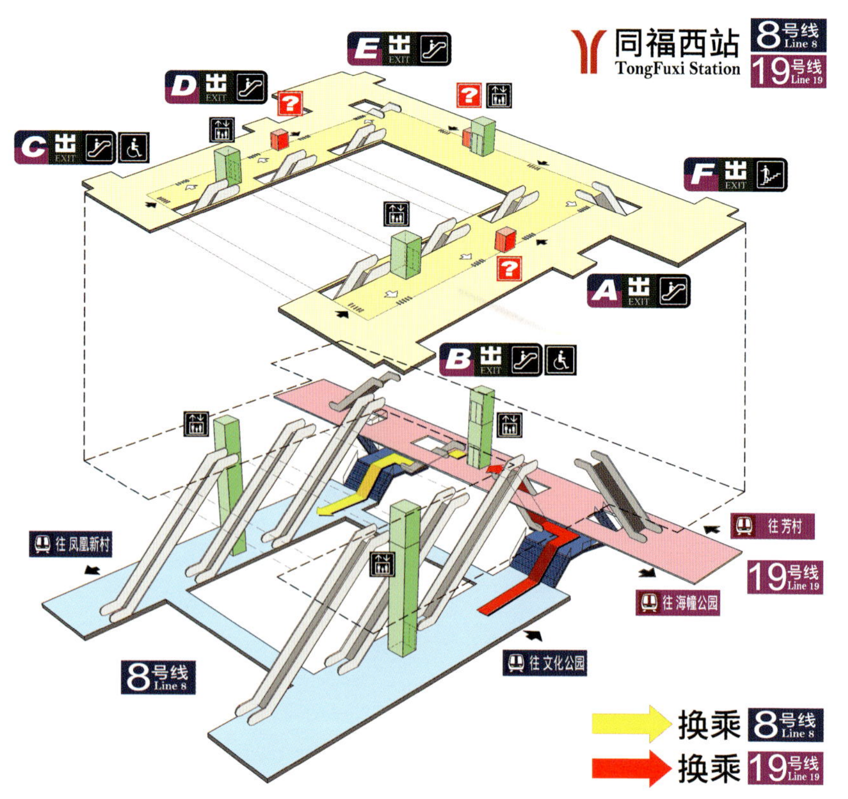

同福西站是广州地铁八号线与十九号线的换乘车站，站址位于老城区，为分离岛式站台。车站设计尽量增加明挖面积，增加左右线站厅、站台的联络通道，并利用远期十九号线站厅把八号线的分离站厅连成一体，呈π形布置。八号线站台端部与十九号线站台中部连接，具有两个换乘节点，换乘功能优化，且一期工程无需托换桥桩。两线管理用房合并设置、设备用房分线设置，既达到共享、节能的目的，又适应不同建设时序。

车站内部设9m无柱站台，较好改善客流组织和室内舒适性。

车站周边有骑楼、保护建筑，施工组织五期围挡和交通疏解，降低车站建设对城市周边的影响。

出

入闸处

广州市轨道交通九号线——高增站

Guangzhou Metro Line 9 —Gaozeng Station

建造地点 ◎ 广州市白云区矮岗村
总建筑面积 ◎ 2.02万m^2，主体：1.97万m^2
设计客流 ◎ 三号线：7466人/h
九号线：15948人/h
换乘客流 ◎ 15150人/h
建成时间 ◎ 2015年

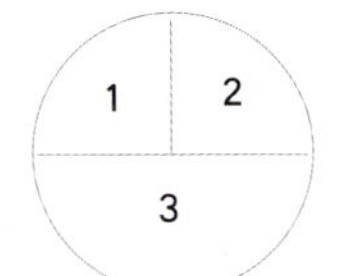

❶ 总平面图
❷ 站厅内部效果图
❸ 主体建筑外立面效果图

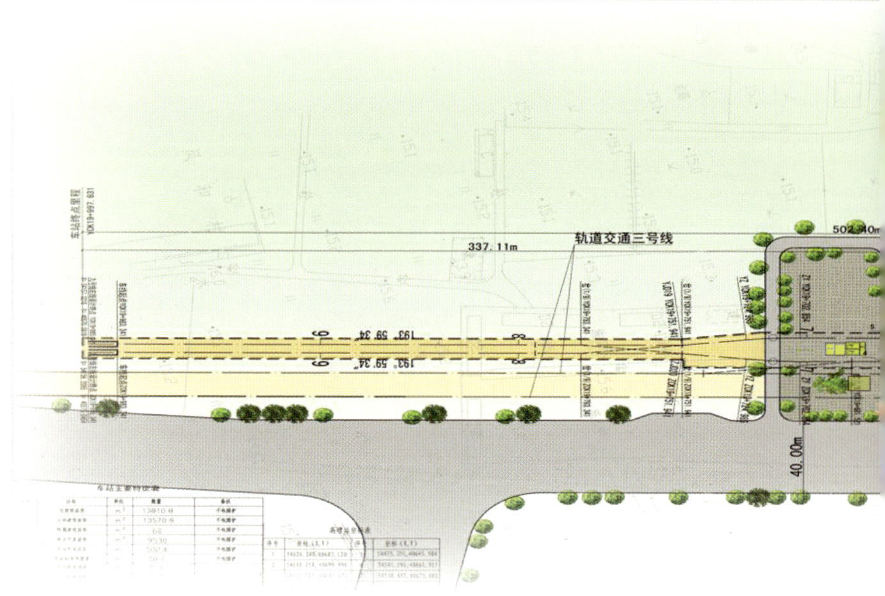

高增站为广州市轨道交通三号线北延段和九号线的换乘站，位于机场二期控制用地南侧、机场高速公路东侧地块内。车站共设四层，分别为地下两层和地面两层，三、九号线平行布置，为双岛换乘车站。

高增站是含派出所、两线换乘的大型车站，地下二层为双岛平行设置的双线站台，地下一层为换乘层，去往机场或花都区均在此换乘。地面层为三、九号线共用站厅层，派出所位于车站东南侧，二层为设备房层，站厅两层中空设计，层高达10m，空间效果震撼。

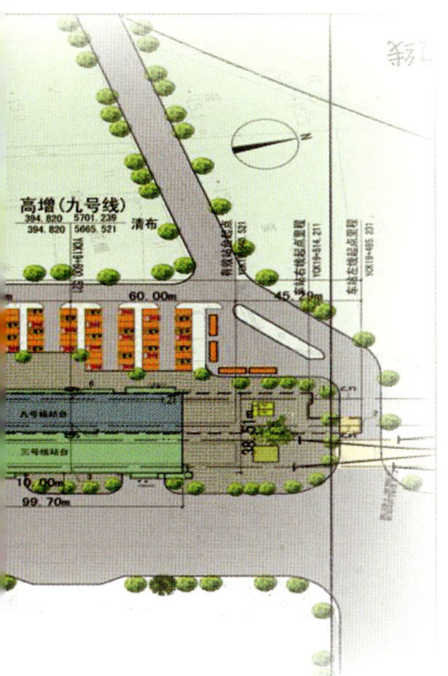

高增（九号线）
394.820 5701.239
394.820 5665.521
清布
60.00m
45.20m
九号线站台
三号线站台
10.00m
99.70m
38.51m

高增站

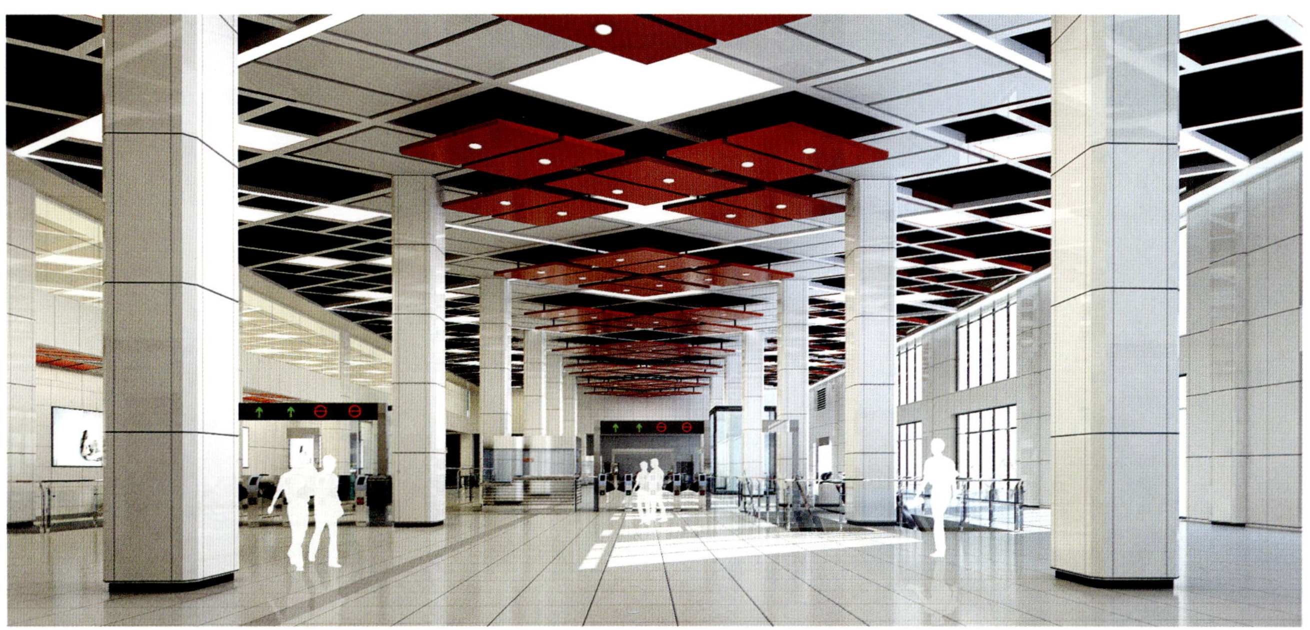

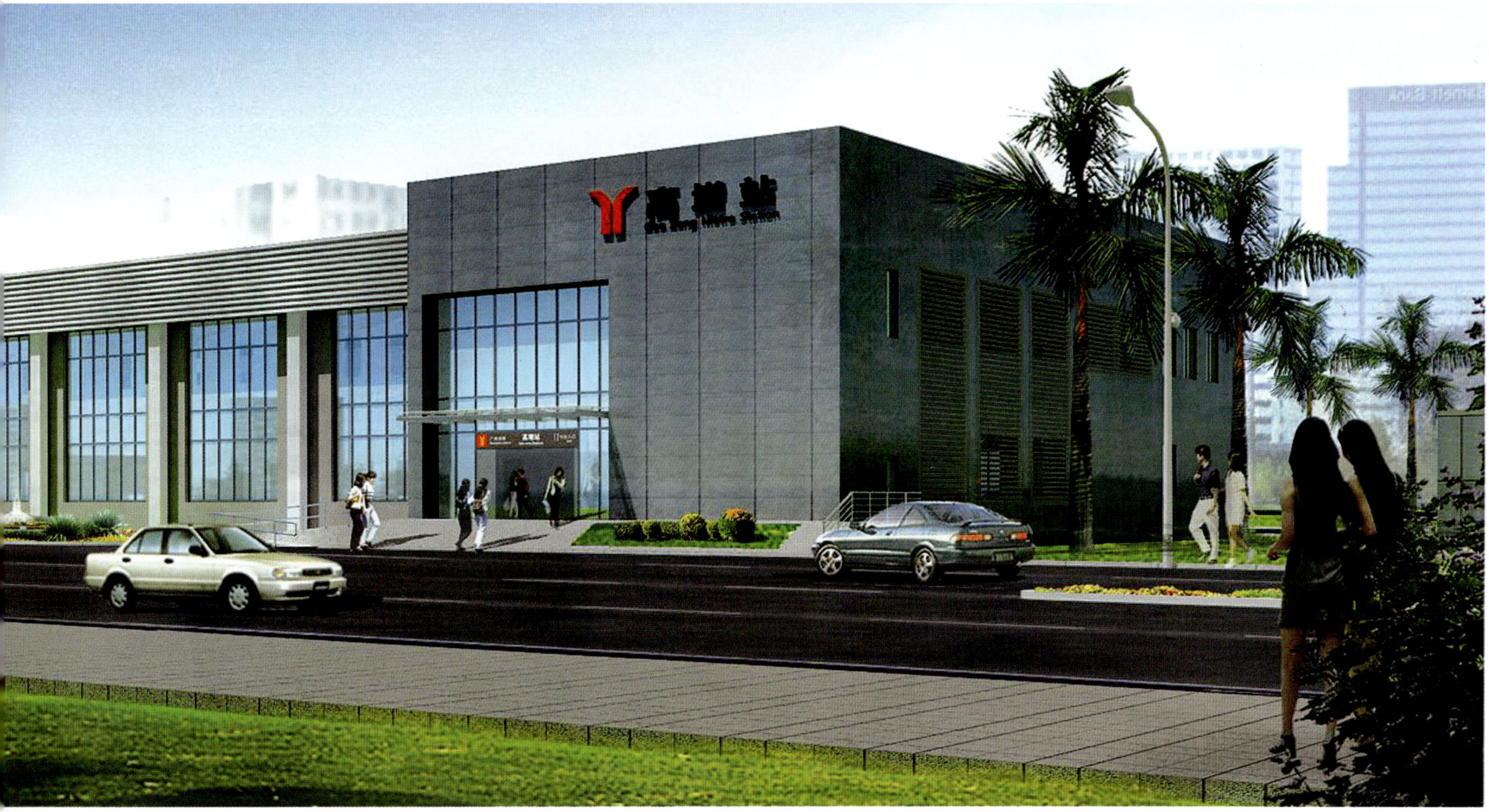

广州市珠江新城旅客自动输送系统
——天河南一路站、林和西站、赤岗塔站

Guangzhou Zhujiang CBD APM —Tianhenanyilu、Linhexi、Chigangta Stations

建造地点 ◎ 广州新城市中轴线上

总建筑面积 ◎ 天河南一路站：2854m^2
林和西站：5410m^2；赤岗塔站：6760m^2

设计客流 ◎ 天河南一路站：2980人/h
林和西站：13410人/h；赤岗塔站：10084/h

建成时间 ◎ 2010年

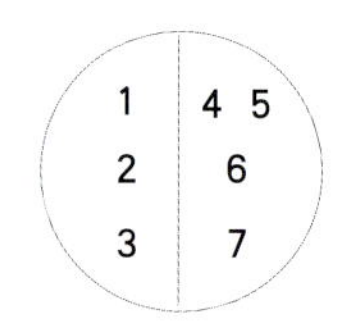

❶ 花城广场出入口
❷ 天河南一路站站厅层
❸ 天河南一路站站台层
❹ 林和西站台层
❺ 赤岗塔站台层
❻ 林和西站厅层
❼ 赤岗塔站厅层

广州市珠江新城旅客自动输送系统全线共设9座车站，其中天河南一路站、林和西站、赤岗塔站为单建车站，车站方案结合周边环境因地制宜，各具特色。

天河南一路站位于天河南一路北侧，受南端区间下穿一号线的影响，采用明暗挖结合的地下四层深埋结构形式，26.8mX26.8m明挖井同时为盾构井，站厅、站台间设垂直电梯与疏散楼梯，为国内首例采用电梯疏散的车站，整体设计层次分明、紧凑实用。

林和西站在天河体育中心棒球场内，与三号线林和西站非付费通道换乘。受南端区间上跨一号线的影响，车站埋深较浅，结合起点站的特点，利用线路端头空间扩大为站厅，兼换乘大厅功能，创站厅与岛式站台同层单端布置的先河。站厅局部中空，客流组织清晰、空间错落有致。

赤岗塔站位于广州新电视塔广场内，西侧与三号线赤岗塔站换乘，东侧与电视塔地下二层连通，南端接本线车场。赤岗塔站采用顶板密肋梁结构，为广州首座站厅、站台采用无柱中空设计的车站，与三号线非付费区中空车站相互辉映。

南京地铁3号线——夫子庙站

Nanjing Metro Line 3
—Fuzi Temple Station

夫子庙站是南京地铁3号线与5号线换乘站，位于南京繁华市中心，周边有著名景点夫子庙及夫子庙游船码头、商业步行街等，未来承担着区域内大量的旅游及商业客流。车站主体位于规划路与建康路交叉口以北规划商业地块下，为地下三层岛式车站，夫子庙车站位于规划商业地块内，地面规划8层办公楼及地上4层商业群楼，地面结合城市交通工程一体化设计，总建筑面积约2.2万m²。

两线均为120m、长14m宽岛式站台。由于车站位于老城区，受拆迁及交通影响，3号线车站与远期5号线采用“T”型岛岛换乘。

建造地点 ◎ 南京市秦淮区
总建筑面积 ◎ 1.55万m²，主体：1.40万m²
设计客流 ◎ 3号线：17589人/h
换乘客流 ◎ 7372人/h
建成时间 ◎ 2014年

2
1 3

❶ 概念方案效果图
❷ 车站总平面图
❸ 站厅效果图

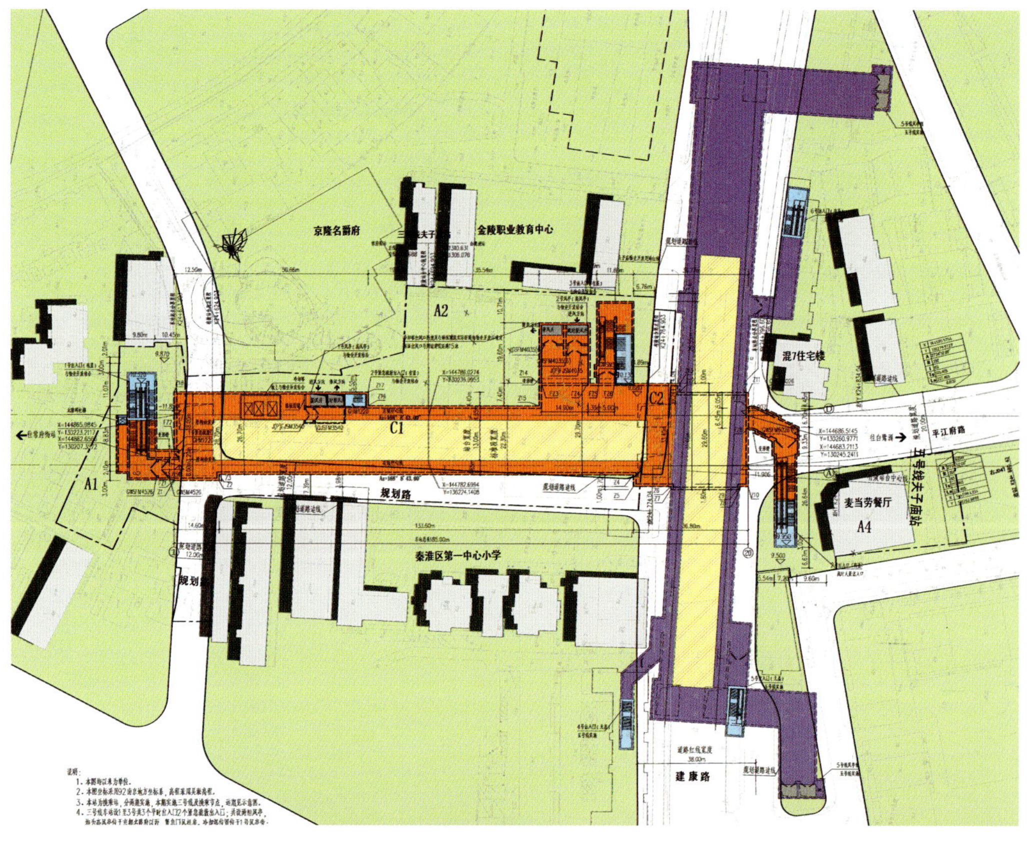

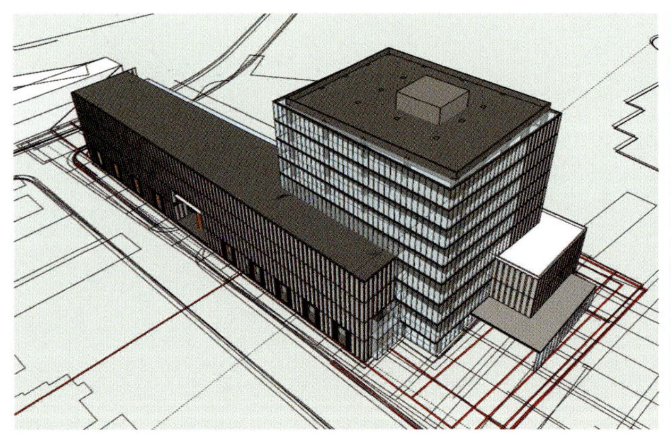

南京地铁机场线——将军路站

Nanjing Metro Airport Line —Jiangjunlu Station

建造地点 ◎ 南京市江宁区

总建筑面积 ◎ 1.76万m^2（含换乘节点）

主体：1.41万m^2

设计客流 ◎ 机场线：10657人/h

建成时间 ◎ 2012年

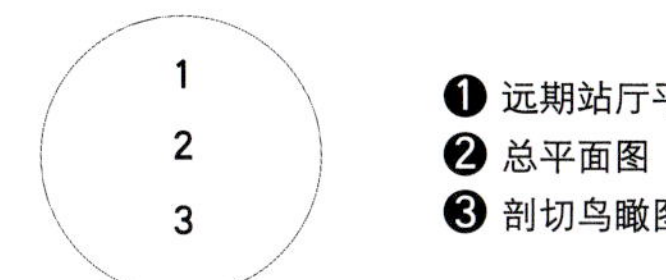

❶ 远期站厅平面图
❷ 总平面图
❸ 剖切鸟瞰图

将军路站为南京机场线与5号线换乘站。两线车站分期设计、分期建设。近期实施机场线及换乘节点部分，其中换乘节点的预留可以满足十字及T字两种方式。机场线将军路站沿将军大道跨吉印大道路口敷设，车站为地下两层岛式车站，有效站台宽度13m，在小里程端设有一条单渡线，车站总长295m，有效站台中心位置顶板覆土约为4.2m。

远期5号线与机场线采用上侧下岛的十字或T字换乘方式，缩短两线换乘的距离。

南京地铁机场线——南京南站

Nanjing Metro Airport Line —Nanjingnan Station

建造地点 ◎ 南京南高铁站北广场

总建筑面积 ◎ 2.78万m^2，主体：2.43万m^2

设计客流 ◎ 机场线：30179人/h
宁和城际线：38709人/h

换乘客流 ◎ 机场线与宁和城际：8555人/h
机场线、宁和城际与1、3号线之间：32959人/h

建成时间 ◎ 2014年

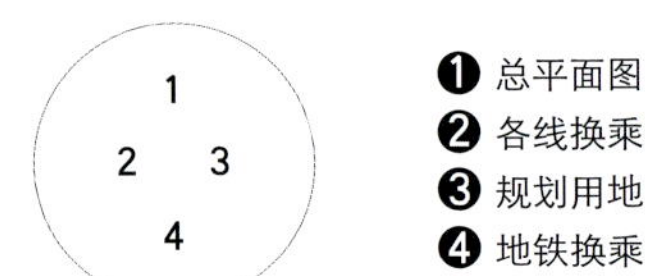

❶ 总平面图
❷ 各线换乘数据图
❸ 规划用地图
❹ 地铁换乘剖切效果图

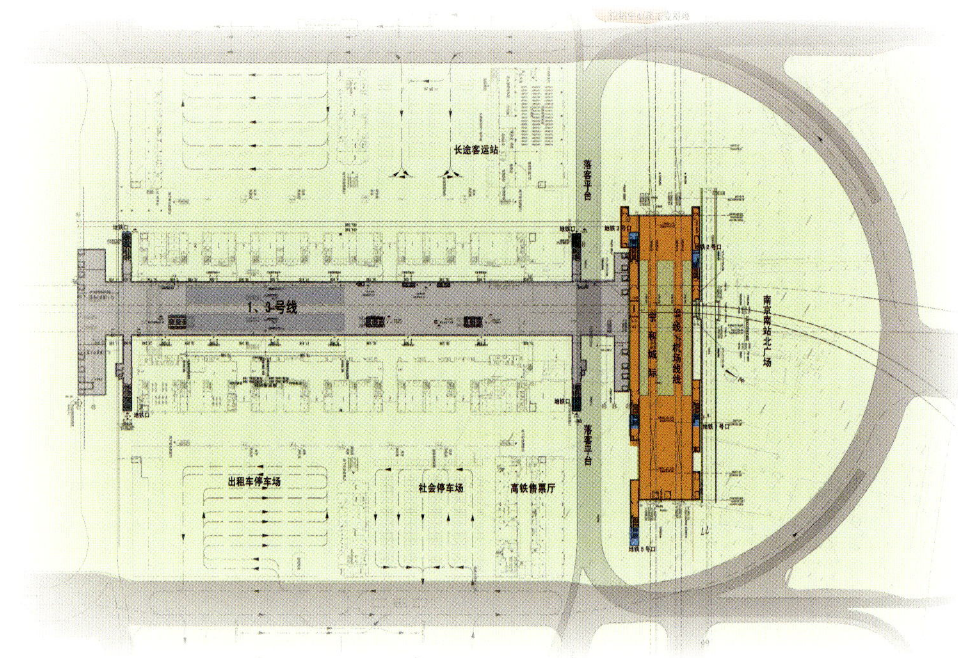

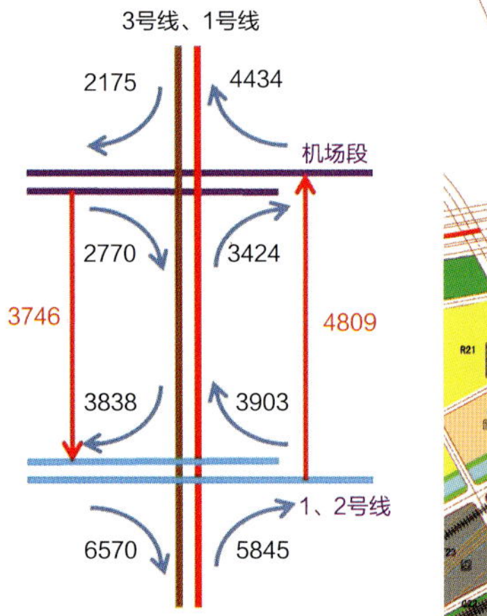

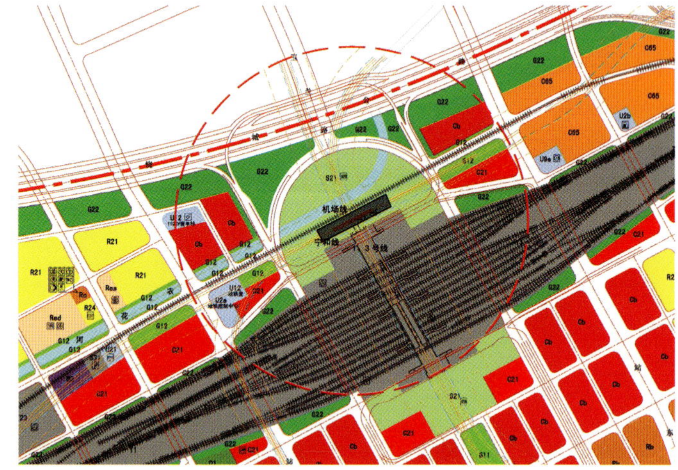

机场线南京南站位于高铁南京南站北广场地下，是南京地铁机场线起点站。该站可在高铁南京南站房下与运营中的1号线、在建3号线、宁和城际线实现站内换。其中1、3号线在高铁主站房下以双岛平行站厅换乘，机场线、宁和城际线在北广场下以站台一岛两侧平行站厅换乘，均为地下两层（局部三层），1、3号线与机场线、宁和城际线之间通过地下一层站厅换乘通道进行换乘。

南京地铁机场线——禄口机场站

Nanjing Metro Airport Line —Lukou Airport Station

建造地点 ◎ 南京市禄口机场内

总建筑面积 ◎ 2.18万m^2，主体：1.98万m^2

设计客流 ◎ 13914人/h

建成时间 ◎ 2014年

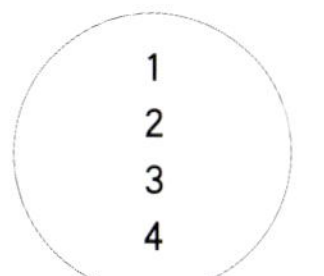

❶ 站厅效果图
❷ 剖切效果图
❸ 禄口机场鸟瞰
❹ 总平面图

禄口机场站位于南京禄口机场拟建T2航站楼西北，现状T1航站楼以南、拟建交通中心的裙楼下方。地下一层为站厅层，地下二层为站台层。站位现状为空地，西面为拟建停机坪，东面为拟建停车库及拟建T2航站楼的匝道，北面为机场现状建筑，无控制性管线。本站与航站楼换乘达到无缝衔接，平时使用的出入口直达航站楼，火灾状态下使用专门的疏散楼梯疏散。

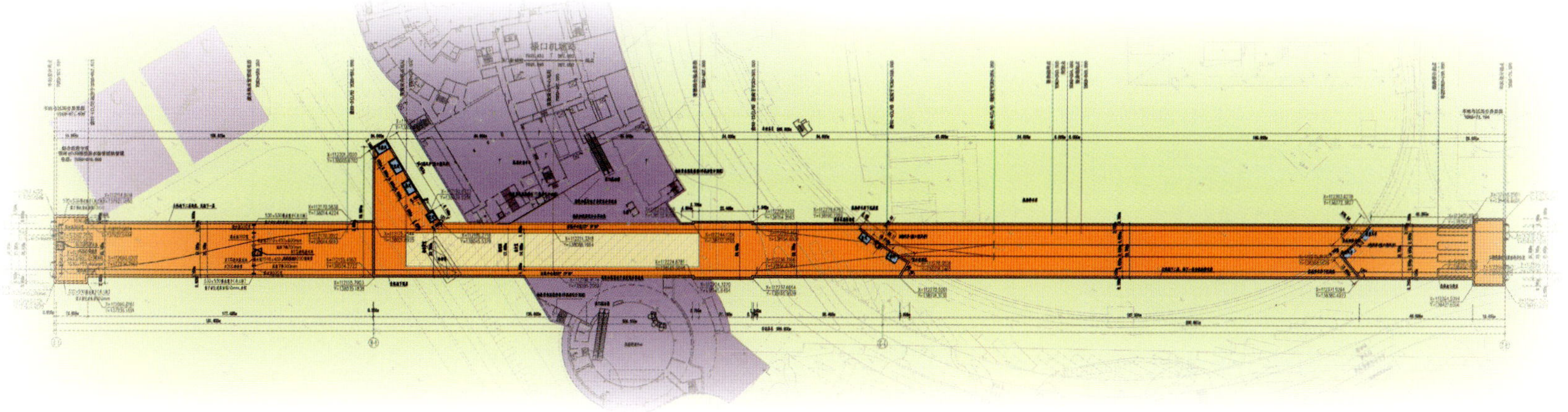

宁波市轨道交通1号线——大卿桥站

Ningbo Metro Line 1 —Daqingqiao Station

建造地点 ◎ 宁波市海曙区

总建筑面积 ◎ 2.42万m^2，主体：1.87万m^2

设计客流 ◎ 1号线：23924人/h

4号线：35134人/h

换乘的客流 ◎ 4247人/h

建成时间 ◎ 1号线：2009年

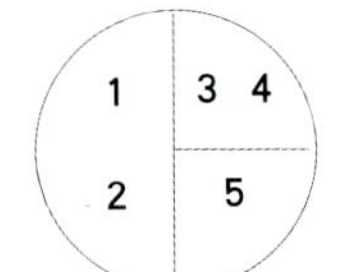

❶ 总平面图
❷ 剖切效果图
❸、❹ 周边地块开发效果图
❺ 周边地块开发效果图（夜景）

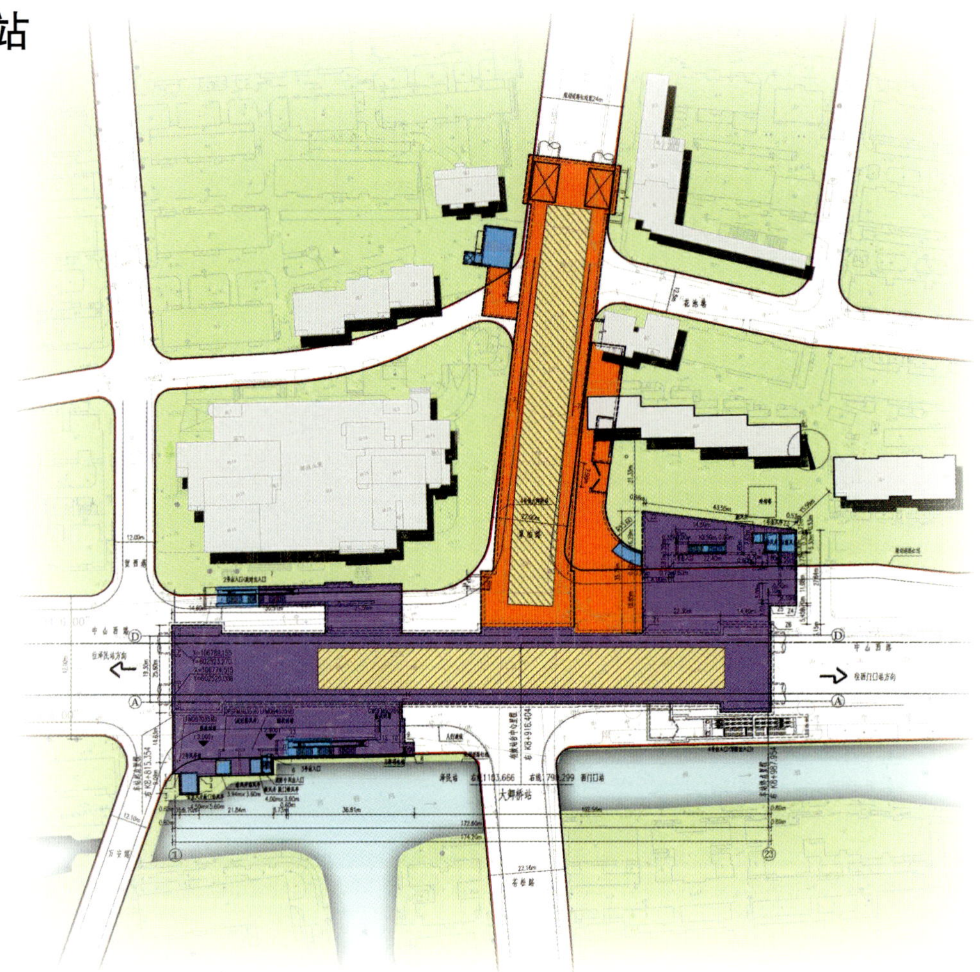

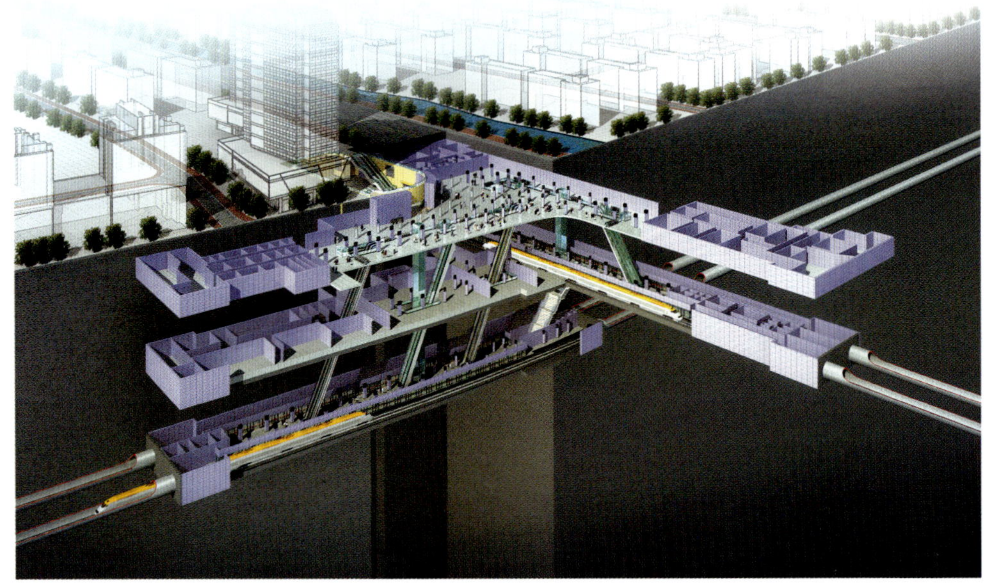

大卿桥站为宁波市轨道交通1、4号线的换乘站，两者呈“T”型换乘。该站位于中山西路和翠柏路、苍松路的交叉路口，可以作为城市的一个节点起到对周边规划商业金融及住宅客流的集散作用，能很好地带动车站周边地块的规划与发展。中山西路南侧是西塘河，同时本站客流较大，所以呈“T”型换乘。1号线大卿桥站为地下两层岛式车站，站台宽度12m，车站总长172.6m。4号线大卿桥站为地下三层岛式曲线车站，站台宽度13m，车站总长139.86m（不含换乘节点）。

无锡市轨道交通1号线——市民广场站

Wuxi Metro Line 1 —Shimin Square Station

建造地点 ◎ 无锡市太湖新城
总建筑面积 ◎ 3.62万m^2，主体： 3.19万m^2
设计客流 ◎ 1号线：18810人/h
4号线：21751人/h
换乘客流 ◎ 6652人/h
建成时间 ◎ 2014年

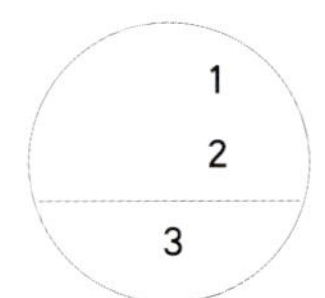

❶ 剖切透视图
❷ 室内效果图
❸ 总平面图

市民广场站是无锡市轨道交通1号线与4号线的换乘站，两线同期设计、同期建设。1号线市民广场站沿观山路跨立德路敷设，车站为地下两层岛式车站，有效站台宽度12m，在大里程端站台层设有交叉渡线及存车线，其上站厅层布置有车站的物业开发，车站总长468.3m。4号线市民广场站沿立德路跨观山路敷设，车站为地下三层岛式车站，车站总长143m。

市民广场站1、4号线采取十字换乘，换乘距离短，换乘节点与进出站客流无交叉，遇突发性换乘客流较多时，可采用站厅换乘模式进行补充。

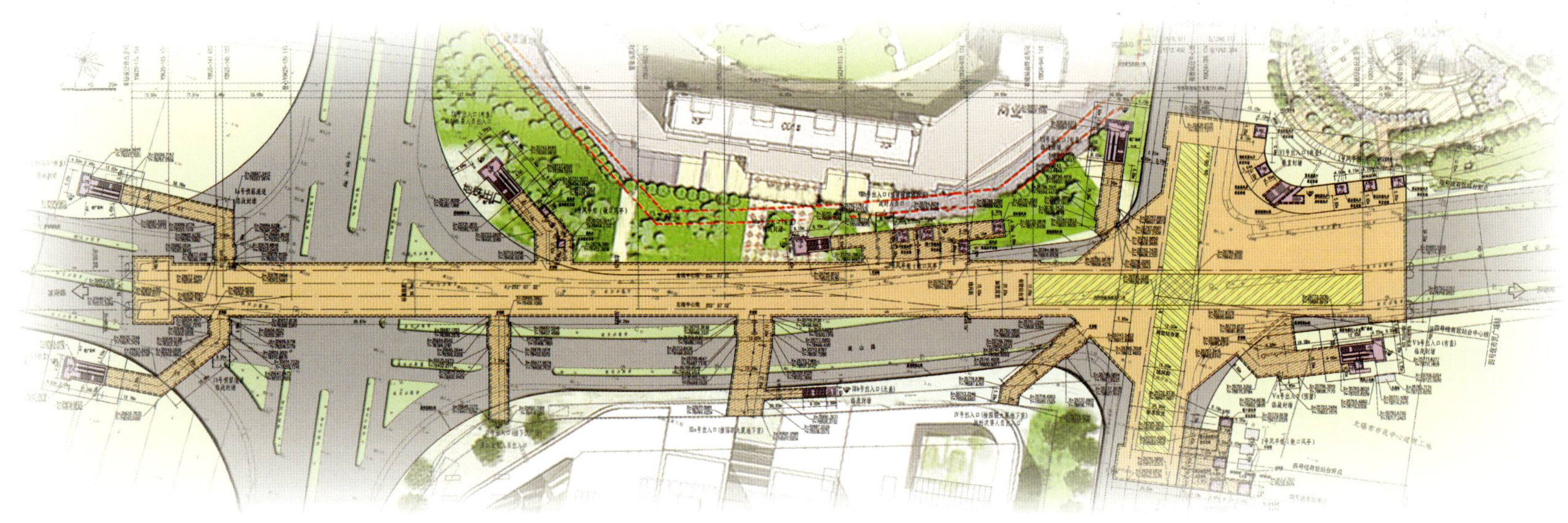

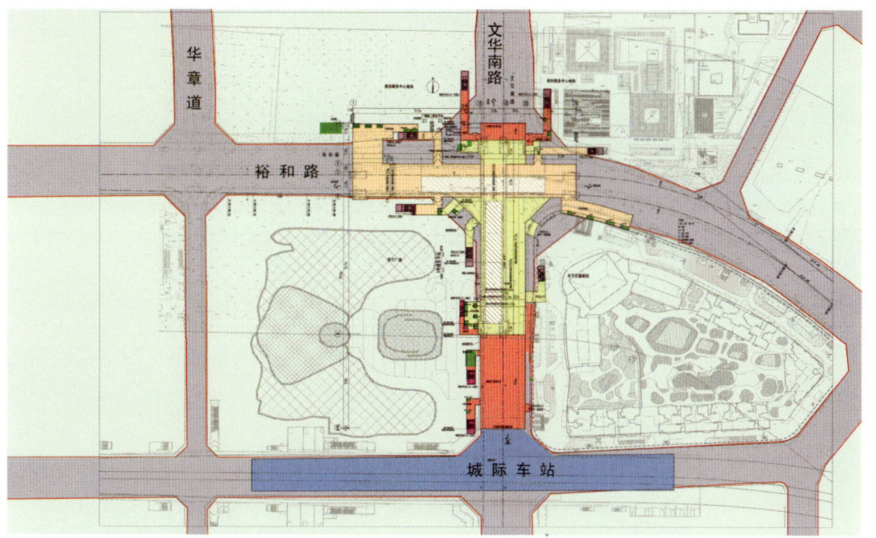

珠江三角洲城际快速轨道交通广州至佛山段——东平站

Guangzhou–Foshan Inter–city Rapid Rail Transit Line—Dongping Station

建造地点 ◎ 佛山市东平新城核心区
总建筑面积 ◎ 4.01万m^2，主体：3.25万m^2
设计客流 ◎ 广佛线二期：41703人/h
佛山三号线：24726人/h
换乘客流 ◎ 24610人/h
建成时间 ◎ 广佛线二期：2015年

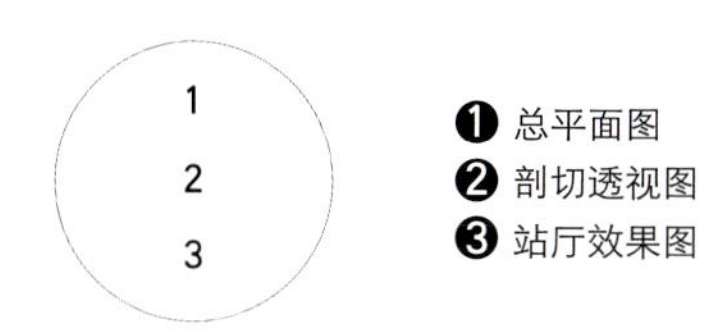

东平站为珠江三角洲城际快速轨道交通广州至佛山段二期（远期拆解为佛山地铁6号线）与3号线的换乘站，3号线东平站南侧与广佛江珠和广佛环城际线东平新城站换乘，位于已实施的裕和路和文华南路交叉路口下。

车站位于佛山新城CBD核心区地块，采用地下三层偏“T”型岛岛换乘，由于车站设计客流较大，均为16m岛式站台车站；为突出车站视角效果，公共区均采用混凝土直径700mm的钢管柱，站厅中心的70m×24m大跨度中庭空间体现了车站位于CBD核心区的地标特色；由于公共区面积约1万m^2，超出轨道交通规范中的面积要求，本站进行了消防性能化设计分析。

为了配合佛山新城核心区域的开发，完善东平交通枢纽功能，根据地铁东平站、东平交通枢纽、城际线东平新城站的连通及一体化实施，结合东平站周边进行大量综合地下空间开发设计，分设在3号线车站的两端。

南宁市轨道交通1号线一期工程——琅东客运站

Phase Ⅰ Project of Nanning Metro Line 1 —Landong Bus Terminal Station

❶ 剖切透视图
❷ 总平面图
❸ 商业开发意向图

建造地点 ◎ 南宁市琅东地区
总建筑面积 ◎ 3.75万m^2，主体：3.04万m^2
设计客流 ◎ 1号线：45779人/h
6号线：43265人/h
换乘客流 ◎ 36061人/h
建成时间 ◎ 2016年

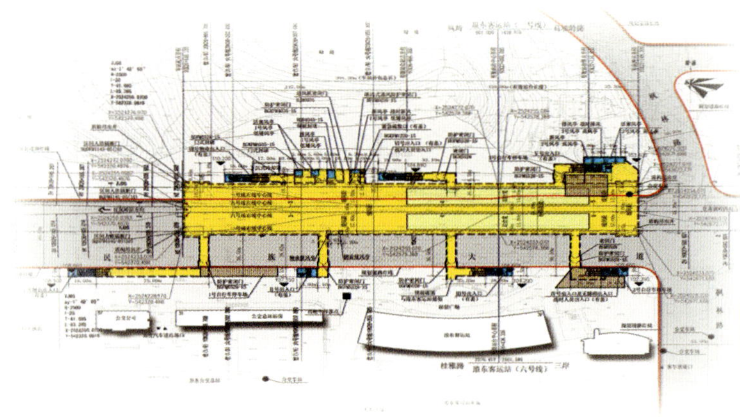

琅东客运站位于南宁市民族大道安运和枫林路的交叉路口西侧，周边以居住、交通用地为主，附近有多个发展成熟的大型居住小区，客流资源丰富，商业气氛成熟。

本站是南宁市轨道交通1号线与6号线的换乘站，地下两层双岛四线车站，采用平行双岛布置。车站1、6号线之间站前设置联络线，6号线站后设置交叉渡线。1号线设置在外侧，6号线设置在内侧，可实现两条线路同站台换乘。车站主体采用全明挖法，由于该段民族大道地势相差较大，车站主体范围内东西两端道路地面高程相差7.2m，为减少车站覆土厚度和充分利用有效空间，车站西端配线上空部分设置两层商业。

1
2

❶ 总平面图
❷ 剖切透视图

南宁市轨道交通1号线一期工程——广西大学站

Phase Ⅰ Project of Nanning Metro Line 1—Guangxi University Station

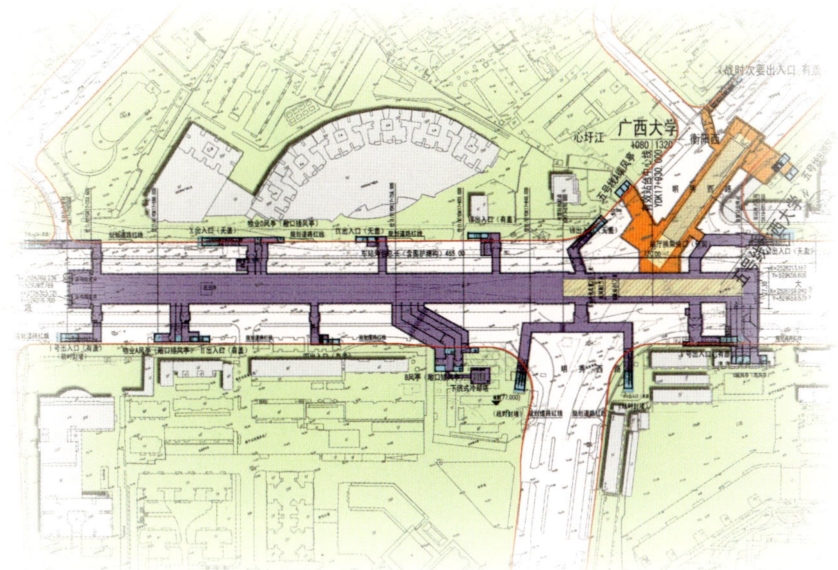

建造地点 ◎ 南宁市大学路

总建筑面积 ◎ 2.88万m²，主体：2.12万m²

设计客流 ◎ 1号线：11774人/h

换乘客流 ◎ 4710人/h

建成时间 ◎ 2016年

广西大学站是南宁市轨道交通1号线与5号线的换乘站，两线采用站厅付费区通道换乘，设置在大学路和明秀路的交叉路口下，站位西北侧为广西大学。

广西大学站也是南宁市轨道交通试验站，为地下两层岛式车站，站前设双存车线。本站于2009年开工建设，这标志着南宁市城市轨道交通项目进入实质性阶段，对南宁市轨道交通后续车站建设积累宝贵经验，具有里程碑的意义。

深圳市城市轨道交通9号线——大剧院站

Shenzhen Metro Line 9 — Theatre Station

建造地点 ◎ 深圳市深南东路与红岭南路交叉口南侧
总建筑面积 ◎ 1.16万m^2，主体：0.94万m^2
设计客流 ◎ 24310人/h
建成时间 ◎ 2017年

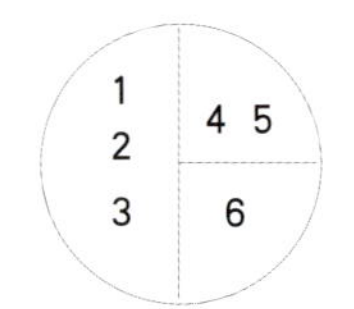

❶ 改造通道断面图一
❷ 改造通道断面图二
❸ 区间与人行通道断面图
❹ 改造通道平面图
❺ 总平面图
❻ 2012年航拍合成图

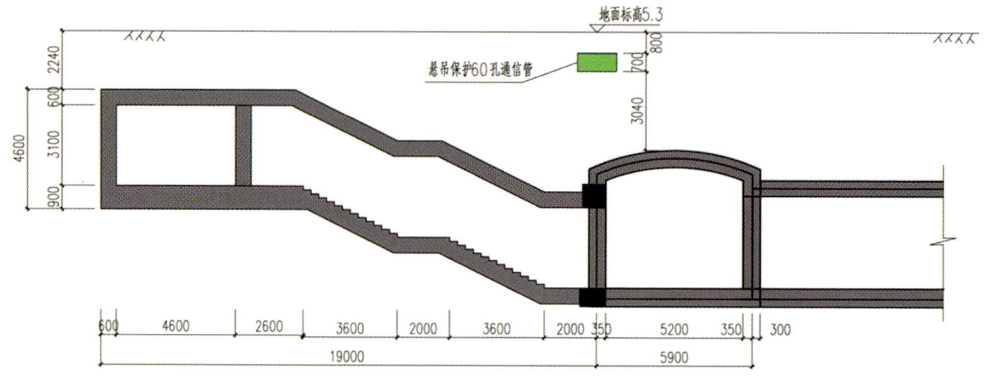

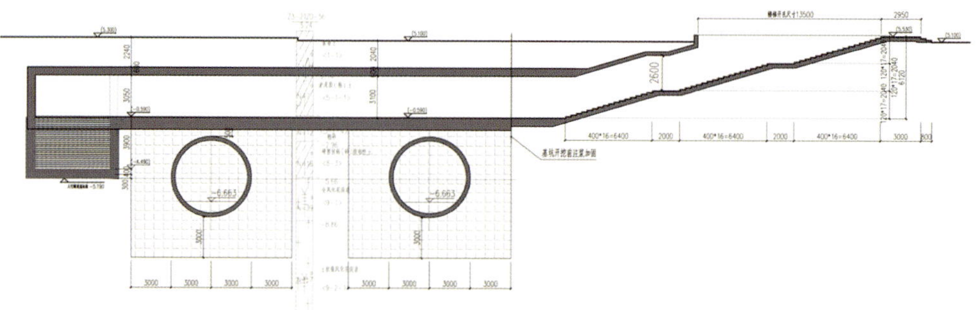

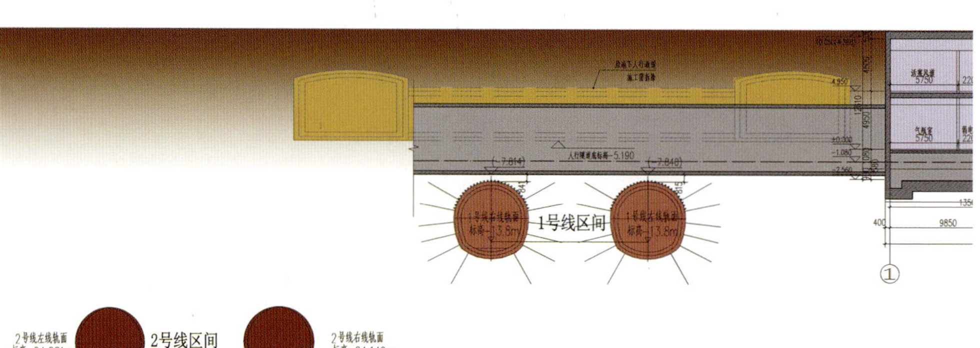

大剧院站位于深南东路与红岭南路交叉路口的东南侧，沿着红岭南路南北方向布置，站位十字路口东南角为金融大厦，西南角为红岭大厦，东北角为大剧院，西北角为荔枝公园，本站位于商务核心区域。车站为地下两层明挖车站。

车站北侧为深南路和红岭路的十字路口，地下有四个方向连通的过街通道，现有已建1号线下穿过街通道，正在建设的2号线下穿1号线。本站考虑破除并改造过街通道，上跨1号线，采用浅埋地下两层车站。原本考虑与1号线、2号线大剧院换乘，但与9号线距离甚远，地面无条件设置消防疏散出入口，无法满足通道换乘，因此考虑出站换乘。

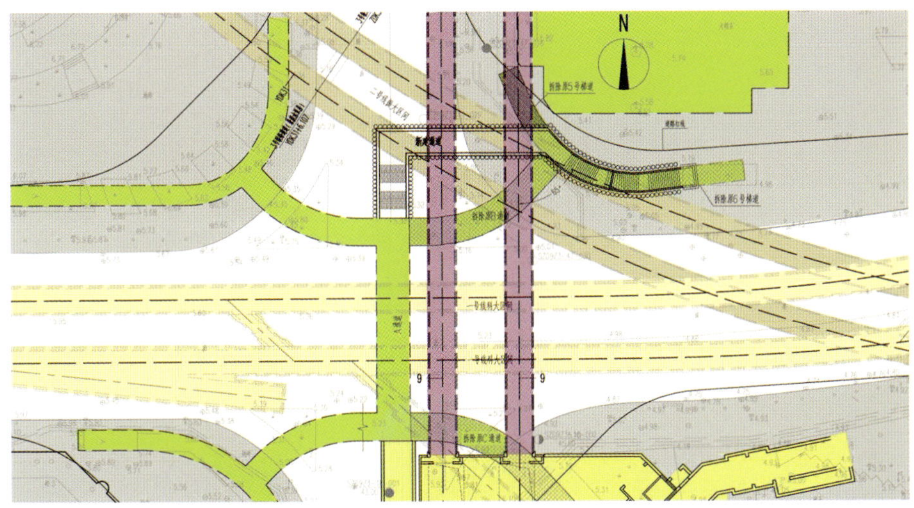

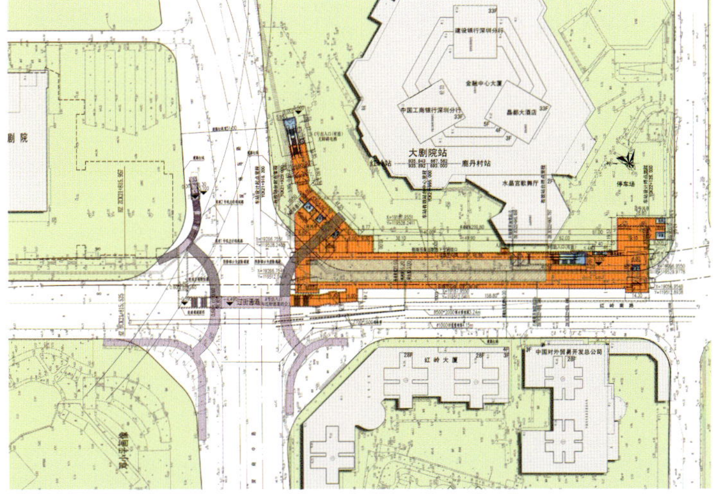
建设银行深圳分行
金融中心大厦
中国工商银行深圳分行
晶都大酒店
大剧院站
鹿丹村站
水晶宫歌舞厅
停车场

深圳市城市轨道交通2号线——华强路站

Shenzhen Metro Line 2 —Huaqianglu Station

建造地点 ◎ 深圳市福田区华强北商业区
总建筑面积 ◎ 11140m²，主体：8260m²
设计客流 ◎ 17976人/h
建成时间 ◎ 2011年

1 2 3

❶ 总平面图
❷ 车站站厅
❸ 车站出入口

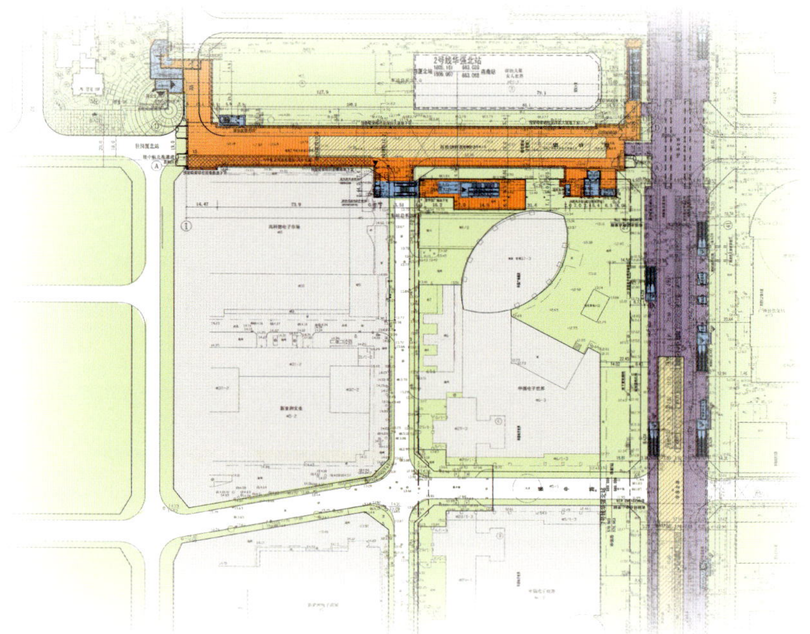

华强北站是深圳市城市轨道交通2号线东延线与7号线换乘车站，位于华强北电子世界核心区，设置在振华路与华强北路交叉口西侧路下，南侧为华强电子世界，北侧为深纺大厦。

华强北站原设计未预留与7号线公共区换乘条件，现三期工程设计华强北地下空间开发连接已有1、2、3号线，改造2号线站厅层公共区，与7号线采用“T”型岛岛换乘。

1．与商业的紧密结合。B端风亭和1号出入口接入既有华强广场地下室，实现地铁与商业结合；A端风亭和3号出入口与同步建设的中航北苑合建，将车站部分管理用房布置到中航北苑地下室内。本站通过改造既有物业、置换地铁与物业面积等措施实现了地铁与商业的完美结合，具有一定的先进性。

2．平拱矩形暗挖通道。受管线限制，3号出入口连接中航北苑暗挖过街通道采用平拱矩形暗挖法施工，通道距离上方雨水管0.8m，距离下部地铁区间隧道0.7m，工程在成功保护管线及地铁的情况下顺利实施，具有一定的参考价值。

深圳市城市轨道交通2号线——湖贝站

Shenzhen Metro Line 2
—Hubei Station

建造地点 ◎ 深圳市罗湖区深南东路与湖贝路之间

总建筑面积 ◎ 1.37万m^2，主体：1.20万m^2

设计客流 ◎ 23457人/h

建成时间 ◎ 2011年

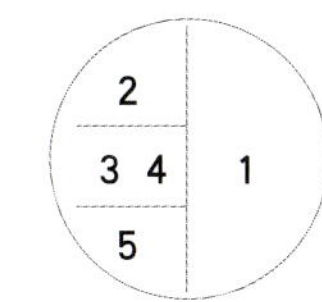

❶ 总平面图
❷ 车站组织流线图
❸、❺ 站台效果图
❹ 站厅效果图

湖贝站设于深圳市罗湖区深南东路与湖贝路之间、湖润大厦与罗湖商务中心之间的绿化小公园内，呈东西走向。受区间线路埋深影响，车站为地下四层叠线侧式站台车站，全长151.2m，标准段宽13.05m，车站底板埋深达28.89m。基底位于断层泥、黏土层、全～微风化凝灰质粉砂岩地层上，岩性起伏较大，同时断裂带在车站西端经过。车站环控机房集中布置，共用一个环控机房，一组新排风亭。车站两端盾构吊出采用金属支架代替结构中板，缩短施工工期。

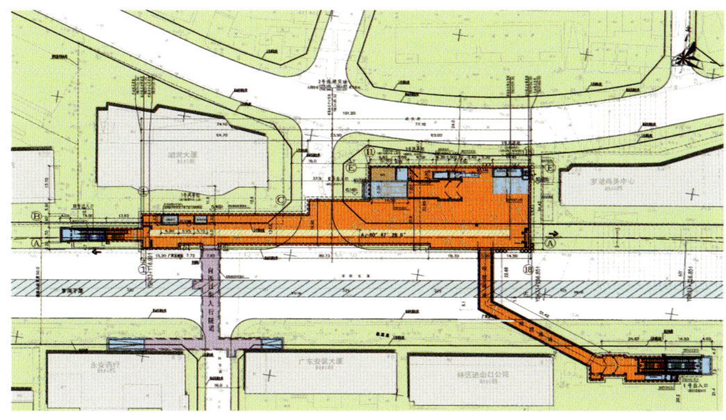

天津市轨道交通6号线
——宾馆西路站、环湖西路站

Tianjin Metro Line 6
Binguanxilu、Huanhuxilu Stations

❶ 宾馆西路站总平面图
❷ 环湖西路站总平面图
❸ 剖切效果图

建造地点 ◎ 天津市河西区宾馆西路
总建筑面积 ◎ 2.66万m^2，主体：2.05万m^2
设计客流 ◎ 5号线：20778人/h
6号线：11056人/h
换乘客流 ◎ 1578人/h
建成时间 ◎ 2016年

建造地点 ◎ 天津市河西区环湖西路
总建筑面积 ◎ 3.27万m^2，主体：2.27万m^2
设计客流 ◎ 5号线：26421人/h
6号线：21357人/h
换乘客流 ◎ 10039人/h
建成时间 ◎ 2016年

宾馆西路站是天津市轨道交通5号线与6号线的换乘车站，设置在宾水道与宾馆西路交叉路口处，车站南侧为天津市政府。

宾馆西路站与其上一站环湖西路站共同实现双向同台换乘功能，其有换乘距离短，换乘便捷，换乘方向多样化的特点。车站负一层为公共的站厅层，负二层和负三层为两条线的站台层兼换乘空间。

环湖西路站是天津市轨道交通5号线与6号线换乘车站，位于宾水道与卫津南路的交叉口东侧，东西向敷设于宾水道下方。

环湖西路站与其下一站宾馆西路站形成双向同台换乘车站，可以在两站实现双线八个方向的同站台换乘，是换乘距离最短、换乘形式最便捷的车站。车站地下一层为公共的站厅层，地下二层和三层为两条线的站台层兼换乘空间。

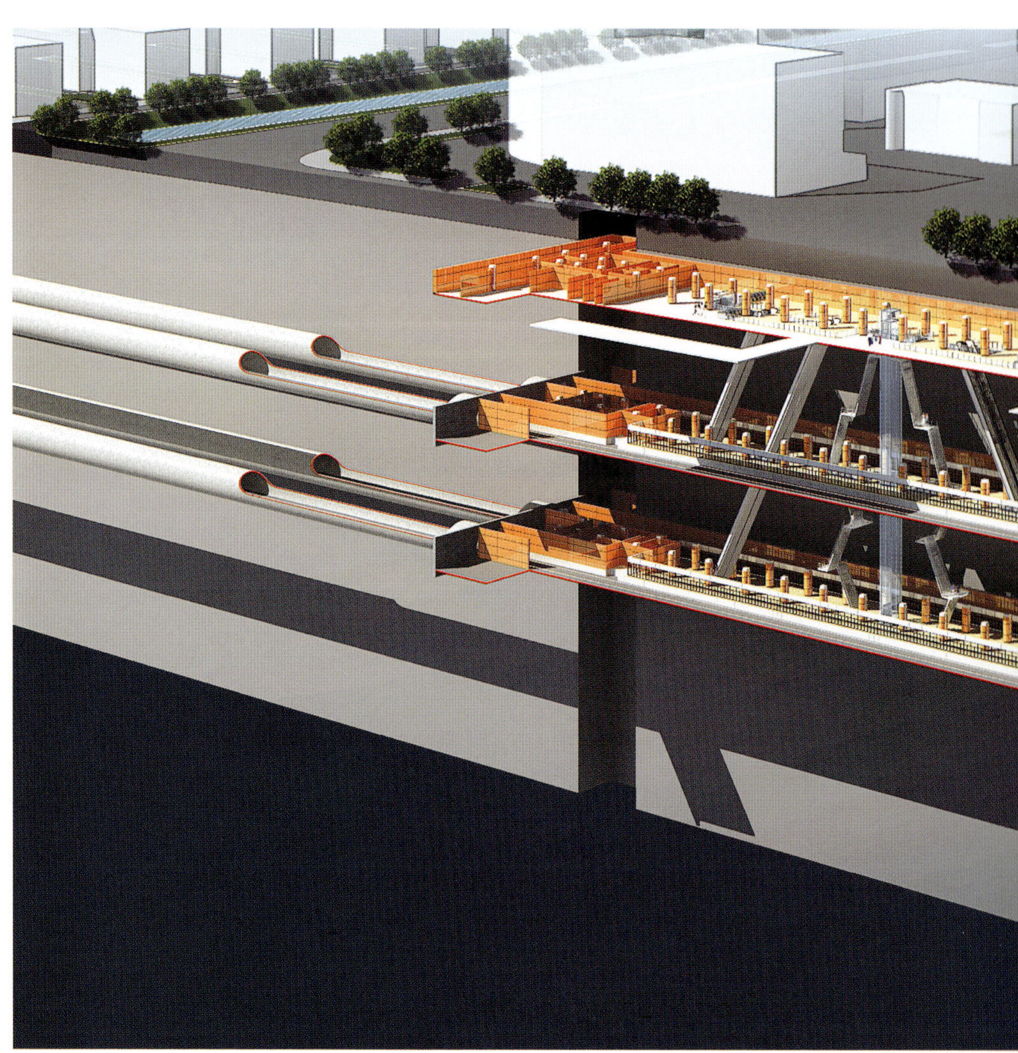

宾馆西路
文化中心
宾水道
宾馆西路站
宾馆西路

天津市肿瘤医院
宾水道
市热力公司
中国抗癌协会

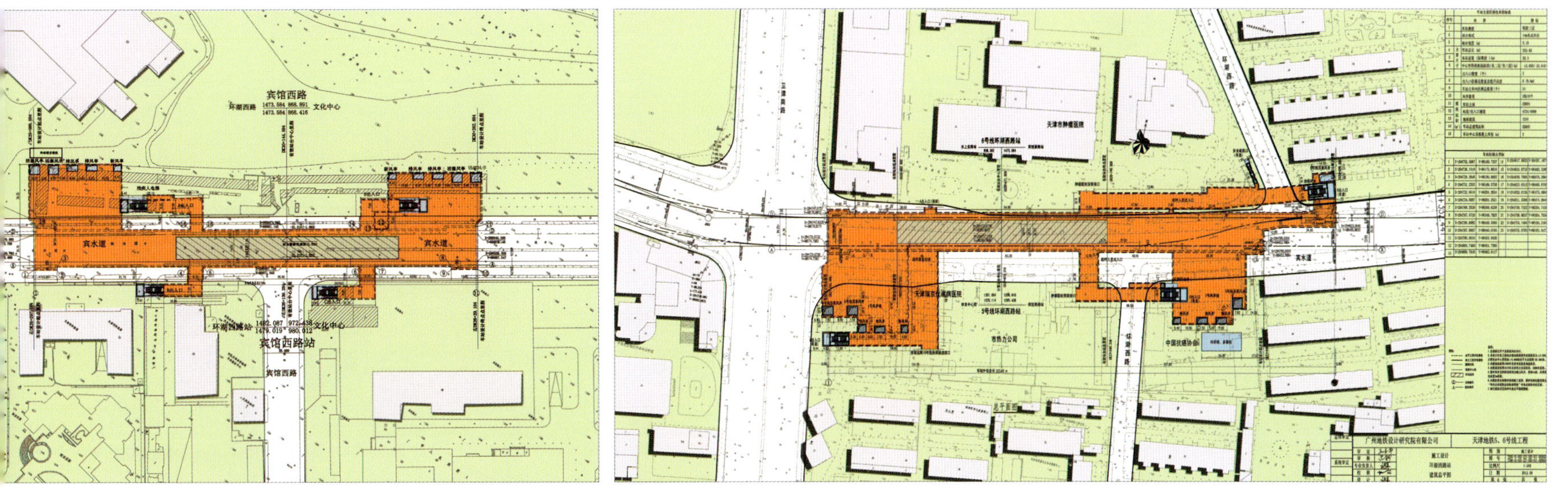

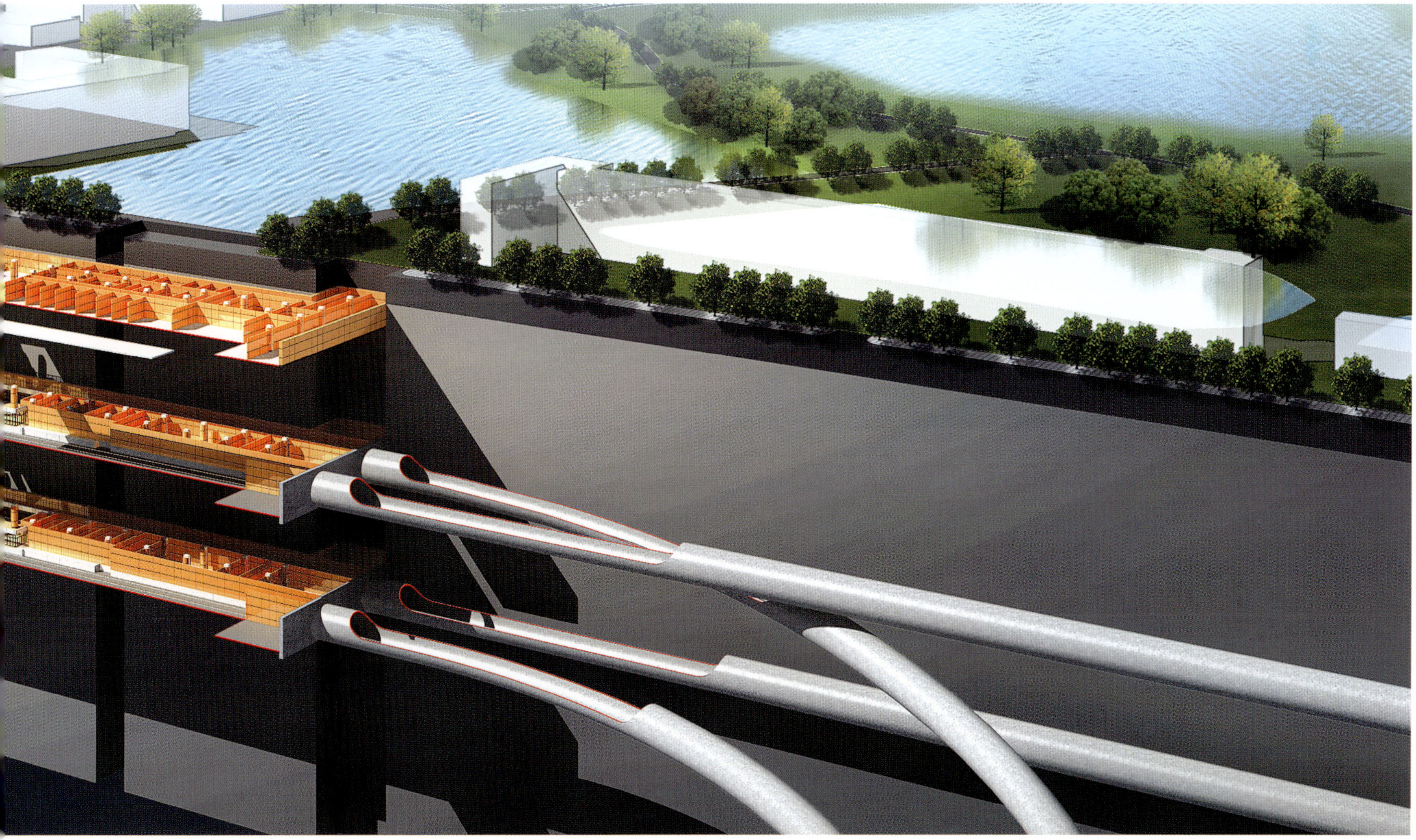

长沙市轨道交通4号线一期——桐梓坡路站

Phase Ⅰ Project of Changsha Metro Line 4 —Tongzipolu Station

建造地点 ◎ 长沙市银盆南路与桐梓坡路交叉口北侧
总建筑面积 ◎ 1.61万m^2（一期实施），主体：0.96万m^2
设计客流 ◎ 4号线：22805人/h
换乘客流 ◎ 11533人/h
建成时间 ◎ 2017年

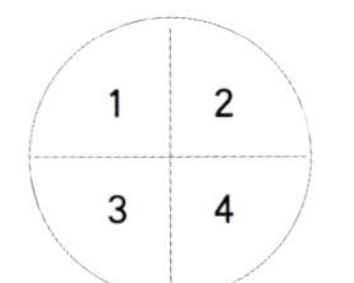

❶ 总平面图
❷ 剖切透视图
❸ 站台层效果图一
❹ 站台层效果图二

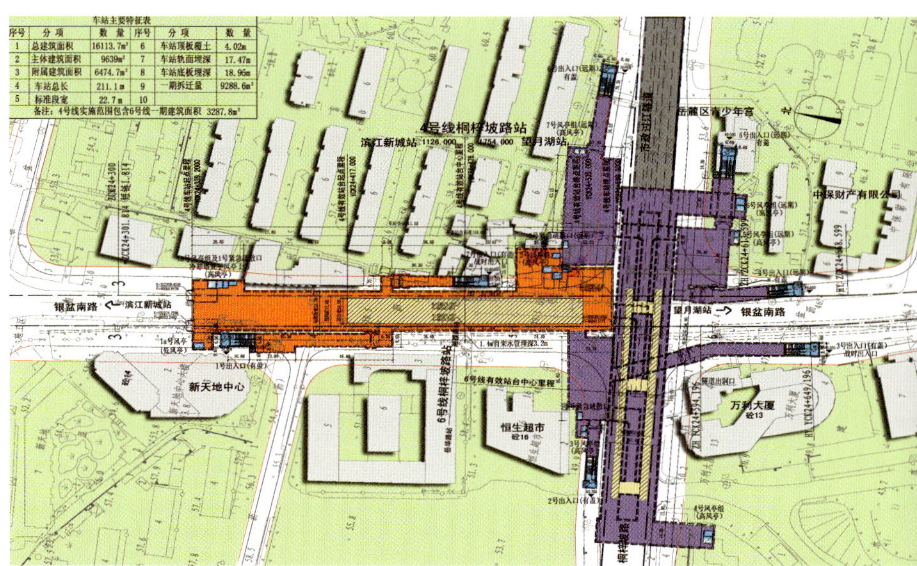

车站主要特征表

序号	分项	数量	序号	分项	数量
1	总建筑面积	16113.7m²	6	车站顶板覆土	4.02m
2	主体建筑面积	9639m²	7	车站轨面埋深	17.47m
3	附属建筑面积	6474.7m²	8	车站底板埋深	18.95m
4	车站总长	211.1m	9	一期拆迁量	9288.6m²
5	标准段宽	22.7m	10		

备注：4号线实施范围包含6号线一期建筑面积 3287.8m²

桐梓坡路站为长沙市轨道交通4号线与6号线的换乘站，位于银盆南路与桐梓坡路交叉路口北侧下方，交叉路口东西向有规划市政隧道。

桐梓坡路站采用明暗挖结合T字换乘车站。4号线车站考虑到市政过江隧道、6号线的建设时序均不确定，采用地下两层岛式车站不跨路口设置。6号线站位考虑线路往东过湘江，并要下穿规划市政隧道，采用地下四层暗挖站台结合外挂明挖站厅车站。

武汉市轨道交通4号线一期——岳家嘴站

Wuhan Metro Line 4 —Yuejiazui Station

建造地点 ◎ 武汉市武昌区
总建筑面积 ◎ 1.30万m^2，主体：1.10万m^2
设计客流 ◎ 4号线：14055人/h
8号线：12594人/h
换乘客流 ◎ 50%
建成时间 ◎ 2013年

1
2
3

❶ 总平面图
❷ 鸟瞰图
❸ 剖切透视图

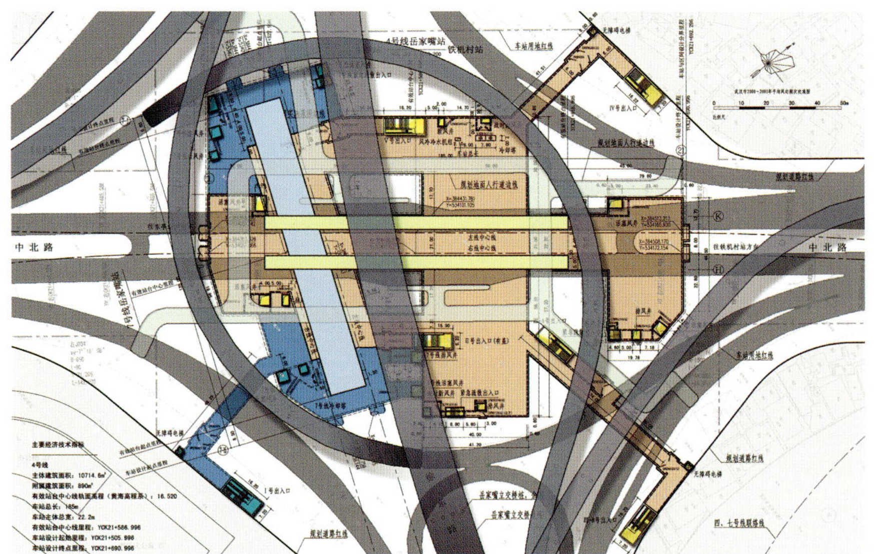

武汉市轨道交通4号线一期工程岳家嘴站位于武昌区，中北路与徐东大街的交叉路口，与8号线换乘，站位处有大型立交桥穿越。

为避开立交桥墩，线路设置为“丁”字节点，大开挖侧岛换乘。4号线站位沿中北路走向设置，为地下一层侧式车站；8号线站位沿徐东路走向设置，为地下两层岛式车站。4号线有效站台端部与8号线中部相连，形成“丁”字侧岛的换乘形式。

两线车站主体、部分出入口及所有风亭均设置在立交桥环岛绿地内，并设置有通向规划路边的出入口。

岳家嘴站同时进行了地下空间的开发设计。地下空间位于立交桥外围东南侧的地块中，与地铁空间连通呈环，并与两侧地块的物业相连通。

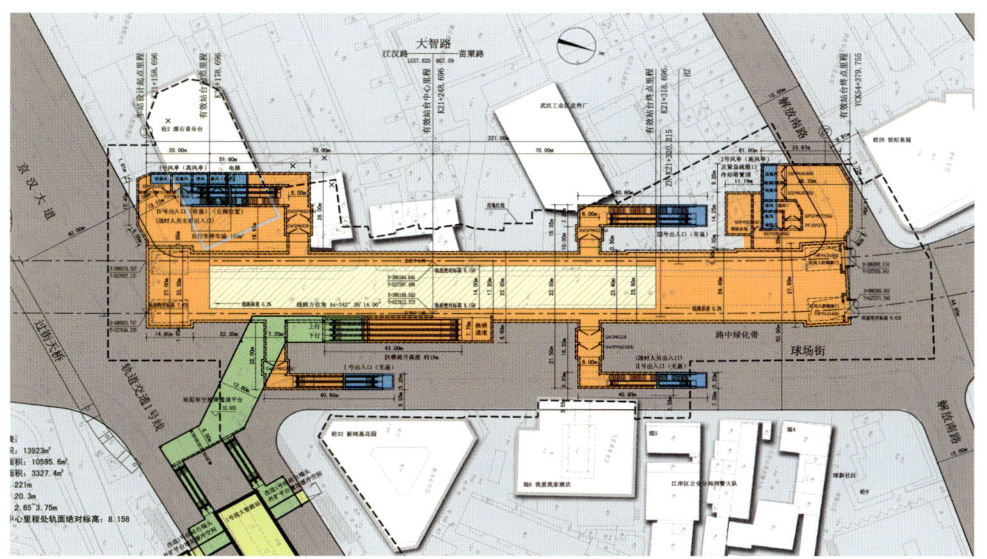

武汉市轨道交通6号线——大智路站

Wuhan Metro Line 6 —Dazhilu Station

建造地点 ◎ 武汉市江汉区

总建筑面积 ◎ 1.39万m^2，主体：1.06万m^2

设计客流 ◎ 6号线：23822人/h

换乘客流 ◎13424人/h

建成时间 ◎ 2016年

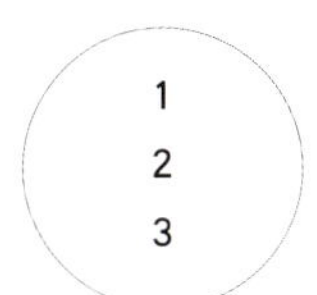

❶ 总平面图
❷ 站址环境
❸ 剖切透视图

大智路站是武汉市轨道交通6号线与1号线的换乘站。1号线大智路站为高架侧式站台车站，已投入运营。受两线角度及距离路口较近的影响，地下换乘通道出地面较为困难。因此换乘通道从6号线站厅层付费区接出，至球场街地面绿化带，引至地面架空换乘平台，后到达1号线站台。换乘方案的设计考虑了6号线客流对1号线站台的冲击。

武汉市轨道交通3号线——赵家条站

Wuhan Metro Line 3 —Zhaojiatiao Station

建造地点 ◎ 武汉市江岸区赵家条
总建筑面积 ◎ 3.28万m^2，主体：2.55万m^2
设计客流 ◎ 3号线：15007人/h
8号线：21634人/h
换乘客流 ◎ 17336人/h
建成时间 ◎ 3号线：2015年
8号线：2017年

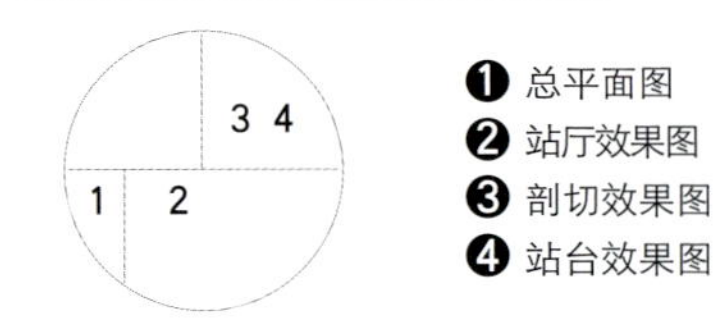

❶ 总平面图
❷ 站厅效果图
❸ 剖切效果图
❹ 站台效果图

赵家条站是武汉市轨道交通3号线与8号线的换乘站，位于建设大道与黄埔大街交叉路口的西南侧，为地下三层“T”型岛岛换乘车站，因受黄埔大街快速通道高架桥墩和地下排水箱涵等因素的限制，站位不能跨黄浦大街路口设置。

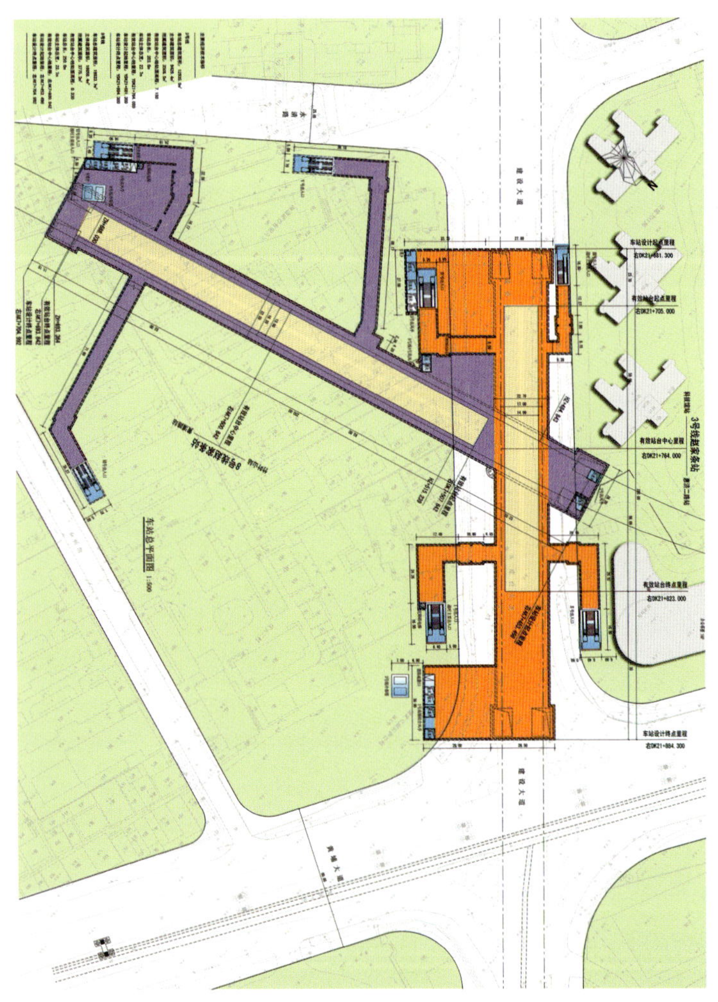

南昌市轨道交通1号线——八一广场站

Nanchang Metro Line 1 —Bayi Square Station

建造地点 ◎ 南昌市东湖区八一广场
总建筑面积 ◎ 5.69万m^2，主体：5.03万m^2
设计客流 ◎ 1号线：23509人/h
2号线：23058人/h
换乘客流 ◎ 14625人/h
建成时间 ◎ 2015年

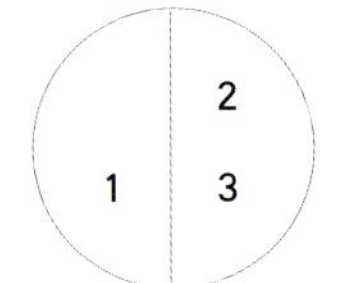

❶ 上盖示意图
❷ 总平面图
❸ 上盖效果图

八一广场站是南昌市轨道交通1号线与2号线的换乘站，设置在八一大道与中山东路交叉路口西南地块下，东侧紧邻南昌地标八一广场，站址地处南昌市城市中心区域，周边商业氛围浓厚。

八一广场站为南昌市轨道交通线网近期实施线路的换乘节点，同步设计、同步施工，L字岛岛换乘车站。其中1号线车站主体位于地块内，上盖物业为6层裙楼、16层塔楼，为更好适应不同使用功能和建设时序的要求，车站顶板设置结构转换层。负一层为两线共用站厅层，负二层为2号线站台层，负三层为1号线站台层。区间工法均采用盾构，车站采用岛式站台，考虑到2号线设有存车线，为减小规模，2号线站台设在负二层，1号线站台设在负三层。

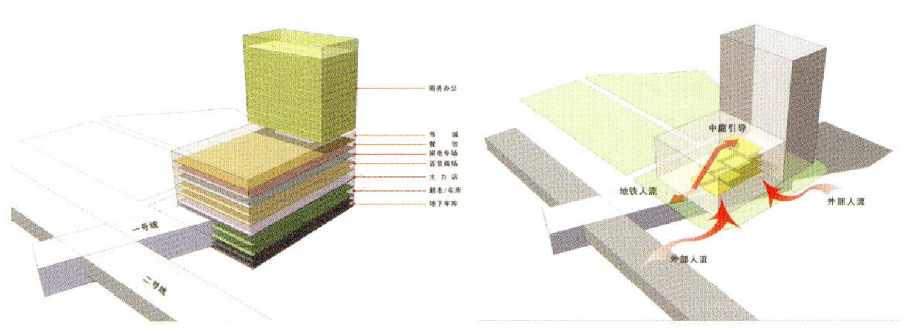

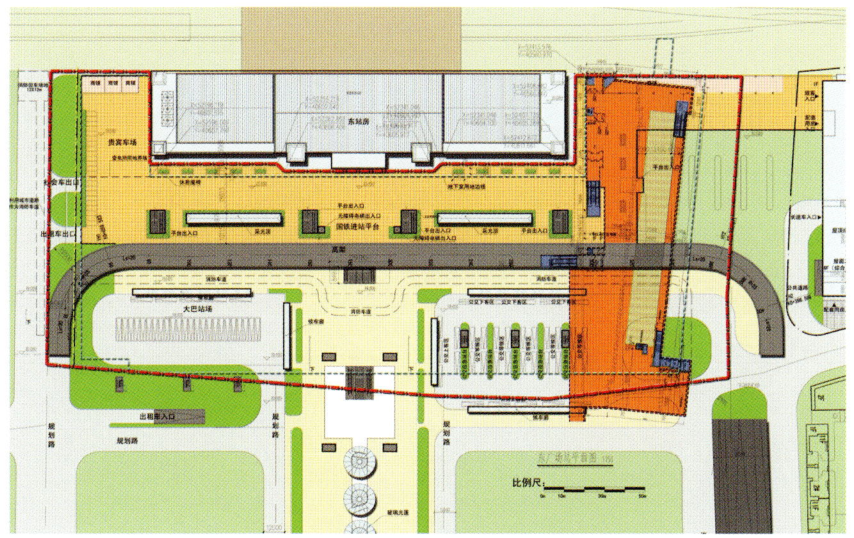

南昌市轨道交通2号线——南昌火车站

Nanchang Metro Line 2 —Nanchang Railway Station

建造地点 ◎ 南昌火车站东广场北侧

总建筑面积 ◎ 1.15万m^2，主体：1.00万m^2

设计客流 ◎ 10356人/h

建成时间 ◎ 2016年

1
2
3

❶ 总平面图
❷ 地面开发示意图一
❸ 地面开发示意图二

南昌火车站地铁站位于南昌火车站东广场北侧，紧邻洛阳路下穿隧道及规划的南昌综合客运枢纽（长途客运站）。

东广场为南昌火车站新建的东站房配套广场，主要满足国铁客流进出及与其配套的公交、出租、长运、地铁等各站场的布置需求。本站在设计时也需合理整合各站场，使地铁与各站场换乘合理、便捷。本站共设置5个出入口，1个预留口。其中1号口与广场高架平台对接，人流可直出地面或直达高架平台，满足与国铁换乘需求；2号口与公交对接，满足与公交换乘需求。3号口为二期开发地下空间预留接口，满足一、二期人流对接；4号口与公交、出租对接，满足与公交换乘及广场二期开发对接需求；5号口与长运、洛阳路隧道对接，满足与长运及市政过街换乘需求。

除考虑换乘功能外，本站对空间进行了整合与优化，利用车站与广场围合空间，增加非付费区的面积达到近5000m^2，满足春运突发客流使用；利用广场两层通高，使得公共区空间更显大气，符合重点站特点。

厦门轨道交通1号线——内林站

Xiamen Metro Line 1—Neilin Station

建造地点 ◎ 厦门市杏前路
总建筑面积 ◎ 3.79万m^2；主体：3.37万m^2
设计客流 ◎ 主线：9230人/h
支线：7384人/h
换乘客流 ◎ 5907人/ h
建成时间 ◎ 2018年

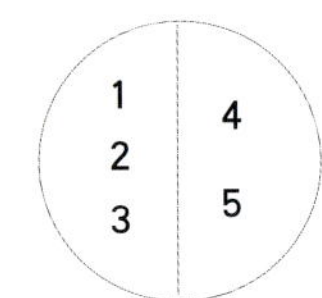

❶ 总平面图
❷ 剖切透视图
❸ 站址环境
❹ 站台层效果图
❺ 站厅层效果图

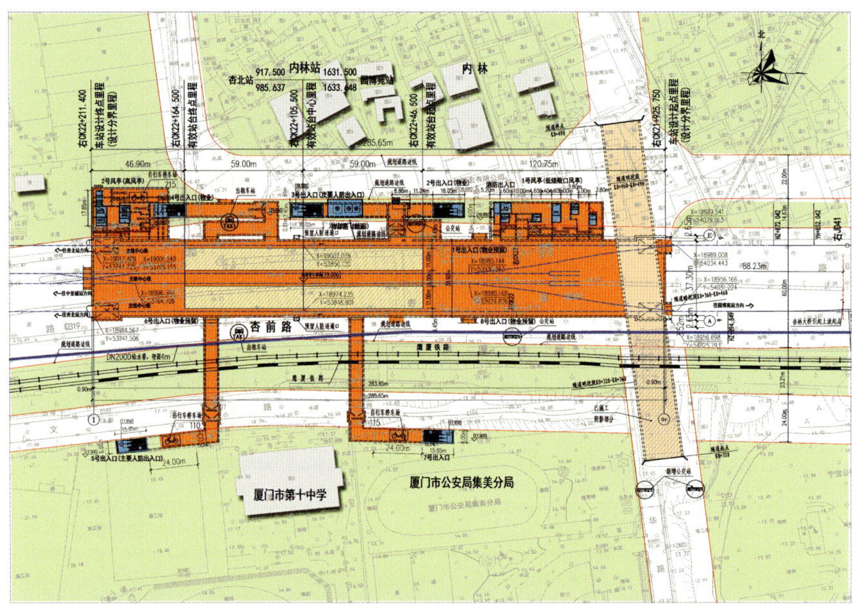

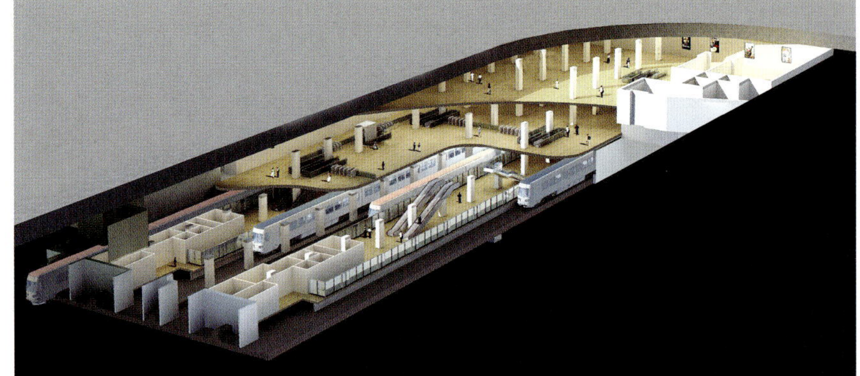

内林站为厦门轨道交通1号线与1号线支线的换乘站，位于杏前路与文华路交叉口。车站沿杏前路东西敷设，呈东西走向，为地下三层11m双岛式站台车站，采用地下三层三柱四跨钢筋混凝土框架结构。车站总长度为285.65m，标准段宽度为38.9m^2，土建总投资约4.8亿元。

内林站站址周边有杏林大桥引桥、文华路下穿隧道、鹰厦铁路及管径2m埋深4m的主供水管等限制条件。如何用最小代价处理拆迁与交通疏解，协调车站与铁路、市政桥梁、管线的关系，合理选择施工工法与结构形式，是本站设计的重点与难点。

车站在线路条件可行的情况下尽量往西移，使车站端头远离杏林大桥引桥，减少交通疏解压力。车站有效站台范围避开文华路下穿隧道，配线上方车站范围内与文华路下穿隧道合建。出入口下穿铁路采用顶管法施工，并对铁路采取保护措施使铁路运营不受影响。车站施工采用铺盖系统，以满足杏前路交通要求，疏解压力。

福州市轨道交通1号线——福州火车站

Fuzhou Metro Line 1
—Fuzhou Railway Station

建造地点 ◎ 福州市晋安区华林路福州火车站
总建筑面积 ◎ 1.69万m^2，主体：1.44万m^2
设计客流 ◎ 1号线：14572人/h
换乘客流 ◎ 5519人/h
建成时间 ◎ 2015年

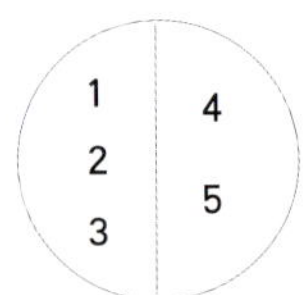

❶ 总平面图
❷ 剖切透视图
❸ 福州火车站
❹ 周边开发示意图
❺ 剖面图

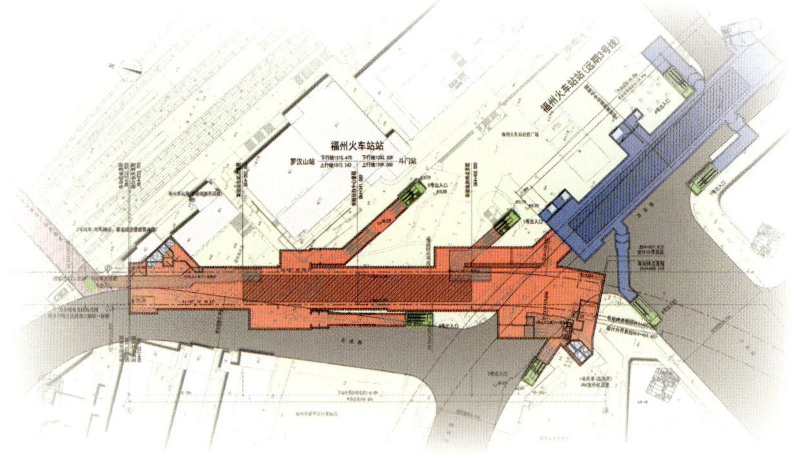

福州火车站地铁站位于东浦路与站前路交叉口北侧（福州火车站南广场西端），规划27m宽的东浦路东侧站前广场地下空间下方，周边地块以火车站、公交总站和长途汽车站为主，结合火车站南广场地下空间改造同步实施。

1号线火车站设计为地下两层岛式站台车站，为福州市轨道交通1号线与3号线的换乘站，拟与规划的3号线形成"L"型通道换乘，从而扩大地铁服务辐射面。

1号线火车站地下一层为站前广场地下室，地下二层为站厅层，地下三层为站台层。1号线火车站共设置5个出入口，分别通向火车站广场、地下空间、华威西园客运站地块及泉头客运站地块等。1号出入口位于火车站前广场，经地下一层连通地面。2号出入口位于泉头客运站地块内，服务泉头客运站地块客流。3号出入口位于华威西园客运站地块内，服务公交站场客流。4号出入口位于车站北端，靠近火车站南北广场联络通道，为火车站北广场客流进出站提供便利条件。5号出入口位于站前广场，靠近火车站进站大厅，经地下一层连接火车站地面进站大厅。

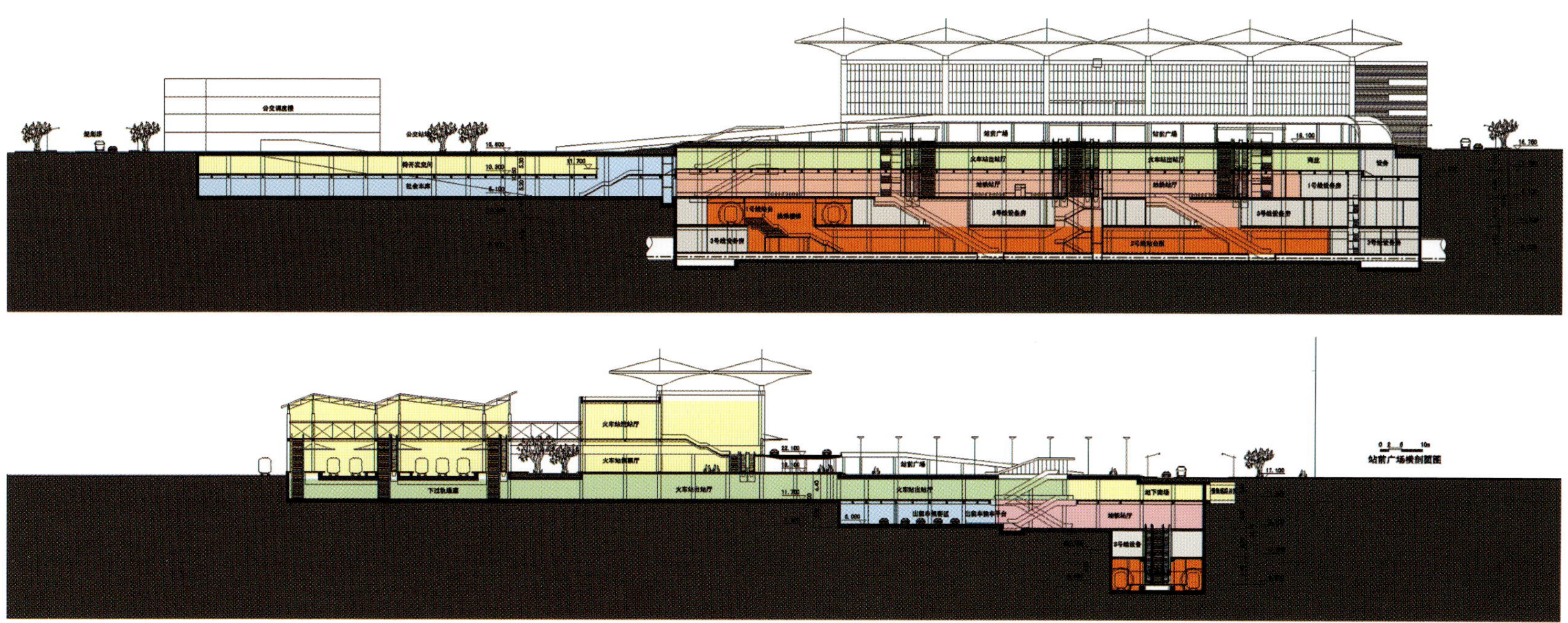
0 2 5 10m
站前广场横剖面图

西安市地铁2号线——小寨站

Xi'an Metro Line 2—Xiaozhai Station

建造地点 ◎ 西安市长安南路与小寨路交汇口

总建筑面积 ◎ 2.61万m^2，主体：1.93万m^2

设计客流 ◎ 2号线：33292人/h

3号线：50883人/h

换乘客流 ◎ 19385人/h

建成时间 ◎ 2011年

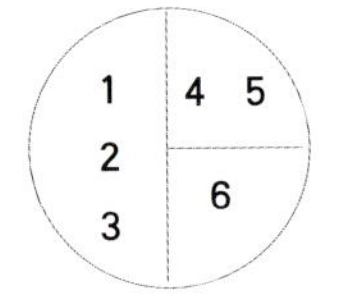

❶ 总平面图
❷ 通道
❸ 站台层效果图
❹ 文化墙
❺ 站厅层效果图
❻ 站厅

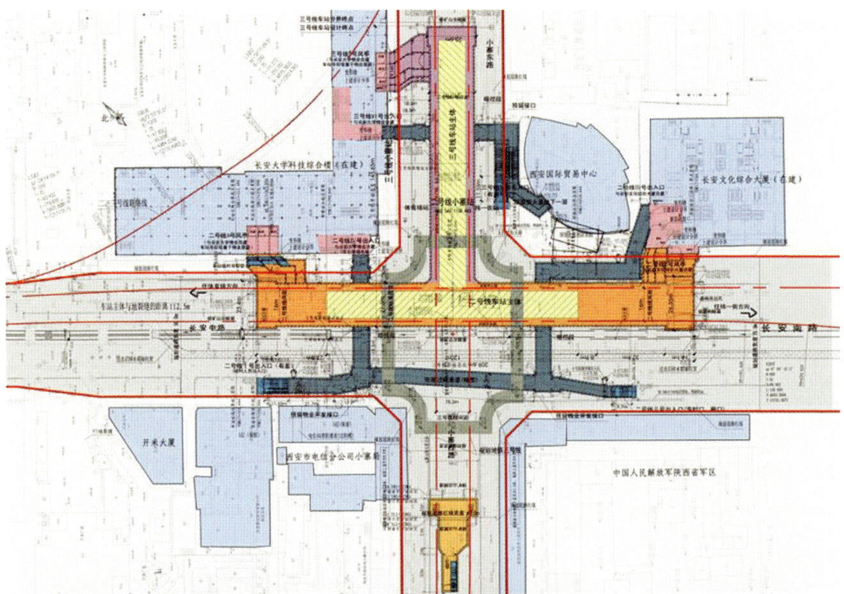

小寨站位于西安市长安南路与小寨路相交的十字路口，为西安市地铁2号线与3号线同步实施换乘的枢纽站。2号线沿长安路南北向敷设，3号线沿小寨路东西向敷设。小寨是西安市南郊的教育科研中心、商业副中心，西安市的众多高校集中于此，周边客流量十分巨大，因此，在2号线与3号线建成投入运营之后，小寨站将会吸引大量的客流在此中转换乘。

西安市地铁2号线——钟楼站

Xi'an Metro Line 2—Zhonglou Station

建造地点 ◎ 西安市新城区
总建筑面积 ◎ 1.58万m^2，主体：1.35万m^2
设计客流 ◎ 52198人/h
换乘客流 ◎ 24469人/h
建成时间 ◎ 2011年

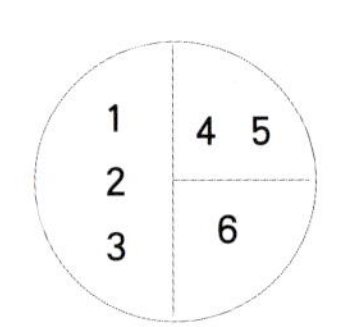

❶ 总平面图
❷ 站台效果图
❸ 文化墙
❹ 站厅
❺ 站台
❻ 站厅效果图

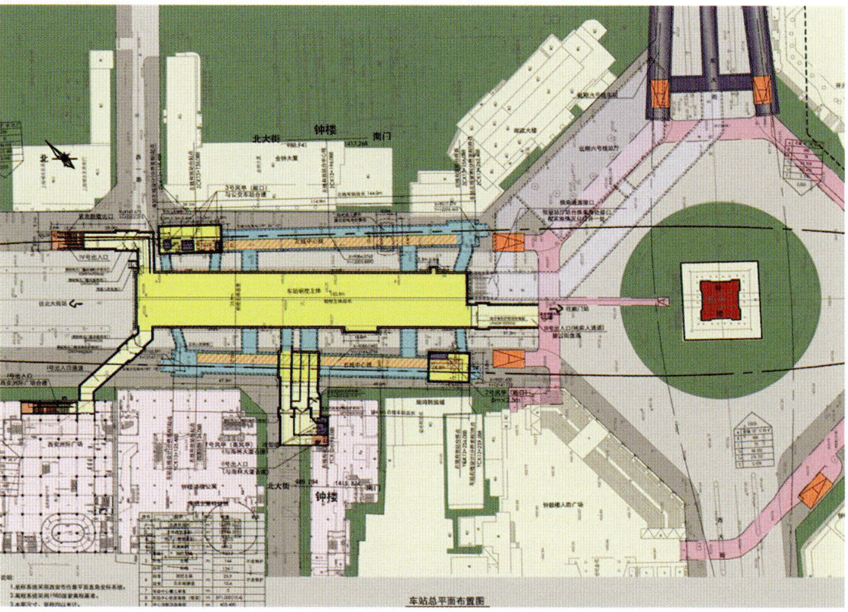

钟楼站是西安市地铁2号线与6号线的换乘站，两者呈通道换乘。车站位于东西及南北大街交汇处、国家级重点文物保护单位钟楼附近。2号线由北大街到南大街南北向敷设，6号线由西大街到东大街东西向敷设，两条线在该处实现换乘。

2号线为地下两层分离岛式车站，车站明挖主体总长150.9m，侧式站台宽度4.5m。6号线将于近期建设。

有序乘车 注意脚下

郑州市轨道交通1号线——二七广场站

Zhengzhou Metro Line 1 —Erqi Square Station

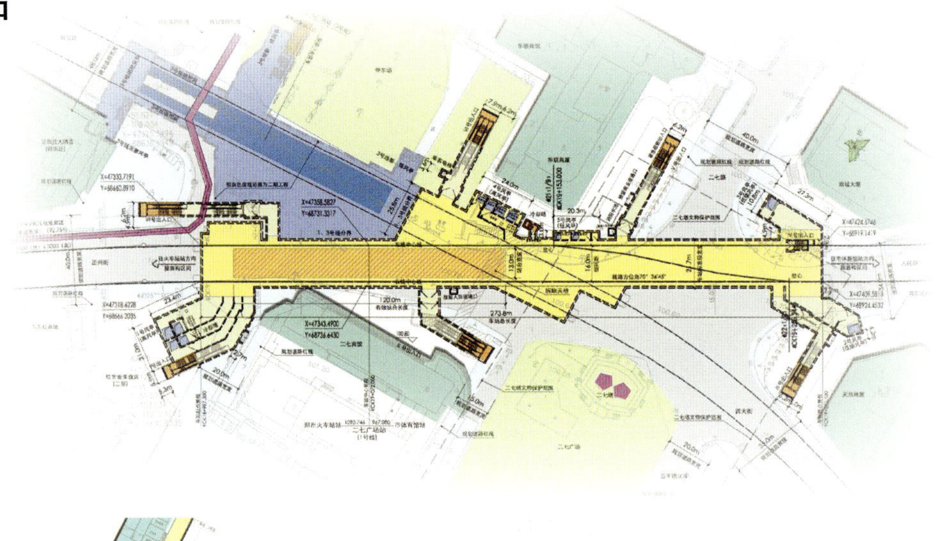

建造地点 ◎ 郑州二七广场商业圈中心

总建筑面积 ◎ 2.61万m^2，主体：1.93万m^2

设计客流 ◎ 1号线：19086人/h

3号线：7636人/h

换乘客流 ◎ 12868人/h

建成时间 ◎ 2013年

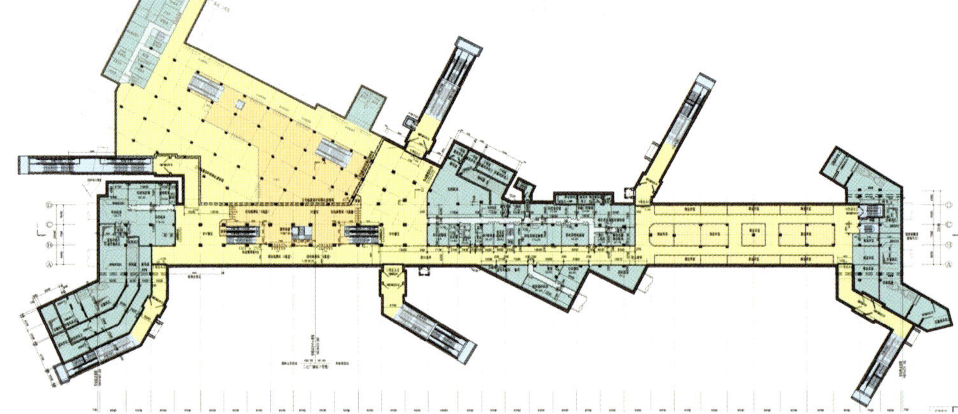

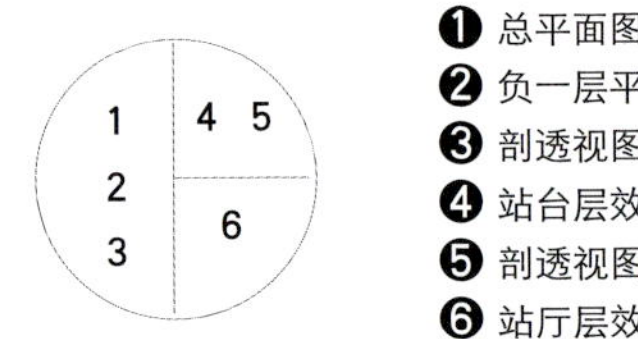

❶ 总平面图
❷ 负一层平面图
❸ 剖透视图一
❹ 站台层效果图
❺ 剖透视图二
❻ 站厅层效果图

二七广场站位于郑州市人民路、二七路、解放路、正兴街、西大街5条城市主干道的交汇路口。周边建筑主要为大型商厦、宾馆及写字楼，以二七纪念塔为中心呈环状分布，二七广场是市中心区车流和人流最为密集的地段，被誉为郑州市的“城市名片”。

受周边环境影响，车站站位限制在一个特定的区域，两条换乘线路并非为常规的直角或钝角，而是呈23°锐角交汇，同时换乘客流极大，为解决大客流的换乘问题，两线的夹角全部开挖利用，形成一个三角形的共享换乘大厅，两线采用站厅通道换乘。由于换乘厅面积较大，乘客可以自由选择，从而化解了人流拥堵这个难点问题。

成都地铁2号线——中医学院站

Chengdu Metro Line 2 —Zhongyi Xueyuan Station

建造地点 ◎ 成都市清江中路与一环路的“十”字交叉路口范围内
总建筑面积 ◎ 2.72万m^2，主体：2.47万m^2
设计客流 ◎ 2号线：31714人/h
4号线：15857人/h
5号线：25688人/h
换乘客流 ◎ 2号线与4号线的换乘：12184人/高峰h
2号线与5号线的换乘：9790人/高峰h
建成时间 ◎ 2012年

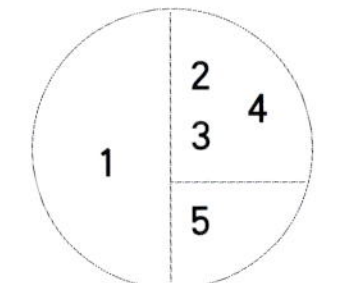

❶ 总平面图
❷ 剖切透视一
❸ 施工现场一
❹ 施工现场二
❺ 剖切透视二

中医学院站位于成都中心城区十二桥路与一环路西二段的“十”字交叉路口处，是成都地铁2、4、5号线三线换乘站。车站周边的建筑物密集，在车站正上方沿十二桥路方向有双向4车道的中医学院跨线桥，桥桩兼作车站结构柱；沿一环路方向有双向4车道的下穿隧道，车站站台层暗挖穿过下穿隧道；车站西南角有高36层的温哥华大厦，距离基坑约7m；车站西端头8m处有一条宽20m、深约10m的摸底河；各附属结构距离其周边建筑物均较近（局部仅2m）。整个车站周边条件复杂，在国内的地铁车站中实属罕见。

跨线桥的设计中考虑了与地铁车站结合的因素，预留了车站施工的条件。跨线桥的桩基础采用上部钢管柱+下部基础桩的形式，钢管柱部分兼作车站内部的结构柱，柱下再做基础，基础埋深近40m。

中医学院站为地下两层双岛式车站，车站全长298.65m，标准段宽40.9m，采用盖挖顺作法施工。车站盖板与桥桩结合，可作为桥桩水平方

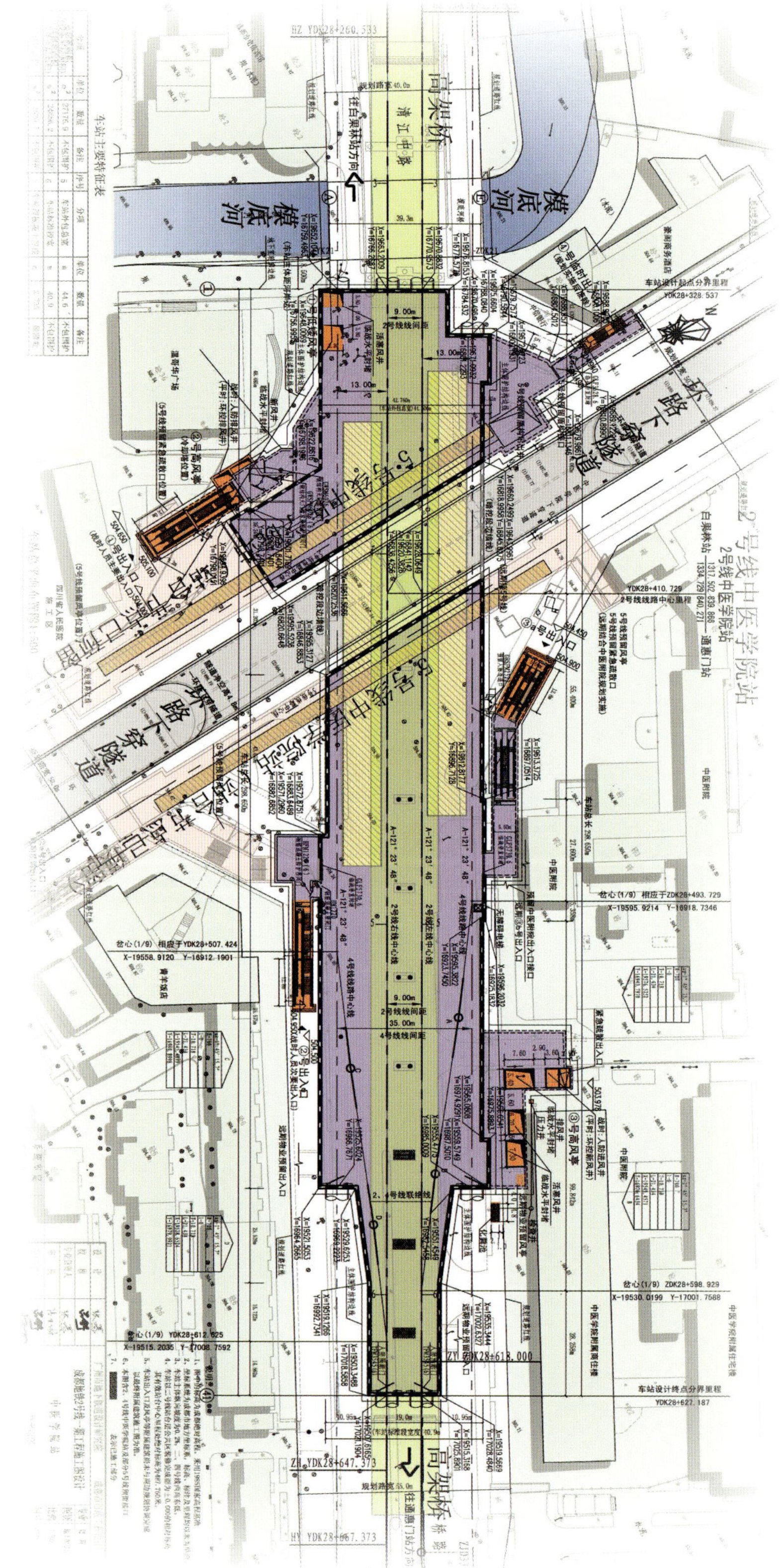

向的约束。盖板施工完成后，再在盖板下开挖土方。

根据线网规划，2、4号线在交叉时角度较小，将2、4号线并行设置，在方便乘客换乘的同时降低了工程造价，因此2、4号线采用双岛同台换乘。同时，5号线在2、4号线上方穿过，5号线站台兼作2、4号线的站厅，有效利用了空间。

南京地铁2号线东延线高架站

Elevated Stations in East Extension Line of Nanjing Metro Line 2

建造地点 ◎ 南京市仙林大学城仙林大道
总建筑面积 ◎ 5160~5700m²
设计客流 ◎ 4210~13800人/h
建成时间 ◎ 2010年

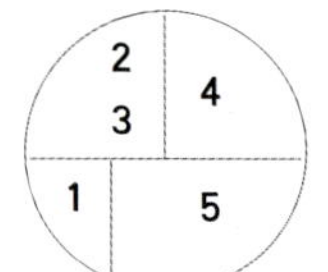

❶ 羊山公园站
❷ 南大校区站
❸ 经天路站
❹ 仙林中心站
❺ 学则路站

各站位于仙林大道两侧，为高架两层车站：地面层为站厅与设备区，二层为岛式站台。

为国内首批采用梭型岛式站台的高架车站，缩短区间合拢长度，得到各方好评。

宁波市轨道交通1、2号线高架站

Elevated Stations in Line of Ningbo Metro Line 1、line 2

建造地点 ◎ 1号线：宁波市望春路
2号线：宁波市江北区
总建筑面积 ◎ 4908~7453m²
设计客流 ◎ 5787~11555人/h
建成时间 ◎ 1号线：2014年
2号线：2016年

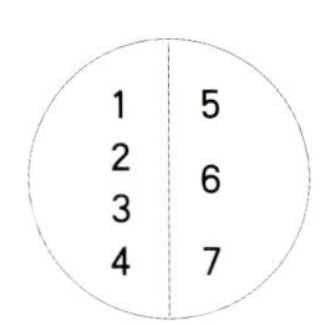

❶ 徐家漕站
❷ 芦港站
❸ 路林站
❹ 三官堂站（双桥站）
❺ 低点透视图
❻ 鸟瞰图
❼ 立面效果图

宁波市轨道交通1号线为东西向主干线，西连高桥镇、东连北仑中心区，贯穿海曙老城区、三江口、江东CBD以及规划的东部新城中心。工程分两期实施。一期工程（高桥至东外环）长约20.9km，设置车站19座，其中高架站5座，地下车站14座，2009年开工，2014年建成通车。徐家漕站为高架两层鱼腹式岛式站台车站，芦港站为高架三层鱼腹式岛式站台车站，并均为路侧车站，采用钢结构屋顶。

宁波市轨道交通2号线是城市西南—东北方向的基本骨干线，规划线路起自鄞州区古林，止于北仑，规划线路长度约50km。工程分为两期实施。一期工程起点站为机场站，终点站为东外环路站，线路全长28.350km，共设22座车站，地下车站18座，高架车站4座。路林站（路林市场站）、宁波大学站为高架三层侧式站台车站，三官堂站（双桥站）为四层侧式站台车站，清水浦站（东外环路站）为高架三层单端鱼腹式岛式站台车站，并均为路中车站，采用钢结构屋顶。

无锡市轨道交通1、4号线换乘站——刘潭地铁枢纽综合体

Wuxi Metro Line 1 and Line 4 Transfer Station—Liutan Metro Hub Complex

建造地点 ◎ 无锡市刘潭
总建筑面积 ◎ 2.75万m^2
设计客流 ◎ 1号线：10900人/h
4号线：15500人/h
换乘客流 ◎ 9800人/h
建成时间 ◎ 2013年

本项目为轨道交通换乘站与商业建筑综合体，东临锡澄路，北临天池路，南临天河路，西侧为步行广场，周边为商业区。刘潭站为无锡市轨道交通1号线与4号线的换乘站，1号线为高架站，4号线为地下站，付费区之间通过自动扶梯直达。商业部分地面四层，地下一层，在二层共享平台与地铁站厅无缝对接。

本综合体既保证乘客方便快捷地换乘，又充分利用便利的交通条件进行开发，实现运营与商业双赢。

广州市轨道交通六号线高架站
——浔峰岗站、沙贝站

Guangzhou Metro Line 6
—Xunfenggang、Shabei Stations

建造地点 ◎ 广州市金沙洲

总建筑面积 ◎ 浔峰岗站：8380m^2（主体，7510m^2；天桥，871m^2）
沙贝站：6567m^2（主体，5287m^2；天桥，1280m^2）

设计客流 ◎ 浔峰岗站：8733人/h
沙贝站：908人/h

建成时间 ◎ 2013年

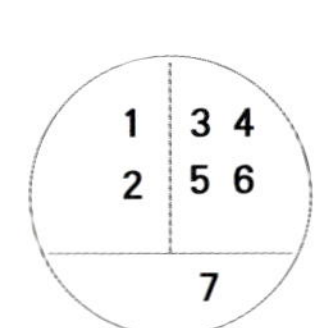

❶ 浔峰岗站横剖面图
❷ 浔峰岗站总平面图
❸ 浔峰岗站鸟瞰图
❹ 浔峰岗站站台层效果图
❺ 浔峰岗站低点透视图
❻ 沙贝站低点透视图一
❼ 沙贝站低点透视图二

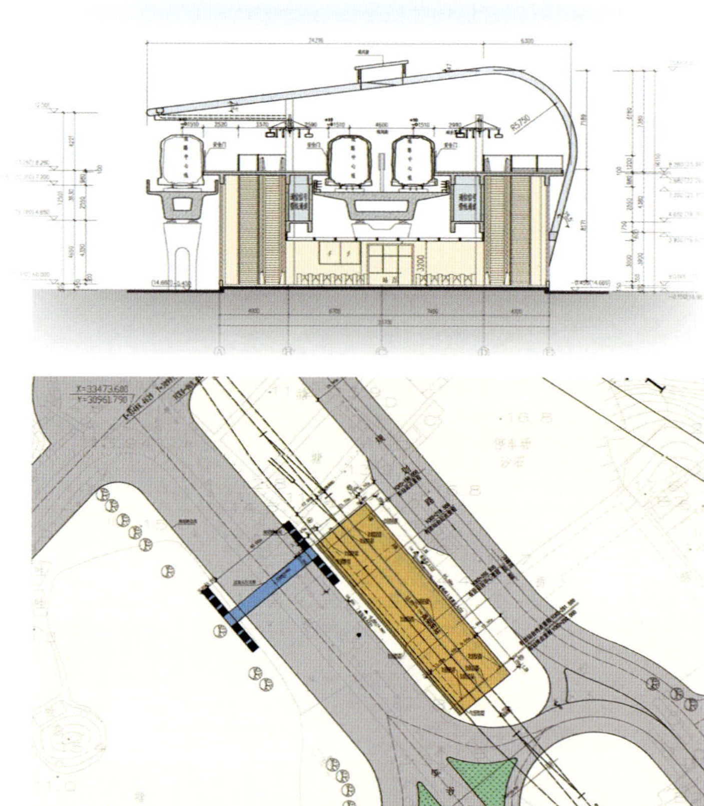

广州市轨道交通六号线的浔峰岗站、沙贝站位于金沙洲路，为高架车站。

浔峰岗站为六号线的起始站，是国内首个一岛一侧式的高架车站，能满足远期3.27万人/h的断面客流。岛式站台的功能主要为出发站台，也兼有到达功能。侧式站台的功能为到达站台，增设连接市政过街天桥的小站厅，充分体现轨道交通“以人为本”的设计理念。

沙贝站为地面三层、地下一层车站，其中首层架空，地下一层位于三条规划路交汇形成的路中绿化带上。车站站厅位于地面二层南端，站台位于地面三层。设备区分别位于地面二层北端及地下一层。

两个车站依靠天桥与周边地块衔接，要求造型简洁、轻巧，建筑形体不宜表现过强的个性，更强调与周边环境的融合，结构方案均为桥建分离的框架结构。浔峰岗站以铝锰镁板材屋面，配以玻璃块面及大百叶的设计，削弱了大体量建筑对道路、景观的压迫感，同时结合山形的屋面造型设计，通过虚实对比，使建筑物融入到自然景观中。沙贝站采用白色铝板构建的直线线条作为设计的核心元素，外墙采用为全玻璃幕墙包裹，结合车站的功能，形成动态的形体轮廓。将车站天桥与区间桥梁路径合并，形成和谐的线条感。

武汉市轨道交通4号线高架站
——黄金口站、孟家铺站

Wuhan Metro Line 4
——Huangjinkou、Mengjiapu Stations

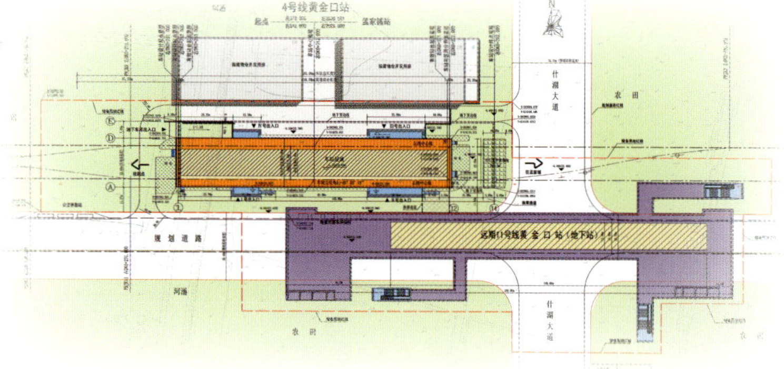

建造地点 ◎ 武汉市汉阳区

总建筑面积 ◎ 黄金口站：1.68万m^2

孟家铺站：0.95万m^2

设计客流 ◎ 黄金口站：5493人/h

孟家铺站：6510人/ h

建成时间 ◎ 2013年

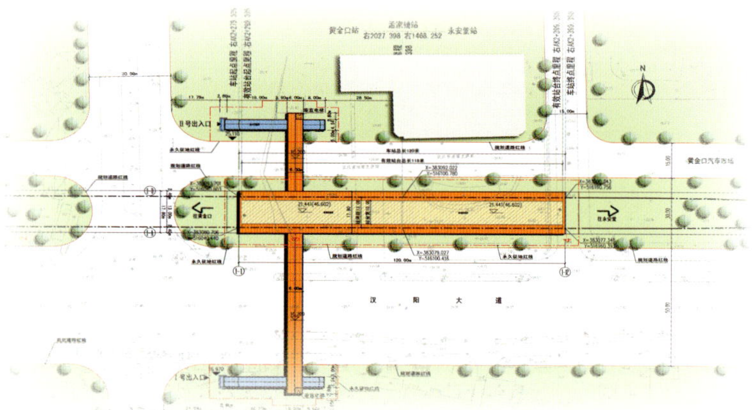

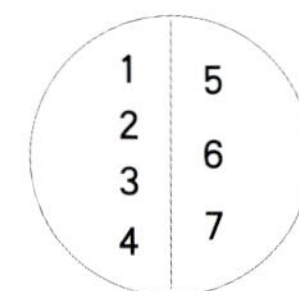

❶ 黄金口站总平面图
❷ 孟家铺站总平面图
❸ 黄金口站菱形方案鸟瞰
❹ 孟家铺站拱形方案鸟瞰
❺ 孟家铺站推荐方案
❻ 黄金口站菱形推荐方案低点
❼ 孟家铺站菱形推荐方案低点

黄金口站为武汉市轨道交通4号线二期第一个站，位于规划道路什湖大道与富源路交叉路口西北侧地块内。4号线黄金口站为12m站台地面两层岛式高架车站。根据线网规划，黄金口站与远期11号线地下站换乘。

孟家铺站为武汉市轨道交通4号线二期第二个站，位于武汉市汉阳区汉阳大道路中，该站为10m站台地面两层岛式高架车站。

车站造型一采用菱形为母体，以“鱼”为题，整体造型现代、简洁、大气，具有很强的雕塑感，体现了高架车站交通建筑、景观建筑的双重性格。车站造型二采用拱形屋盖，站造型简单、大方，如同一叶轻舟。

孟家铺站

黄金口站

孟家铺站

无锡地铁1号线高架站——庄前站

Wuxi Metro Line 1—Zhuangqian Elevated Stations

建造地点 ◎ 无锡市锡澄路
总建筑面积 ◎ 1.26万m^2
设计客流 ◎ 9332人/h
建成时间 ◎ 2013年

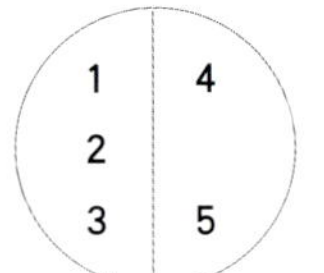

❶、❷ 透视效果图
❸ 立面效果图
❹ 过街天桥效果图
❺ 鸟瞰效果图

庄前站位于锡澄路与北滨路交汇处路中，沿锡澄路12m绿化带布置，周边为商业区，结合环境采用简约的造型。受建设条件制约，本站为半高架半地下四层车站：二层为两个站厅，负二层为岛式站台，中间层为设备区。

本站突破传统设计思路，以国内首创的超窄车站形式成功克服了众多限制条件，并创造了丰富的空间效果，得到各方好评。

广州市轨道交通三号线夏滘车辆段及综合基地

Guangzhou Metro Line 3 Xiajiao Depot

建造地点 ◎ 广州市番禺区夏滘村
用地面积 ◎ 38.37hm²
总建筑面积 ◎ 8.91万m²
容积率 ◎ 0.23
功能定位 ◎ 为广州市轨道交通三号线的大定修车辆段，负责本线配属列车的停放、运用、周月检、定临修好、架修及大修等任务
建成时间 ◎ 2006年

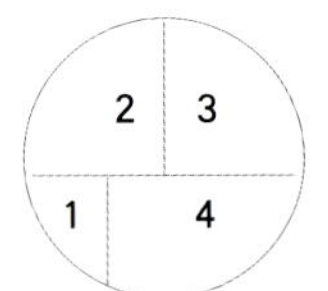

❶ 上盖物业开发总平面图
❷ 轨道信号灯
❸ 综合楼
❹ 车辆段整体效果图

本项目位于广州市番禺区洛溪沙窖岛沙溪村沙窖东路地段，是广州市轨道交通三号线的专项配套设施，轨道总长14km，工程造价2.356亿元。该工程由车辆段、综合维修中心、材料总库三大部分构成，具有投资大、专业接口多、对全线工期影响大的特点。

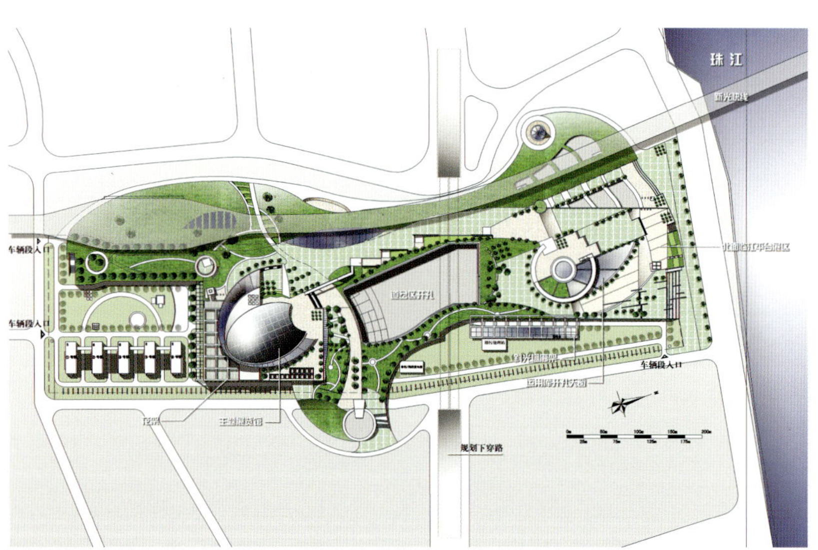

广州市轨道交通四号线新造车辆段及综合基地

Guangzhou Metro Line 4 Xinzao Depot

建造地点 ◎ 广州市番禺区新造镇

用地面积 ◎ 27.44hm^2

总建筑面积 ◎ 8.99万m^2

功能定位 ◎ 为广州市轨道交通四号线的定修车辆段，负责本线配属列车的停放、运用、周月检及定临修等任务

建成时间 ◎ 2005年

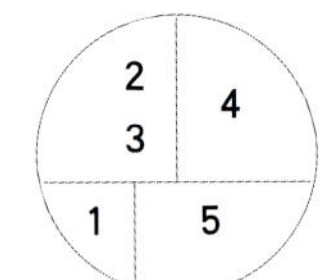

❶ 综合楼实景
❷ 综合库
❸ 车辆段咽喉区
❹ 综合楼效果图
❺ 总平面图

本项目位于广州市番禺区新造镇曾边村蔡盒岗地段，净用地面积20.54hm^2（按车辆段围墙范围内计算）。

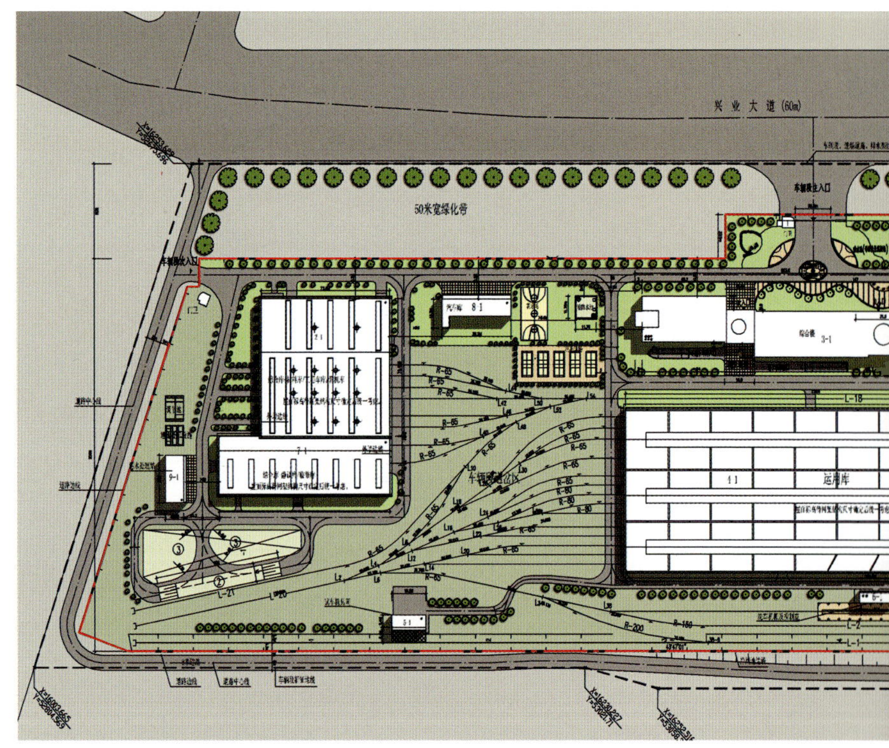

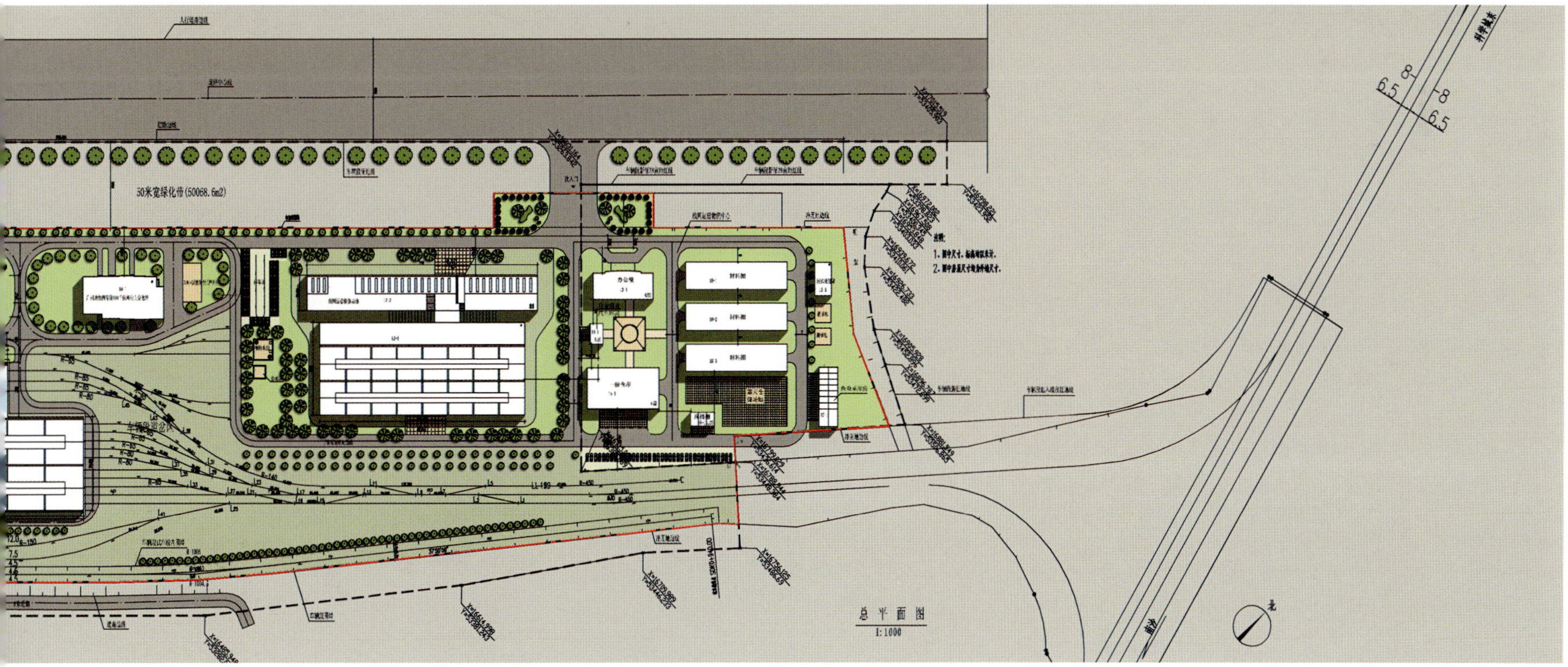

50米宽绿化带(50068.6m2)

总平面图

1:1000

广州市轨道交通五号线鱼珠车辆段

Guangzhou Metro Line 5 Yuzhu Depot

建造地点 ◎ 广州市黄埔区鱼珠街

用地面积 ◎ 25.68hm^2

总建筑面积 ◎ 10.17万m^2

容积率 ◎ 0.4

功能定位 ◎ 为广州市轨道交通五号线的车辆段，负责五号线全线列车的停放及所有检修工作，并承担四、六号线的大、架修任务

建成时间 ◎ 2009年

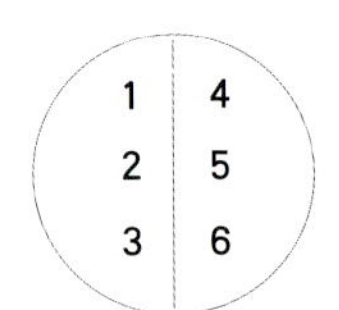

❶ 咽喉区
❷ 运用库一：六日检库
❸ 运用库二
❹ 综合楼
❺ 运用库一、二及咽喉区
❻ 总平面图

鱼珠车辆段位于广州市黄埔区鱼珠街，广州市轨道交通五号线鱼珠站和茅岗站之间，黄埔大道以北，中山大道以西的地块内，为五号线的车辆段，负责五号线全线列车的停放及所有检修工作，并承担四、六号线的大架修任务。

鱼珠车辆段采用纵列式顺向布置。运用库一、二设在车辆段东端；检修主厂房设在运用库岔群前端的出入段线北侧，与运用部分通过牵出线连接。车辆段厂前区设在段西端，设综合楼1幢，控制中心1幢。

鱼珠车辆段为我院与中铁二院联合设计，我院承担了车辆段中综合楼、运用库一、运用库二及站场和路基的设计工作。

十四号线停车库
中山大道

广州市轨道交通六号线萝岗车辆段

Guangzhou Metro Line 6 Luogang Depot

建造地点 ◎ 广州市萝岗区
用地面积 ◎ 30.68hm²
总建筑面积 ◎ 10万m²
功能定位 ◎ 为广州市轨道交通六号线的定修段，负责本段配属列车的停放运用、周月检及定临修任务
建成时间 ◎ 2015年

萝岗车辆段位于广州市萝岗区，开创大道以南，荔红一路以东，南岗河以北的地块内，为广州市轨道交通六号线的定修段，负责本段配属列车的停放运用、周月检及定临修任务。

萝岗车辆段采用尽端并列式布置，设66个停车列检列位（其中20个为远期预留）、9个周月检列位、1个定修列位和1个临修列位。萝岗车辆段为广州首个进行上盖物业开发的车辆段。

❶ 上盖总平面图
❷ 大门
❸ 立面效果图
❹ 车辆段总平面图

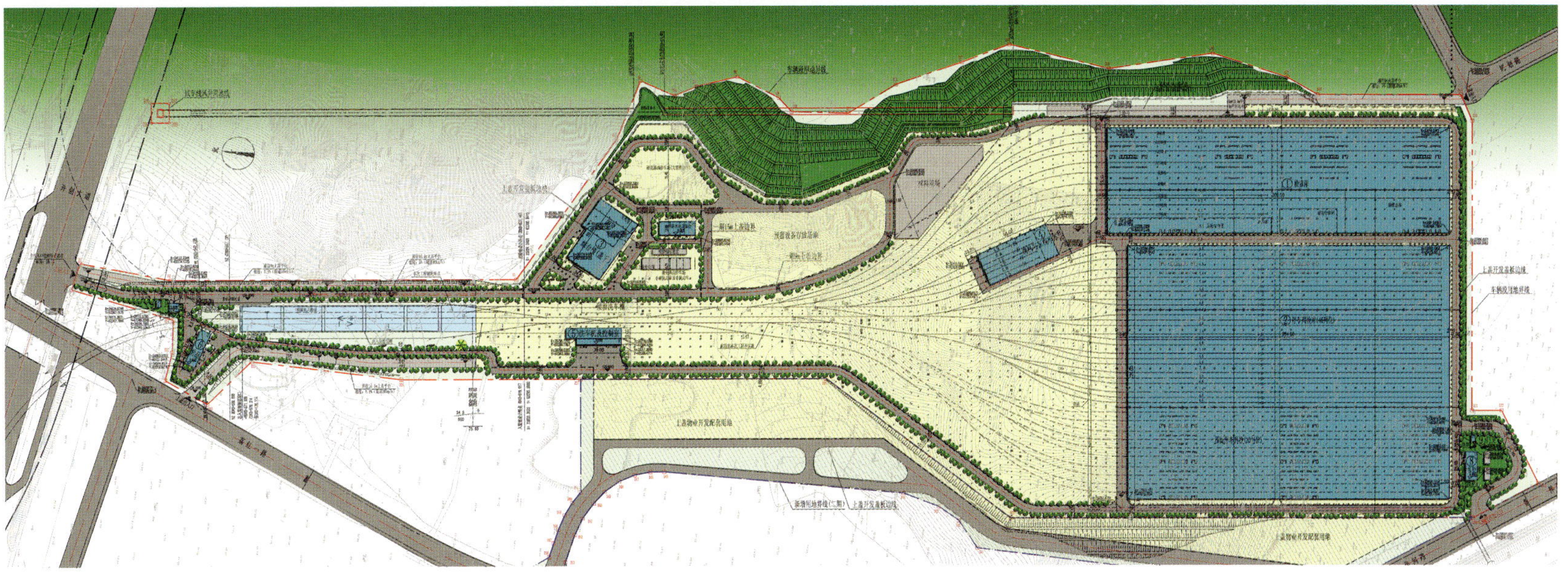

深圳市城市轨道交通9号线笔架山停车场

Shenzhen Metro Line 9 Bijiashan Depot

建造地点 ◎ 深圳市笔架山公园内

用地面积 ◎ 8.37hm^2

总建筑面积 ◎ 7.4万m^2

功能定位 ◎ 为深圳市城市轨道交通9号线的停车场，负责本场配属列车的停放运用、周月检任务

建成时间 ◎ 2016年

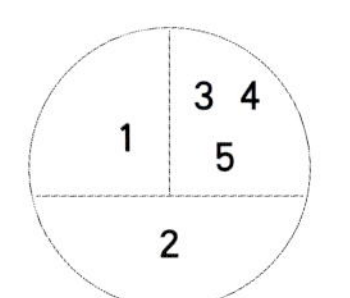

❶ 鸟瞰图
❷ 剖面图一
❸ 交通流线图
❹ 设施布置图
❺ 剖面图二

深圳市城市轨道交通9号线笔架山停车场位于笔架山公园内，为全地下停车场。停车场南北长约725m，东西宽114m，用地为8.37hm^2。选址现状为笔架山休闲公园。

建成后的停车场上部恢复地面公园，并对笔架山的原生景观进行升级改造。通过优化功能分区、完善活动设施、优化自然环境，将其打造成为一个有活力的便民综合性休闲公园，营造供都市人放松身心、休闲娱乐、亲近自然、锻炼身体的城市绿肺，实行绿色与现代文明的完美融合，带动城市的绿色活力。

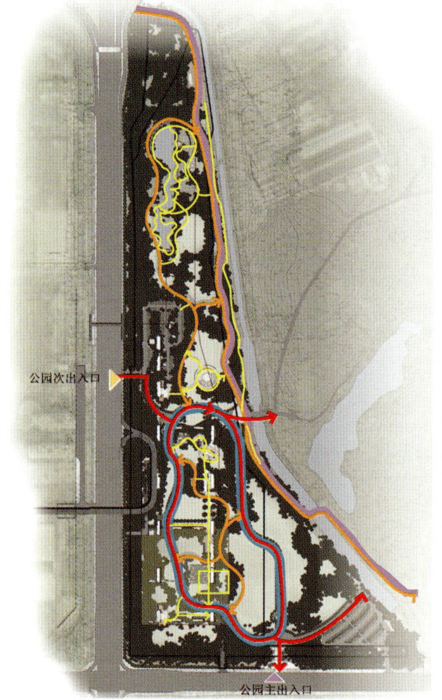

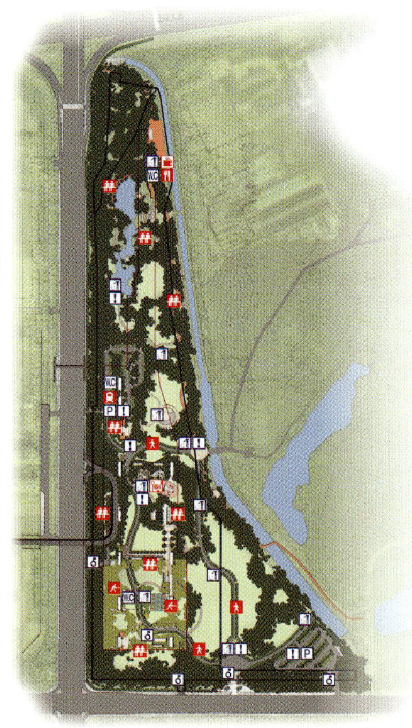

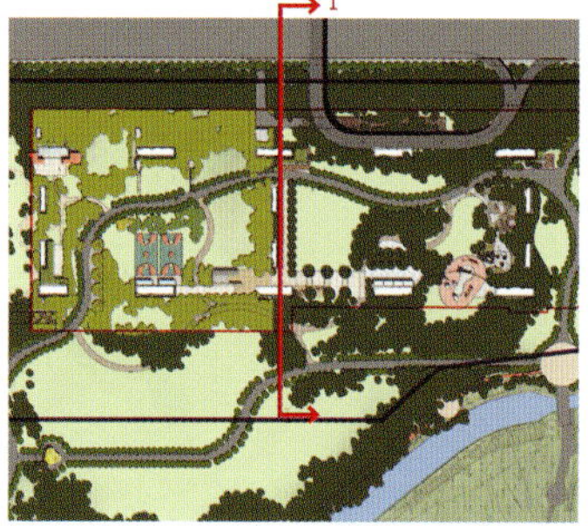

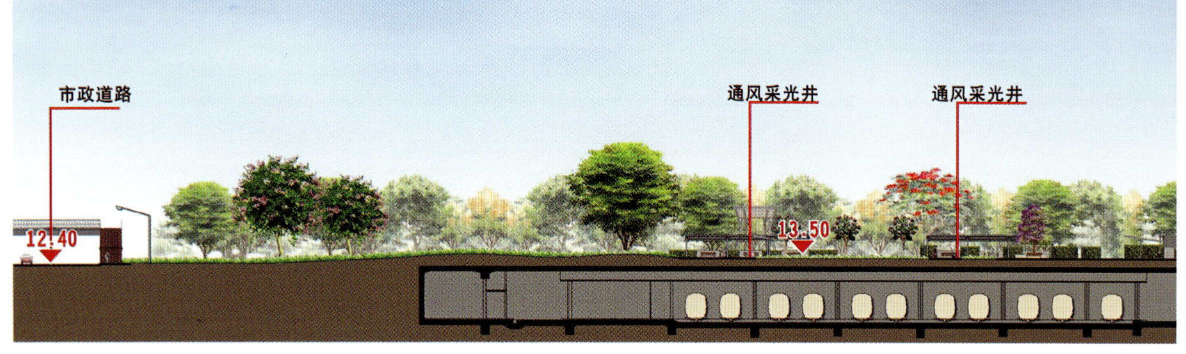

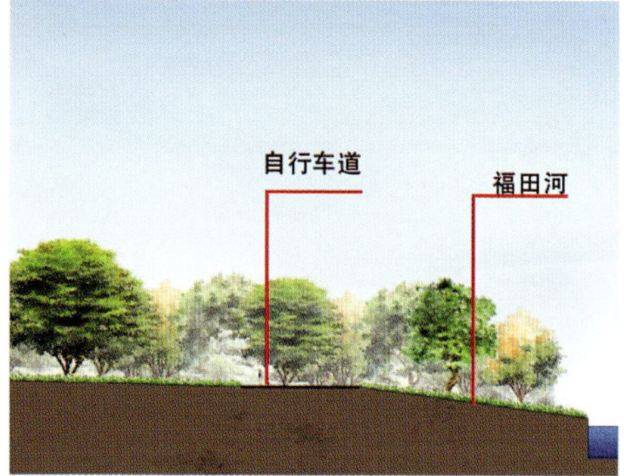

深圳市城市轨道交通9号线侨城东车辆段

Shenzhen Metro Line 9 Qiaochengdong Depot

建造地点 ◎ 深圳市福田区

用地面积 ◎ 24.1hm^2

总建筑面积 ◎ 23.45万m^2

功能定位 ◎ 为深圳市城市轨道交通9号线的大架修段，负责本段配属列车的停放运用、周月检及定临修和9号线大架修任务以及预留半列7号线列车的大架修任务

建成时间 ◎ 2016年

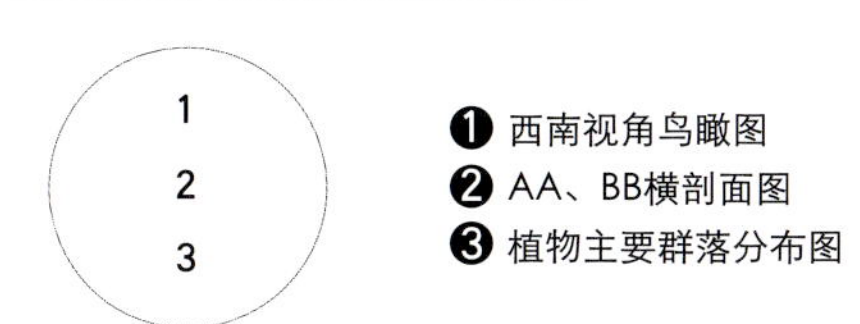

❶ 西南视角鸟瞰图
❷ AA、BB横剖面图
❸ 植物主要群落分布图

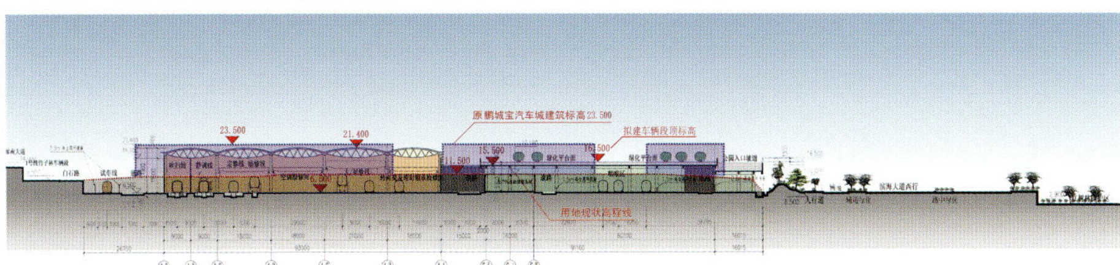

车辆段A-A剖面图

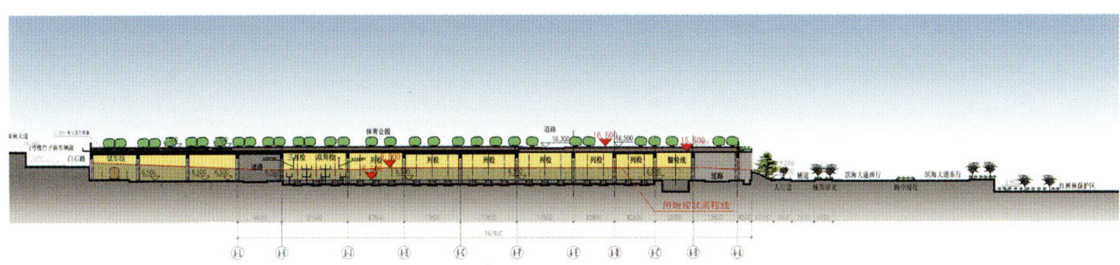

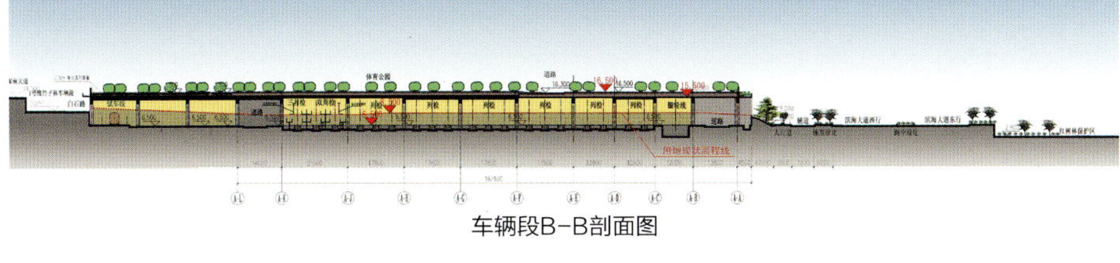

车辆段B-B剖面图

深圳市城市轨道交通9号线侨城东车辆段为线网大架修基地，位于侨城东路、白石路、红树林路、滨海大道围成的地块内，毗邻广东内伶仃岛——福田国家级自然保护区，总用地面积约24.1hm^2。

为使车辆段与周边景观协调，除厂前区及联合检修库以外，车辆段上部设置了绿化平台，总面积约13.49万m^2。

平台的东部为复建的两层院落式红树木自然保护管理区用房，总占地面积约5.6hm^2，总建筑面积5500m^2；平台中部为绿化主题公园，以海洋元素与绿坡为主题，营造出一块高质量的绿化休闲场地，并通过现状地下过街通道与红树林生态公园相连。平台四周设有2个车行出入口和3个人行步梯以及2座垂直升降梯。

为减少对周边环境的影响，平台上盖绿地率达到90%，同时通过多项节能、环保、减震、降噪措施减少对周边的环境的影响，为市民提供了一个休闲、观光的好去处。

郑州市轨道交通2号线城南车辆段及综合基地

Zhengzhou Metro Line 2 Depot

建造地点 ◎ 郑州市管城区十八里河镇
用地面积 ◎ 22.56hm^2
总建筑面积 ◎ 6.51万m^2
功能定位 ◎ 只承担定修及以下修程的检修任务和车辆停放及日常保养
建成时间 ◎ 2015年

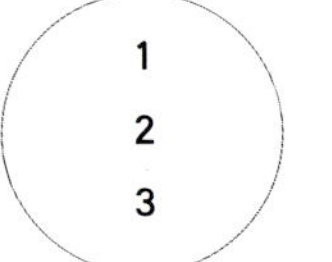

❶ 综合楼鸟瞰图
❷ 综合楼低点透视图
❸ 检修库

郑州市轨道交通2号线城南车辆段及综合基地位于管城区四环公路以南，绕城高速以北，107国道以东，十八里河以西，刘东村与河西袁村之间的空地。

城南车辆段采用纵列式顺向布置。运用库、检修库设在车辆段南端，车辆段厂前区设在段北端，设综合楼1幢。城南车辆段为我院独立设计，承担了车辆段全部设计工作。

红角洲车辆段用地面积为40.06hm^2，其中2号线车辆段实际用地面积为32.75hm^2，其余配套设施用地为7.61hm^2。车辆段内除具备大修、架修、定修、临修等功能之外，还设置地铁运营大楼、地铁公安大楼和线网物流配送基地等线网性配套设施。为了体现城市土地的利用与轨道交通相结合的高效率开发模式，红角洲车辆段还将进行物业开发，力求把该区域打造成以大型交通枢纽为依托，商务、居住、贸易、物流为一体的城市新城。

南昌市轨道交通2号线红角洲车辆段

Nanchang Metro Line 2 Hongjiaozhou Depot

建筑地点 ◎ 南昌市红谷滩新区红角洲以南地区

用地面积 ◎ 40.06hm^2

总建筑面积 ◎ 13.33万m^2

功能定位 ◎ 为南昌市轨道交通线网1、2、3号线的大架修基地，并预留4、5号线车辆大架修的条件和用地，具备线网5条线车辆的大修、架修，以及2号线车辆的定修、临修及本段配属车辆的停放及日常保养功能

建成时间 ◎ 2015年

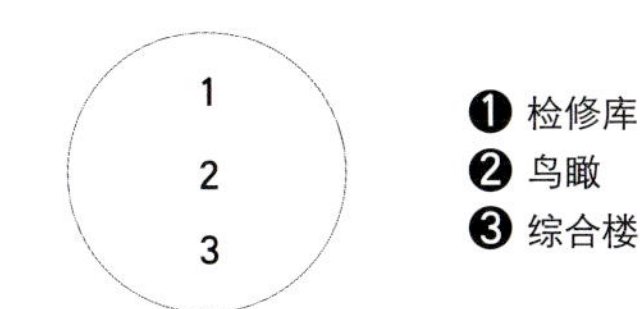

❶ 检修库
❷ 鸟瞰
❸ 综合楼

接口节点、特殊工程（车站、重要节点）

Node、Special Engineering

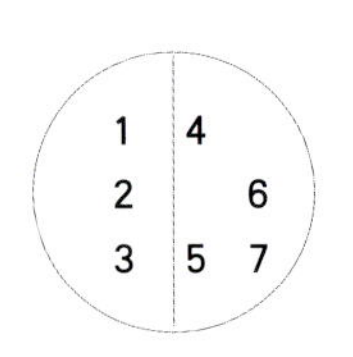

❶ 区间和车站接口
❷ 桩基托换一
❸ 桩基托换二
❹ 双排悬臂桩
❺ 超级土钉
❻ 桩基托换三
❼ 桩基托换四

车站和区间、风道、出入口等的接口节点多样，明挖、暗挖、盾构各类工法之间的连接形式各不相同；区间穿越城市建成区需要对进入隧道的建（构）筑物基础进行桩基托换，工程实施难度大，设计施工复杂，我院在桩基托换方面积累了大量的工程经验。

1．围护结构

车站（包括明挖区间）基坑围护结构设计，根据具体工程特点和地质条件，灵活采用多种围护方法。既有常规的地下连续墙、钻孔桩，也有特殊的超级土钉、双排悬臂桩、软土加固放坡。

2．重要节点的说明

车站和区间、风道、出入口等的接口节点多样，明挖、暗挖、盾构各类工法之间的连接形式各不相同。

3．桩基托换

区间穿越城市建成区需要对进入隧道的建（构）筑物基础进行桩基托换，工程实施难度大，设计施工复杂，我院在桩基托换方面积累了大量的工程经验。桩基托换核心技术是新旧结构的荷载转换，要求在转换的过程中托换结构和新结构的变形限制在上部结构允许范围之内。

项目亮点：

三号线客村—大塘区间下穿珠影住宅区，为10层以上的桩基础高层结构，采用桩梁体系主动托换，创新性采用劲性混凝土结构结合人工挖孔桩托换建筑物桩基础，对上部结构影响微小，沉降和位移远远小于建筑物允许值。

明挖隧道

Cut and Cover Method

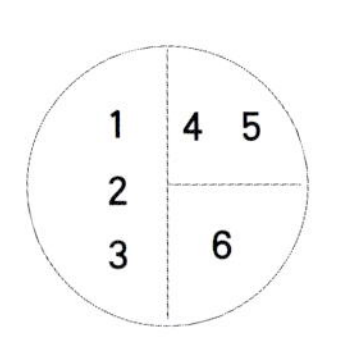

❶ 渡线区隧道
❷ 大跨度隧道
❸ 隧道断面变化
❹ 曲线段风机房隧道
❺ 车站与区间节点
❻ 直线段隧道

地铁配线区段通常采用明挖工法，隧道断面形式多样、复杂，既有单洞单线结构，又有单洞多线、多洞多线结构。

代表工程：

1）广州三号线厦滘—大石区间、出入段线

厦滘—大石区间接大石站后配线，并接出入段线进入厦滘车辆段，分段采用明挖法施工，明挖断面多样，变化复杂。

设计结合线路条件，细致研究结构渐变及接口关系，合理而又巧妙的对明挖区间的断面进行划分，使之结构受力合理，运营功能满足，经济造价最省。

2）广州四号线新造—石碁区间

新造—石碁区间接车辆段出入段线，为暗挖隧道向路基的过渡段，配线复杂，此外，本段区间还设置了变电所、轨排井等附属设施。

从繁杂的交叉渡线关系中优化布置断面，轨排井段采用悬臂式挡墙结构，既方便轨排施工，同时又能很好地预留二次浇筑结构的条件，节约了工期和造价。

矿山法区间（暗挖隧道、特殊断面）

Mining Method

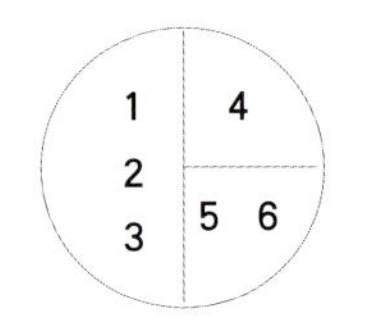

❶ 单洞双线隧道
❷ 单洞和双洞隧道接口
❸ 渡线区大跨度隧道
❹ 渐变段隧道
❺ 单洞多线隧道
❻ 隧道断面转换

我院从广州地铁一号线开始在矿山法隧道的设计上积累了丰富的经验，并且在全国其他地方也有很多矿山法隧道工程的设计。具有代表性的工程有广州地铁二号线纪念堂—越秀公园区间，三号线客村—大塘区间，五号线淘金—区庄区间。目前在全国其他多个城市也有大量成功的工程实例，如北京、南京、武汉、南宁、深圳、西安、无锡、福州等。

我院在复杂地面环境下的大断面矿山法设计水平在业内处于领先地位，其中三号线客村—大塘区间暗挖段跨度近25m，并首次使用了矿山法洞内进行盾构机转体调头的施工工艺。还有位于繁华闹市区车流量密集道路下方浅埋暗挖大跨度隧道、软弱地层小净距隧道等成功工程实例。

代表工程：

1）广州三号线客村—大塘区间暗挖段

客村—大塘区间暗挖段设置存车线和交叉渡线、安全线及二、三号线的联络线，结构形式异常复杂，断面种类繁多，既有大跨度隧道，也有双连拱隧道，既有单线隧道，也有双线隧道及风机房隧道等；在区间暗挖段端部设置盾构机转体调头断面。

设计合理选择施工竖井位置，在配线区道岔集中区段设置施工竖井，采用双连拱断面形式进洞，设计尽量避免从小洞向大洞施工，根据围岩条件和断面形式的不同，区间共采用了30多种断面形式，暗挖段的端部和盾构法隧道相接，设计采用了迄今为止最大的矿山法断面，拱墙+梁柱体系暗挖结构，断面宽度约25m，以满足盾构井整体转体调头的要求，极大的节省了工期。

2）广州五号线淘金—区庄区间

淘金—区庄区间设置了存车线和单渡线，位于城市中心区主干道，沿线建筑物密集，有20世纪50年代的危房、四层的区庄立交等建（构）筑物，而且地面交通繁忙，隧道渡线区断面大，工程风险高。

首先设计合理选择存车线的位置，将存车线设置在周边建筑相对较少的一侧，避开另外一侧的危房建筑；其次通过路侧两个竖井横通道进入正洞施工，减少对地面交通的影响；最重要的是，对沿线风险点进行逐一梳理，分别采用预注浆加固、隔离桩等措施，有效地减少了对周边环境的影响，取得了良好的社会效益。

盾构隧道

Shield Method

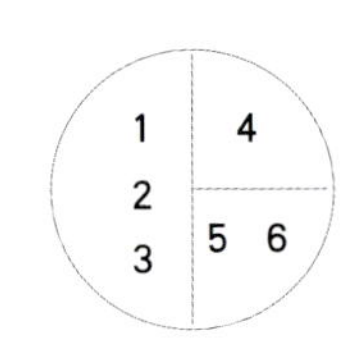

❶ 成型隧道一
❷ 三轨供电隧道
❸ 成型隧道二
❹ 隧道内疏散平台
❺ 曲线段隧道
❻ 联络通道

广州地质条件复杂，各种不良地质均存在，有上软下硬的复合地层，有砂层或淤泥等软弱地层，有下穿珠江隧道，又有孤石、溶洞、断裂裂隙发育带等，我院在盾构隧道通过以上不良地质的工程实践中积累了大量丰富有效的经验措施。目前在全国20余个城市也有大量成功的工程实例。

代表工程：

1）广州地铁二、八号线南洲—东晓南区间

南洲—东晓南区间处于城市繁忙道路下方，道路两侧建筑物密集，设计采用土压平衡盾构，通过及时注浆和二次补充注浆，极大地减小了地面沉降，建（构）筑物变形均在允许范围内。

设计合理选择盾构形式，优化调整线路，本区间出东晓南站后侧穿净距不到1m的建筑物裙房桩基础，通过预注浆加固隔离等措施，顺利通过。

2）广州市轨道交通三号线沥滘—厦滘区间

沥滘—厦滘区间过珠江航道，隧道所处地层较差，工程风险大，通过合理选择盾构形式及区间平纵断面的优化调整，区间顺利贯通。

首次采用泥水平衡盾构技术，顺利下穿了珠江航道，通过平纵断面的优化及联络通道位置的合理选择，降低了工程风险，为后续工程提供了宝贵的经验借鉴。

3）广州珠江新城旅客自动输送系统（APM）区间

APM线为国内首条无人驾驶的线路，全线区间和既有地铁线路存在多处交叉穿越，其中市民广场站—天河南一路盾构区间下穿一号线区间隧道，体育中心站—林和西站区间上跨三号线隧道，工程实施难度极大。

市民广场站—天河南一路区间盾构端头距离一号线的距离不足10m，盾构区间顶板与一号线底板距离仅为2.275m，且主要为残积土，下穿段为典型的上软下硬地层；体育中心站—林和西站区间隧道穿越已建三号线隧道，由于受到车站标高限制，线路只能从上部穿越，离三号线主线隧道净距不足2m。

经过设计充分论证计算，隧道施工对既有线路隧道的影响在允许范围之内，设计要求盾构施工采取加强监测，及时注浆和二次注浆等措施，顺利通过。

人防工程

Civil Air Defence Works

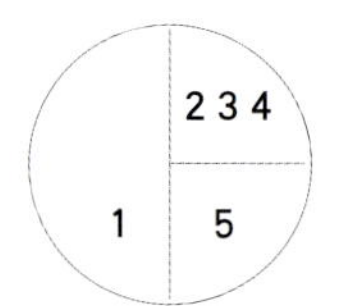

❶ 太古汇正立面
❷ 人防门关闭状态
❸ 战时电箱
❹ 人防门开启状态
❺ 人防地下室

人防系统工程是在战争时具有抵抗一定武器效应的杀伤破坏，保护人民生命、财产安全的防护工程。人防工程的开发利用在发挥战时保护人民生命财产安全作用的同时，既能兼顾人防工程防护功能的发挥，又能有效发挥地下空间的综合效能，使二者协调发展，同步建设。

我院完成了东山区9406人防工程、天河体育西人防工程、太古汇人防工程等多项大型地下室人防工程的设计工作以及广州市轨道交通各条线路的人防设计总体工作，本着“安全、实用、经济、高效”的原则，遵循以人为本，技术创新的设计理念，在设计中不断地优化与创新。

代表工程：

广州太古汇人防地下室

太古汇—广州报业文化广场建筑群位于天河路与天河东路交汇点西北地块，为大型多功能建筑群。建筑群总用地面积为5.4hm^2，总建筑面积为45万m^2。

太古汇人防地下室部分位于地下负四层，平时人防部分分为汽车停车库、消防水池；战时功能较为齐全，包括消防专业队（队员、车辆）掩蔽部、防空专业队（队员、车辆）掩蔽部、一等人员掩蔽部、区域水站、人防电站等，人防总建筑面积1.56万m^2。地下负四层人防地下室部分五个防护单元，十个抗爆单元，设多个人员出入口，且与广州地铁三号线连接，具有综合防护能力。

太古汇OLE'店收货部

广州地铁二号线U型试验梁设计

Guangzhou Metro Line 2 U Beam Design

建造地点 ◎ 广州市
桥梁总长 ◎ 3.69km

广州地铁二号线U型试验梁设计系与法国索菲图公司合作进行，已完成几种梁型的设计工作，包括适用于标准高架区间的25m简支小U梁（适用于曲线300m半径），适用于高架车站的28.4m简支大U梁，适用于道叉区的27.42m+27.84m+27.42m三跨连续大U梁。此外，在施工方法上考虑了拼装法的结构设计，包括小U梁的拼装和大U梁的拼装设计。为更好地检验U梁的使用性能和安全指标，考察了国内制造先张梁的工艺状况，为将来使用节约工期且保证质量的先张法预应力体系奠定基础。在完成试验梁设计的基础上，在1999年2～5月间成功进行了小U梁的制造和1：1实体静载破坏性试验。

广州市轨道交通四号线大学城专线段（新造站—石碁站）高架区间工程

Guangzhou Metro Line 4 University Line (Xinzao Station–Shiqi Station) Elevated Section

建造地点 ◎ 广州市
高架总长 ◎ 3.69km

广州市轨道交通四号线大学城专线新造站—石碁站区间高架一标、二标试验段工程设计，起点位于番禺区兴业大道南侧，接区间明挖隧道，终点位于金山大道南侧，接新石区间（三）高架段，线路右侧为四号线车辆段，设有入、出段线与正线连接。主线长度3km，出入段线长690m。桥梁设计在国内轨道交通中首次采用了预制节段拼装法。梁体预制节段制作精良、外观平整、颜色均匀明亮，梁体柔和的线条和墩柱的力度形成了刚柔并济的风格。

广州市轨道交通十四号线一期及知识城支线工程高架区间

Guangzhou Metro Line 14 and Zhishi City Branch Line Elevated Section

建造地点 ◎ 广州市

高架总长 ◎ 32km

广州市轨道交通十四号线主线整体呈南北走向，线路全长92.6km，共设21座车站。支线全长21.8km，共设7座车站。从广州市中心向北部地区放射，经过广州市越秀区、白云区，从化市太平镇、中心镇河东综合区、河西区及温泉镇。广州市轨道交通十四号线主线从竹料站前出地面，沿新广从路（105国道）路中高架敷设至邓村站后下地。

区间标准段桥梁采用30m双线简支箱梁，花瓶形桥墩设计，平均墩高11～14m。桥梁造型整体简洁、舒展美观。桥梁采用整孔预制架设、节段预制拼装的架桥工法。

南京地铁2号线东延线工程

East Extension Line of Nanjing Metro Line 2

建造地点 ◎ 南京市

线路总长 ◎ 4.186km

南京地铁二号线东延线工程D2E－XS06标段的设计包括3座高架站（仙鹤中站、南师大站、仙鹤东站）和2个高架区间（仙鹤中站—南师大站—仙鹤东站），全线高架。区间桥梁采用30m双线简支箱梁，下部结构采用花瓣形独柱墩。整体造型美观、新颖，受力合理，体现灵秀的建筑风格。

宁波市轨道交通1号线高架区间

Ningbo Metro Line 1 Elevated Section

建造地点 ◎ 宁波市
高架总长 ◎ 1.24km

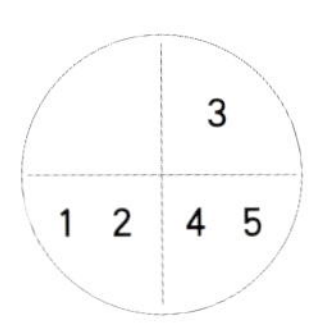

❶ 宁波市轨道交通1号线高架区间
❷ 跨越清排河45m+75m+45m连续梁
❸ 上跨东外环立交35m+85m+35m连续梁拱
❹ 上跨院士路高立交49.5m+86m+49.5m连续刚构
❺ 出入场线

宁波市轨道交通1号线一期工程高架区间起于市区西部的高桥镇，沿规划望春路与后塘河之间的规划绿化带，以高架线形式向东南延伸，经芦港、徐家漕，至机场公路西侧转入地下至望春桥站。高架段长约1240m。

宁波市轨道交通2号线高架区间

Ningbo Metro Line 2 Elevated Section

建造地点 ◎ 宁波市
高架总长 ◎ 6.084km

宁波市轨道交通2号线一期工程高架段桥位设置与线路总体走向一致，沿宁镇公路路中东西向敷设，主线区间总长约6254.5m，出入场长540.719m。

高架段以30m布跨为主，设置有32.5m、27.5m、25m配跨。在跨越红线宽40m以上的交叉口处，采用30m+50m+30m连续梁布跨，高架段共设6处。跨越清排江设40m+65m+40m连续梁，跨越东外环立交设35m+85m+35m下承式连续梁拱组合体系桥梁。

无锡市轨道交通1号线高架区间
Wuxi Metro Line 1 Elevated Section

建造地点 ◎ 无锡市
高架总长 ◎ 1.97km

本高架区间节点桥梁共3座。跨S342省道高架桥采用46m+70m+46m连续刚构跨越，斜跨锡澄路采用35m+50m+50m+35m连续梁，设3个门架墩分别跨越锡澄路辅道和机动车道，横梁与纵梁固结。跨规划24m宽任钱路采用30m+50m+30m连续梁，采用1.8次抛物线变截面斜腹板箱梁，跨中梁高1.8m，支点梁高2.8m，梁宽9.3m。

4
2 5
1 3 6

❶ 35m+50m+50m+35m连续梁
❷ 46m+70m+46m连续刚构
❸ 35m简支梁效果图
❹ 30m简支梁效果图
❺ 斜跨锡澄路采用35m+50m+50m+35m连续梁
❻ 武汉市轨道交通4号线

无锡市轨道交通2号线高架区间
Wuxi Metro Line 2 Elevated Section

建造地点 ◎ 无锡市
高架总长 ◎ 3.5km

本高架段呈东西走向，自西向东延伸，西起春阳路站，沿锡沪东路路中向东，上跨312国道、沪宁高速公路后，在团结路东面设团结路站，沿东安路向东，跨越纺城大道后设纺织城站，继续沿东安路向东，上跨新锡路高架后设金桥路站，过吼山大道后100m左右接桥台路基。

武汉市轨道交通4号线二期工程（永安堂—黄金口停车场）高架区间

Phase II Project of Wuhan Metro Line 4 Elevated Section (Yong'an Tang Station –Huangjinkou Depot)

建造地点 ◎ 武汉市
高架总长 ◎ 3.5km

武汉市轨道交通4号线二期工程高架段西起黄金口站站前，沿规划路北侧向东敷设，跨规划路、琴断口小河、三环线（孟家铺）立交后，在孟家铺附近、汉阳大道北侧的规划绿带内设高架站孟家铺站；在孟家铺站后线路转为地下敷设，向东沿汉阳大道走行，在扁担山东北向设永安堂站（地下站）。在黄金口站西北侧设黄金口停车场，车场线由黄金口站站前交叉渡线开始向西北接停车场路基。

轨道交通桥梁跨越规划为100m宽的景观河—琴断口小河，为避免破坏现有河堤的自然生态，并考虑尽量为将来琴断口景观改造留有较好的条件，采用（70+120+70）m预应力混凝土连续梁一跨跨越，高架线路在三环线孟家铺互通立交采用（45+2x70+45）m预应力混凝土连续梁跨越。桥梁上部结构采用挂篮悬臂分段浇筑的施工方法。先边跨合拢后中跨合拢施工。

>> 环境工程
Environment Engineering Design

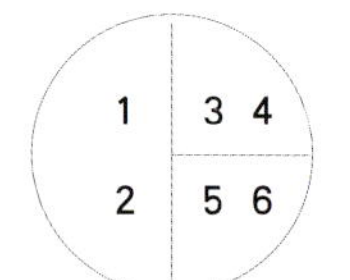

❶ 车站隧道排风断面示意图
❷ 站台层通风空调效果图
❸~❹ 深埋车站立式风机布置图
❺~❻ 地面风亭效果图

1. 隧道通风系统

轨道交通隧道通风系统是确保轨道交通正常安全运营的重要系统之一，为列车正常运行提供所需的隧道环境条件；阻塞运行时，给阻塞区段通风以保障列车空调正常工作；火灾运行时迅速排除烟气，诱导乘客安全撤离。

我院在2001年率先完成了广州地铁二号线屏蔽门制式隧道通风系统设计后，对系统设计与设备配置不断创新，并在广州各线及全国多个城市推广应用，获得多项省、市优秀设计奖，以及多项国家专利技术，并出版了专著，主编、参编多个国家与行业规范。

代表作品：

广州市轨道交通四号线隧道通风系统

广州市轨道交通四号线隧道通风系统采用了车站隧道排风系统与区间隧道通风系统合并设置的形式，车站只设置4台隧道风机，风机采用变频控制。该系统在满足系统功能要求的前提下，减少了风机和活塞风道的数量，降低了车站的初投资。

系统优点：

（1）系统功能全面，除了满足正常、阻塞、火灾三种运行模式要求以外，还能保证区间横向疏散时，逃生隧道与事故隧道的相对正压。

（2）活塞风道的数量减少一半，同时机房的占地面积也相应减少，有利于压缩车站规模，降低土建初投资。

（3）风机的数量减少，降低了机电系统初投资。

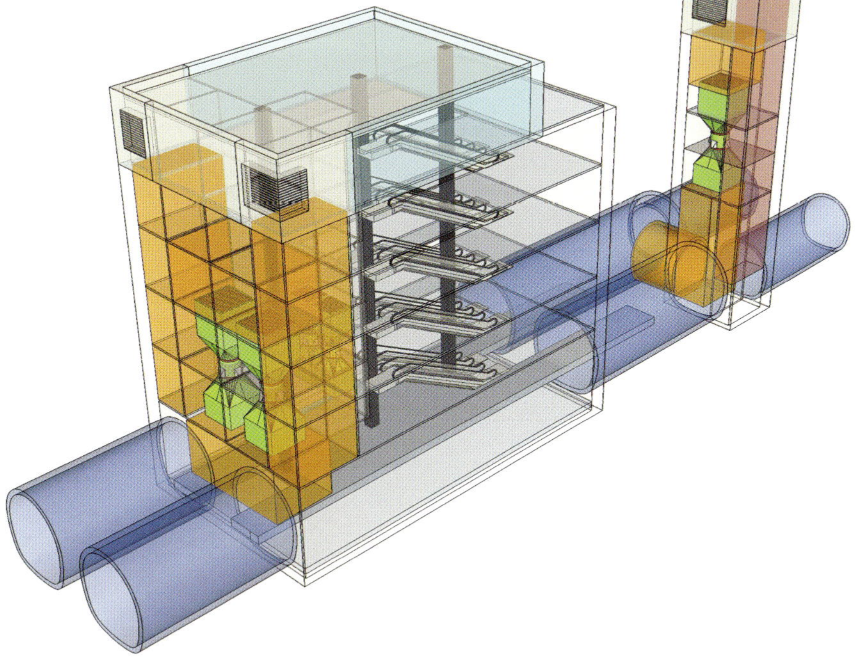

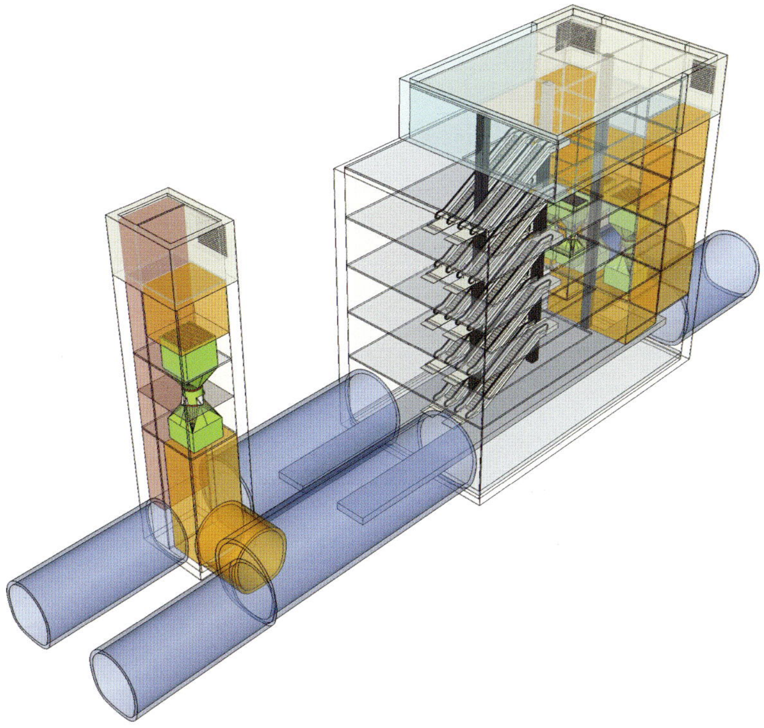

2. 集中供冷系统

地铁车站一般采用分站的供冷方式，即在每个车站分别设置独立的冷水机房和冷却塔，将冷却塔放置在车站附近的地面上。穿越中心城区线路的部分车站由于地下空间有限、地面也难以放置冷却塔，二号线、三号线、四号线、五号线、六号线、八号线等多条线路多个车站采用集中供冷技术，与分站供冷相比，地铁集中供冷系统是集中设置冷冻站，冷却塔在集中冷站地面附件集中放置，选择大型高效率的制冷机组，将冷冻水输送到各车站末端，各车站不再设置制冷机房，也免去了室外冷却塔的分散布置。

代表作品：

1）广州地铁二号线萧岗集中冷站

蓄冷空调是指建筑物空调所需冷量的部分或全部，在电网低谷时段制备好，并以冰或冷冻水的形式储存起来供电网非低谷时段使用，达到移峰填谷、节约电费的目的。

广州地铁二号线为国内地铁首条采用集中供冷的地铁线路，萧岗集中冷站位于二号线北延长线上，系国内地铁项目首次采用空调水蓄冷技术，设置于萧岗站南端折返线明挖的可利用空间内。萧岗集中冷站设置了3个800m^{3}的蓄冷水池于折返线明挖空间内，为二号线北延长线的飞翔公园站、白云公园站、白云文化广场站、萧岗站、江夏站、黄边站等6个车站的大小系统提供空调冷冻水。冷站设置3台同冷量的螺杆机及变频二次泵，通过区间隧道敷设的供回冷冻水管道输送至车站空调末端，冷冻水采用供回水温度为7/17℃的大温差技术。

萧岗集中冷站优点：

（1）美观，不必在每个地铁站都设立冷却塔，减少了对市容环境的影响，有利于城市规划；

（2）节约用地；

（3）有效利用峰谷电价，节约地铁运营费用。

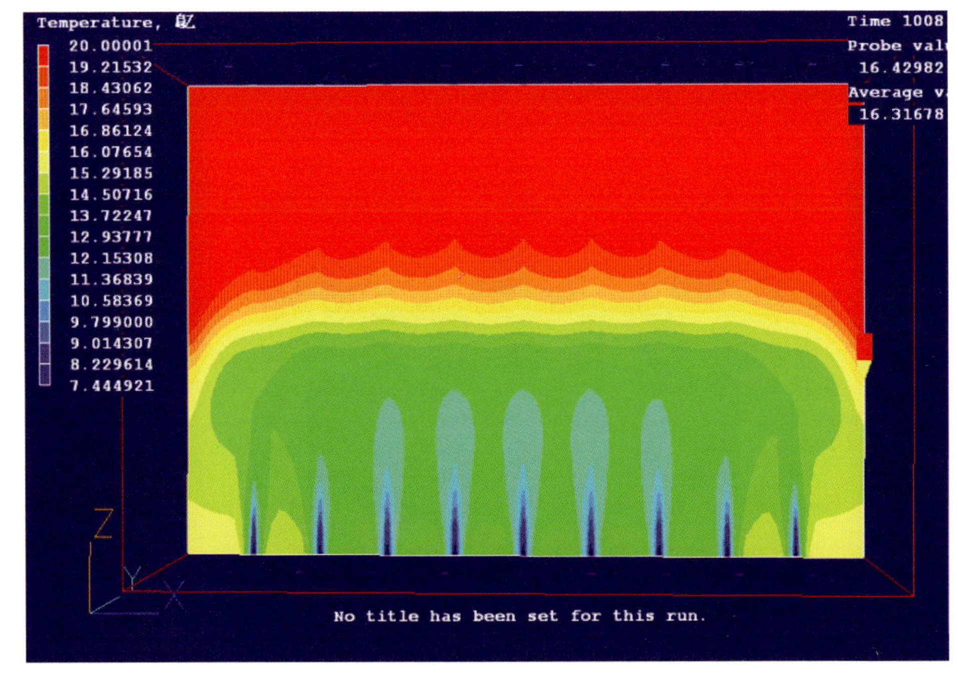

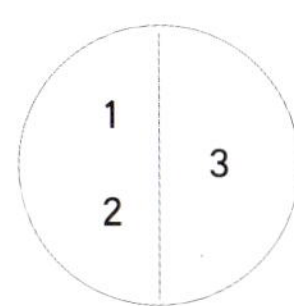

❶ 蓄冷空调流程示意图
❷ 蓄冷空调负荷分析
❸ 集中冷站冷水机房

2）广州地铁二号线海珠广场集中冷站

海珠广场集中冷站位于珠江旁二、六号线换乘车站海珠广场站，系国内地铁项目首次采用珠江水直流冷却技术。与传统冷站相比，海珠广场集中冷站引用珠江水对冷水机组进行冷却，不必在室外设置冷却塔，避免了冷却塔对室外环境的影响，降低了集中冷站的运营费用。

3. 车站环控系统

车站环控系统主要为乘客和工作人员提供一个适宜的人工环境，满足其生理和心理上的要求；发生火灾事故时，提供迅速有效的排烟手段，为乘客和消防人员提供足够的新鲜空气，并形成一定的迎面风速，引导乘客安全迅速地撤离火灾现场。主要由车站公共区通风空调及防排烟系统、设备管理用房通风空调及防排烟系统、空调冷源系统组成。

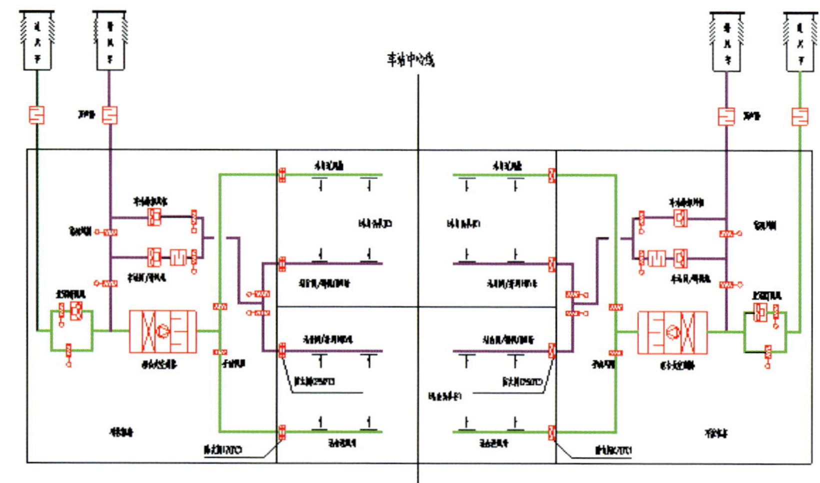

代表作品：

广州市轨道交通四号线车陂南站

广州市轨道交通四号线车陂南站为四号线与五号线的地下换乘站，为三层车站。四号线与五号线共用冷源，设置两台螺杆冷水机组，大系统采用全空气双风机一次回风系统，小系统采用四、五号线分开设置的形式。

❶ 车站环控大系统示意图
❷ 车陂南站空间关系图
❸ 高架噪声三维效果分析图
❹ 广州市轨道交通四号线声屏障

4. 声屏障

广州市轨道交通声屏障采用新型低矮式圆弧形声屏障对高架地铁噪声进行治理，声屏障面向车辆的一面为全吸声结构，圆弧形声屏障的顶端“紧贴”车辆车身。

圆弧形声屏障与地铁高架桥梁轻巧、明快风格协调一致，高架内外景观视野开宽，在国内城市轨道交通声屏障应用中属于新型设计。

代表作品：

广州市轨道交通四号线声屏障工程

广州轨道交通四号线高架区间共设置7446m圆弧形声屏障，是国内轨道交通首次采用圆弧形全吸声式声屏障技术。与传统的直立式声屏障相比，圆弧形全吸声式声屏障利用列车车体与屏障的配合制造一个“有缝的隔声罩”，对降低列车轮轨噪声有较为明显的作用。

5. 车站给排水系统

轨道交通车站给排水系统是确保地铁正常安全运营必不可少的配套设施，与建筑、结构、环控、防灾、监控、供电等专业系统有着密切联系，同时系统的设计又与周边市政配套设施紧密相关。

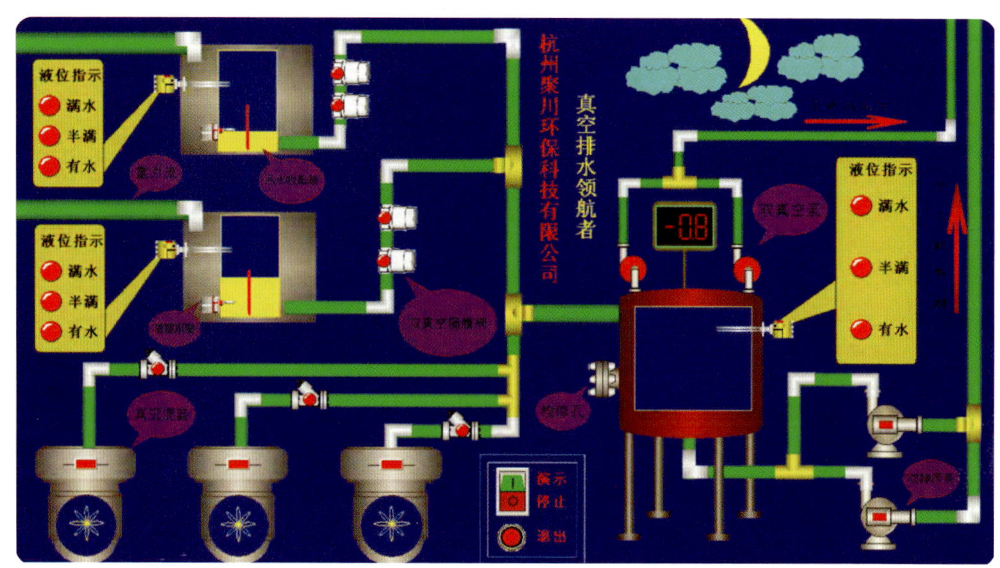

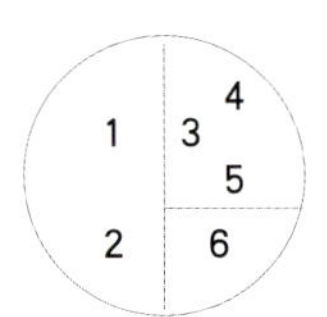

❶ 真空排水系统示意图
❷ 密闭提升系统示意图
❸ 真空排水系统图
❹ 车站站厅给排水系统效果图
❺~❻ 车站站台给排水系统效果图

代表作品：

1）广州市轨道交通五号线文冲站

五号线文冲站是广州市轨道交通首个采用真空排水系统的车站。真空系统运行至今，使用情况良好。

2）广州市APM线真空排水系统

APM线是首条全线卫生间均设置真空排水系统的线路，全线9座地下车站及1座地下停车场卫生间采用真空排水系统，共10套设备。

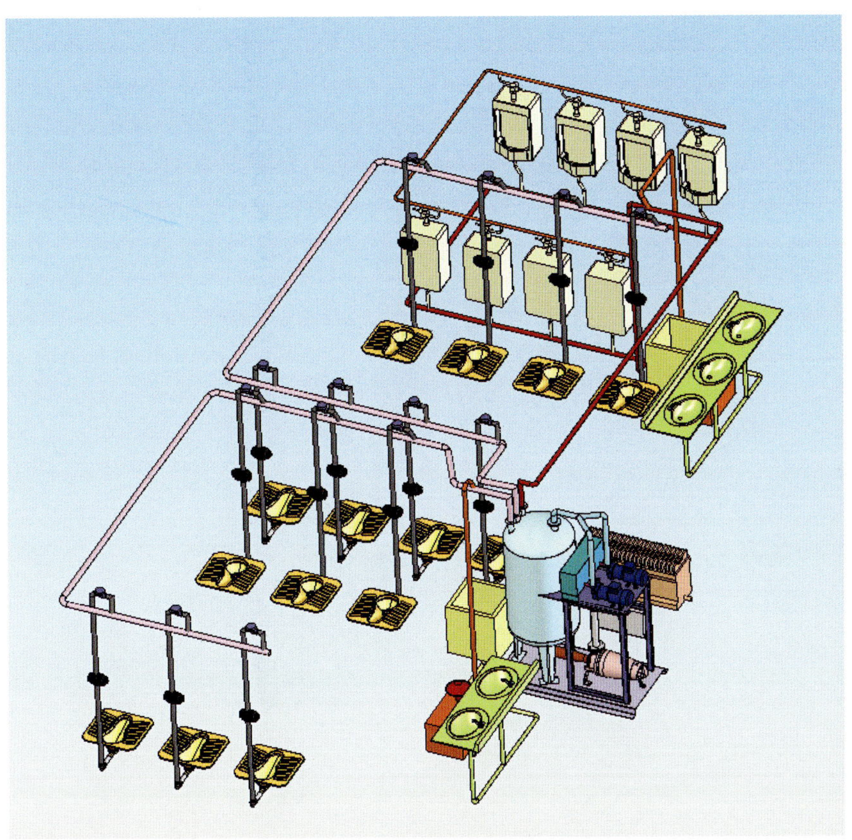

林和西方向

6. 自动灭火系统

轨道交通是一项综合交通运输系统，为确保其安全运营，在地下车站的变电所、通信及信号设备室、环控电控室及主变电站等重要区域（均为忌水的灭火场所），设置高效、安全、无公害的自动灭火系统。

代表作品：

1）广州市APM线高压细水雾自动灭火系统

广州APM线9座地下车站及1座地下停车场的重要电气设备房，采用高压细水雾自动灭火系统，共10套设备。

在淘汰哈龙气体灭火系统后，细水雾灭火系统在20世纪末期得到了快速发展，并逐步被广泛应用于各个行业。为了在广州市轨道交通消防设计中寻找一种技术先进、成熟可靠、环保的自动灭火系统，提升广州市轨道交通消防设计水平，我们将细水雾自动灭火系统在APM线进行了有益的应用。

1 3
2 4

❶ 消防试验现场
❷ 高压细水雾系统主要设备及材料
❸ IG541气体自动灭火系统示意图
❹ IG541气体自动灭火系统主要设备及材料

2）广州市轨道交通五号线 IG541气体自动灭火系统

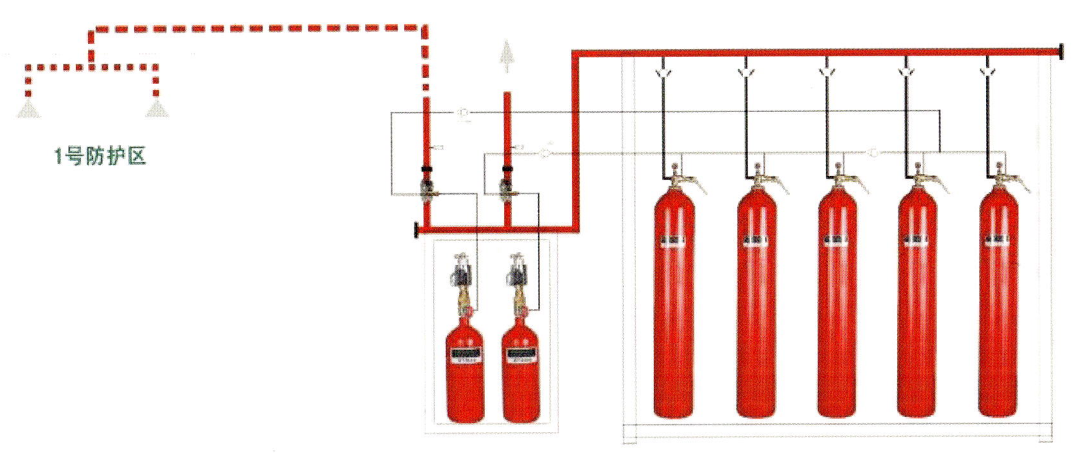

IG541是一种混合气体，灭火剂由52%氮气、40%氩气、8%二氧化碳三种气体组成，是一种无色、无味、无毒、不导电的气体，臭氧耗损潜能值ODP=0，温室效应潜能值GWP=0，其在大气中存留的时间很短，灭火时不会发生化学反应，不污染环境、无毒、无腐蚀、电绝缘性能好，通过窒息作用使火灾不能维持燃烧而达到灭火的目的，是一种绿色环保型灭火系统。IG541气体灭火系统在轨道交通重要的电气设备房中应用广泛。

>> 电气工程
Electrical Engineering Design

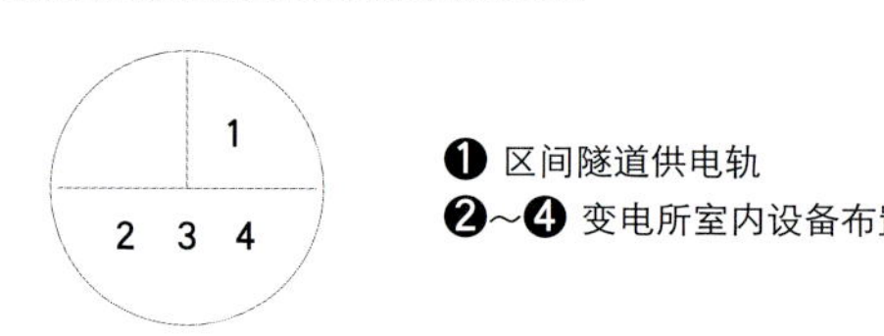

❶ 区间隧道供电轨
❷~❹ 变电所室内设备布置图

1. 供电系统

供电系统是城市轨道交通工程基础的电力设施，向轨道交通各机电设备系统提供安全、可靠、优质的电力，满足各系统的用电要求，主要功能包括接受并分配电能、降压整流及输送直流电能、降压及动力配电并保障系统安全、可靠运行。供电系统由外部电源、主变电所、中压供电网络、牵引供电系统、动力照明系统、电力监控系统、杂散电流防护系统、防雷设施和接地系统、供电设备的运营管理与维护等组成。

目前我院承担的供电系统设计项目主要有广州市珠江新城旅客自动输送系统工程（APM）供电系统、广州市轨道交通九号线工程供电系统、广州市轨道交通十四号线及其支线工程供电系统、深圳市城市轨道交通9号线工程供电系统、南昌市轨道交通2号线工程供电系统和广州市海珠环线有轨电车工程供电系统，其中APM供电系统已经于2010年投入运行。

代表作品：

广州市珠江新城旅客自动输送系统

珠江新城旅客自动输送系统自海珠区赤岗塔至天河区林和西，总长约3.94km，全地下线路，共设9座车站，1座车场，1处控制中心。

APM线是我国第一条自主设计施工的无人驾驶线路，同时也是全球首条全地下旅客自动输送系统。

全线供电系统共设5座10kV开关柜室，6座牵引所，10座降压变电所。正线和车场牵引网均采用接触轨。供电系统由外部电源、中压供电网络、牵引供电系统、变电所、电力监控系统和接地系统等部分组成。四路外部10kV电源分别取自地区电网的中轴110/10kV变电站和双子110/10kV变电站。系统设计了三相AC600V接触轨系统方案，实现了AC600V接触轨系统和特种AC95mm^{2}上网电缆的国产化，填补了国内空白，荣获了六项专利。

工程特点：

（1）10kV供电制式在广州市轨道交通正式外部电源和中压网络中首次应用；

（2）10kVGIS开关柜在我国城市轨道行业首次应用；

（3）牵引供电系统为全国首次自主施工设计的三相AC600V供电制式，中性点经高阻接地；

（4）全国首次在600V侧采用动态无功补偿。

2. 车站动力配电系统

车站电气专业承担了广州、深圳、北京、西安、成都、福州、无锡等国内众多地铁线路的工点设计，并获得了多项国家、省、市优秀勘察设计奖。如广州市轨道交通四号线公共区照明母线智能配电系统工程设计获全国优秀工程勘察设计三等奖，二号线海珠广场站获评部级优秀勘察设计一等奖，三号线大石控制中心工程获得广东省优秀工程勘察设计三等奖等。

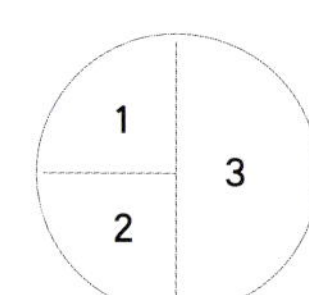

❶ 变电所控制柜
❷ 设备区照明控制箱
❸ 南海金融城夜景照明效果图

代表作品：

广州市轨道交通五号线珠江新城站

珠江新城站位于广州珠江新城CBD，是广州市轨道交通三号线和五号线之间的换乘站。珠江新城为地下三层站，采用十字换乘方式，整体设计风格简洁明快，体现了广州地铁高效、安全、便捷的设计理念。 三号线作为国内第一条采用智能低压系统的地铁线路，改变了传统的地铁车站环控系统控制方式，简化了设备布线，提升了车站设备管理水平。目前，智能低压系统已随着广州市轨道交通发展的脚步走向全国各地。

3. 民用建筑电气系统

系统包括民用建筑的供配电系统、动力系统、照明系统、防雷接地系统、人防配电系统等的系统设置、设备材料选型及安装及其接口设计。

代表作品：

南海金融城（A30）电气设计

南海金融城是全国首个真正意义的地铁上盖项目，建筑面积达36万m²，总高度达170m，是集商业、办公、酒店、住宅、交通站场于一体的大型综合建筑。办公楼与酒店塔楼为40层，酒店悬挑部分为7层，住宅塔楼在裙楼以上为36层。

在电源方案、智能化方案等设计中充分考虑了大型综合体特性，注重系统的安全可靠、先进灵活及日后扩展的需求，同时对于地铁车站上盖的杂散电流防护等特有问题进行了专题研究论证与评审，寻求最合理经济的实施方案。

4. 屏蔽门、电扶梯、防淹门

我院承担了广州、西安、北京、成都、武汉、南昌、深圳、南宁、南京、长沙等多个城市电扶梯、屏蔽门、防淹门系统设计项目共38项，其中广州、西安、北京、成都等地项目已经陆续通车运营，运营效果良好。我院参编了《城市轨道交通站台屏蔽门系统技术规范》（CJJ 183—2012），并多次获得广州市优秀设计奖，而且地铁屏蔽门获批使用新型专利（专利号ZL 2004 20015077.8），广州市轨道交通三号线自动扶梯节能环保技术被评为广州地铁科学技术奖二等奖，广东省电梯协会给予广州市轨道交通三号线自动扶梯系统工程设计具有社会推广价值评价。

代表作品：

1）广州地铁二号线屏蔽门系统

广州地铁二号线是国内首次应用屏蔽门系统的轨道交通示范工程。站台屏蔽门设在站台边缘，将站台区域与列车运行区域相互隔离。地下站台设屏蔽门避免了区间与车站冷热气流的交换，降低运营能耗，也保证乘客候车的安全，同时可以降低列车运行噪声对车站的影响，消除列车活塞风对车站的影响，保证乘客候车的舒适度。

该线屏蔽门系统获得广州市优秀工程一等奖及广东省优秀工程设计一等奖，并获实用新型专利。

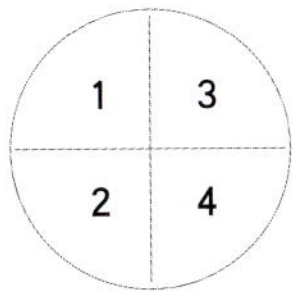

1 3
2 4

❶ 站台全封闭屏蔽门系统
❷ 屏蔽门顶箱
❸ 室内垂直专用电梯
❹ 出入口扶梯

2）广州市轨道交通三号线电扶梯系统

广州市轨道交通三号线电扶梯系统包括自动扶梯、电梯和楼梯升降机。自动扶梯设置在车站内和出入口，将地面上的乘客迅速、安全、舒适地送入地铁站台或将下车的乘客送到地面，是地铁车站内垂直方向的快速交通系统。电梯设置在站厅至站台，为行动不方便的乘客服务，兼作设备更换维修时运输设备零部件。楼梯升降机设置在出入口或站厅至站台，主要为坐轮椅的乘客服务。电梯和楼梯升降机组成了地铁车站内的一条无障碍通道。

三号线电扶梯系统首次对国家规范中未定义的公共交通重载型自动扶梯提出了具体指标，并采用变频节能、高效率驱动主机、ECO模式等结合设计技术实现了自动扶梯节能效果最大化。

该线自动扶梯节能环保技术获广州地铁科学技术奖二等奖，并被广东省电梯协会予以具有社会推广价值的评价。

3）广州市轨道交通四号线防淹门系统

防淹门系统的设置充分考虑地铁线网的路由以及地铁隧道以地下敷设方式穿越水域的状况，其主要作用是为了在意外事故发生时造成过江隧道结构产生大面积破裂，而防止洪水灾害扩大至全线车站及地铁线网，保护车站设备及人员的安全。四号线防淹门系统分别设置在万胜围站南端及北端、大学城北站北端、新造站北端。

四号线防淹门系统采用了平面滑动式的闸门，启闭机采用双钩电动葫芦，结构简单，操作灵活，维修方便。该项目获得了“广州市2008年勘察设计优秀工程勘察设计工程创新奖”。

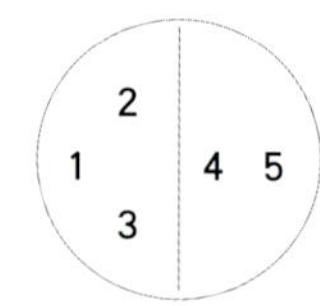

❶~❸ 防淹门设备室
❹ 东晓南放射线二期道路照明设计
❺ 东晓南放射线二期道路照明夜景

5. 市政照明设计

电气专业承担了多项市政照明设计项目，如广州市一江两岸照明工程、珠江隧道工程、内环路东晓南放射线二期工程等，同时也承担了多项市政照明设计的咨询工作，为广州城市建设做出了贡献。

代表作品：

东晓南放射线二期工程道路照明设计

东晓南放射线二期工程，是我院承担的城市快速路桥梁项目，全长约4km，双向四车道设计，是广州第一条采用先进的电磁感应灯作为道路照明的城市快速路，与传统的高压钠灯相比，较好提升了道路照明的显色性，改善了道路夜间照明效果，同时在相同条件下，节能效果显著，取得了很好的社会和经济效益。

>> 自动化工程

Automatization Engineering Design

1. 城市轨道交通工程综合监控系统设计

综合监控系统通过集成多个主要轨道交通弱电系统，形成统一的监控层硬件平台和软件平台，实现对轨道交通的集中监控和管理功能；对列车运行情况和客流统计数据的关联监视功能，以及相关各系统之间的信息共享和协调互动功能。通过综合监控系统的统一用户界面，运营管理人员能够更加方便、更加有效地监控管理整条线路的运作情况。

2002年，我院率先在广州市轨道交通三号线引入和设计了国内第一条线路的综合监控系统（旧称主控系统），到现在已承担全国共14个城市、30多条线路的综合监控系统设计工作。我院参与编写了多个与综合监控系统相关的标准和规范，如《地铁设计规范》、《城市轨道交通综合监控系统工程设计规范》、《城市轨道交通综合监控系统工程验收规范》等。

我院在多年的城市轨道交通工程综合监控系统设计工作中形成了自己的特点，可以概括为：注重加强集成互联系统的联动控制功能，注重实现综合监控系统数据共享，注重推进综合监控系统的管控一体化，注重提高综合监控系统对动态需求的适应性，注重利用综合监控系统实现决策支持。

我院承担的综合监控系统已获得省级优秀设计二等奖一项，市级优秀设计奖多项。

代表作品：

1）广州市轨道交通三号线主控系统

广州市轨道交通三号线主控系统在国内地铁第一次提出集成统一的、关联性强的综合信息平台，实现信息共享，提高相关事件的反应速度，提高运营管理水平，代表地铁控制系统的发展趋势。三号线采用主控系统以后，已经做到电力、环境调度管理界面统一、操作简化、响应快速、工作效率高、便于管理和易于维护。主控系统实现了地铁资源共享，信息互通，提升自动化水平，降低工作劳动强度，提高地铁运营管理水平，进一步提升了地铁服务水平。

三号线主控系统已经达到了国内领先水平，在系统组网、网络通信协议的统一及系统配置等技术方面，达到了国际先进水平。该项目获得广州市2008年度优秀工程勘察设计二等奖。

2）广州市轨道交通五号线主控系统

广州市轨道交通五号线主控系统共集成和互联了13个轨道交通自动化系统，集成系统包括变电所自动化系统、环境与设备监控系统、火灾自动报警系统等。该系统具备强大的系统功能，包括模式控制、群组控制以及点动控制等控制功能；单个探测设备报警和设备类报警功能；系统间协调联动功能；设置了集中告警系统对监控设备的故障及报警进行集中汇总和显示，便于维护人员查看。

该项目获得了广州市2010年度优秀工程建筑智能化专业一等奖、广东省优秀专项工程建筑智能化专业二等奖。

2. 城市轨道交通工程环境与设备监控系统设计

环境与设备监控系统对各个车站的通风空调、给排水、自动扶梯、照明、屏蔽门等地铁内所属各系统机电设备进行全面、有效的实时监控与管理，确保设备处于安全、高效、节能的最佳运行状态。在设置综合监控系统的情况下，环境与设备监控系统一般作为综合监控系统的子系统。

我院自20世纪90年代就开展了轨道交通工程环境与设备监控系统（旧称机电设备监控系统）的设计工作，积累了丰富的设计经验。我院在多年的城市轨道交通工程环境与设备监控系统设计工作中形成了自己的特点，可以概括为：注重实现对相关机电设备的节能控制，注重引入前馈控制，实现对通风空调风、水系统的统筹调节，系统设计注重提高本系统及相关机电系统运营维护方便性。

我院作为广州地铁二号线机电设备监控系统设计单位，为广州地铁二号线节能、环保和安全技术集成与应用做出了贡献。该项目获得2006年度国家科技进步二等奖。

代表作品：

广州地铁二号线机电设备监控系统

广州地铁二号线机电设备监控系统对全线16个车站及4个集中冷站的通风空调系统设备、给排水设备、自动扶梯、车站公共区照明、广告照明、车站事故照明电源、屏蔽门、防淹门等机电设备进行监控及管理。正常运行时，保证地铁设备良好运行；火灾时，系统转入救灾模式，为地铁提供安全保证。该系统采用了多项新技术，总体水平较高，能满足地铁运营的要求，留有足够的安全扩展余地。系统采用当前国内外流行的分层分布、开放式的计算机监控系统和先进的现场总线技术，大量节省电缆，便于安装，扩大了自动化范围，提高了自动化水平。

广州地铁二号线机电设备监控系统获得广州市2004年度优秀工程设计二等奖。

3. 城市轨道交通工程控制中心工艺设计

城市轨道交通工程控制中心是全线指挥和调度的场所，也是全线主要机电系统中央级设备的布置场所。控制中心工艺设计对于控制中心各相关用房布局，中央控制室、调度管理用房、各系统设备用房、维修管理用房等用房应具备的条件，以及室内设备布局、调度岗位人员设置等问题提供解决方案。

我院在多年的城市轨道交通工程控制中心工艺设计工作中形成了自己的特点，可以概括为：工艺设计注重基于线网的整体规划，注重提高调度指挥效率，注重方便运营日常使用，注重降低运营成本。

代表作品：

1）大石区域控制中心工艺设计

广州市轨道交通三号线、三号线北延段以及七号线的控制中心设在大石区域控制中心内。该控制中心位于广州市番禺区礼村东北角三号线大石站旁，于2006年建成投入使用。中央控制室面积640m^2，规划96块（3X32）67英寸DLP显示屏组成的弧形拼接墙系统(目前已安装了72块)，用于显示三条轨道交通线路的信号系统、电力系统、环控和CCTV的图形信号。按专业划分调度区域，可充分实现调度人员的人力资源共享。

2）公园前控制中心工艺设计

坐落在公园前的控制中心对广州地铁一、二、八号线进行统一调度指挥，担负着地铁一、二、八号线的行车组织和运营管理，对于保障地铁安全运行起到至关重要的作用。本工程对原一号线、二号线首期工程两条线路控制中心的工艺设计进行了调整，包括楼内各机电系统设备用房和管理用房以及中央控制室工艺布置，以满足三条线路的使用需要。

本工程在中央控制室设置了123块（3X41）50英寸DLP显示屏组成的弧形拼接墙系统，这是全国地铁史上鲜有的采用如此多的大屏幕。大屏幕用于显示三条地铁线路的信号系统、电力系统、环控和CCTV的图形信号集中监视；在紧急状态下，大屏幕将其中的一条线路图形信息在分区内放大显示，进行实时调度、会商、决策及信息反馈等应急管理，形成总揽全局、防控一体的综合指挥调度综合系统。

4. 城市轨道交通工程自动售检票系统设计

自动售检票系统是基于计算机、通信、网络、自动控制等技术，实现轨道交通售票、检票、计费、收费、统计、清分、管理等全过程的自动化系统。该系统一般采用全封闭、计程+计时的收费模式，以非接触式IC卡为车票介质，通过计算机网络系统完成地铁运营中的自动售票、检票、计费、收费、票务清算等全过程自动化管理，大大提高售检票效率，节约人工成本。系统的采用不仅成倍提高了乘客的通行速度，方便了市民出行，还有利于准确及时地对客流量、销售额等数据进行实时收集和管理，对后续建设地铁线路的设计方案决策提供更多的可靠依据。

我院从20世纪90年代就开展了自动售检票系统设计工作，积累了丰富的设计经验。承担了20多个城市，40多条线路的自动售检票系统设计，承担了广州、深圳、成都、宁波等城市轨道交通清分中心设计和自动售检票系统标准化研究。我院设计的广州地铁二号线是国内首创使用代币式IC卡（TOKEN）的自动售检票系统线路。

我院在多年的城市轨道交通工程自动售检票系统的设计工作中形成了自己的特点，可以概括为：注重从线网层面统一规划城市轨道交通自动售检票系统、满足轨道交通网络化运营管理的要求，满足城市“一卡通”应用的要求，满足轨道交通信息管理的要求，满足系统使用培训和维护维修水平的要求；注重建设标准的统一，增强自动售检票系统的可靠性、安全性和兼容性，提高自动售检票系统的建设效率和运行效率，降低建设成本和运营成本；注重乘客的实际需求，以人为本，使自动售检票系统更加人性化，提高地铁服务水平。

我院主编、参编了《地铁设计规范》、《城市轨道交通自动售检票系统检测技术规程》、《城市轨道交通直线电机牵引系统设计规范》等规范的自动售检票系统章节。

代表作品：

1）广州地铁二号线自动售检票系统

广州地铁二号线自动售检票系统是由我院设计的全球第一套全程采用非接触式IC卡的自动售检票系统。广州地铁二号线自动售检票系统2003年11月28日通过了广东省产品质量监督检验中心的检验。该项目2004年度获得广州市优秀工程勘察设计二等奖。

2）北京地铁大兴线自动售检票系统

北京地铁大兴线自动售检票系统在北京地铁既有线自动售检票系统的基础上进行了优化和创新。考虑到与四号线贯通运营的需求，大兴线自动售检票系统通过优化系统构成、完善系统功能，从而实现了地铁资源共享，信息互通的目标。TVM增加了纸币找零功能，解决了北京市硬币数量不足，乘客使用不方便的问题。

3）广州市中山大道快速公交（BRT）自动售检票系统

中山大道快速公交（BRT）试验线售票系统，采用站台售检票的形式，从车站入口通道投币、刷卡、验证后，进入站台候车区。进站后，乘客可任意换乘站内所有停靠线路，无需重新购票。

BRT票务系统实行单一票价，付费方式为羊城通及现金；票务管理模式实行中央级集中管理。BRT票务系统车站的检票记录通过通信网络直接传送到控制中心BRT票务中央计算机系统，由中央计算机系统实现监控、管理功能。各车站的现金由BRT现金清算系统实施清点、统计和存储。车站不设找零，乘客进站乘车需自行兑换好零钞或乘车凭证。

根据BRT客流“东冷西热”、“客流潮汐”的特点，AFC系统在22个站点设置双向闸机，确保运营畅通。

该项目获得2010年度广州市优秀工程勘察设计一等奖。

5. 城市轨道交通工程通信系统

城市轨道交通通信系统用于实现运营中各类语音、数据、图像等信息的传递，以确保地铁的运输效率、行车安全及提高现代化管理水平。城市轨道交通通信系统主要由专用通信系统、民用通信引入系统及公安通信系统组成。

我院已在广州、深圳、南京、无锡等地有城市轨道交通通信系统设计业绩。

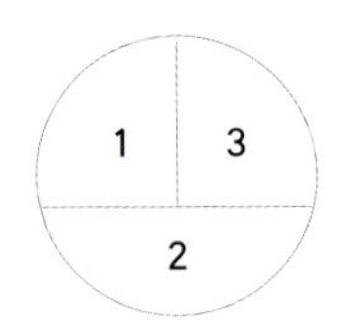

❶ 区间隧道通信信号设备布置图
❹ APM中央控制室全景图
❺ 车场通信信号设备布置图

代表作品：

广州市珠江新城旅客自动输送系统通信系统

广州市珠江新城旅客自动输送系统通信系统包括专用通信系统、民用通信系统和公安通信系统。

系统特点：

（1）由于本线线路短，站间距小，控制中心级与车站级的公务电话系统采用了硬线敷设的方式连接，与传输系统完全隔离，与调动电话形成了真正意义上的互为备用关系。

（2）考虑列车无人驾驶，在每列列车头尾两侧设置乘客紧急对讲终端。当乘客按下紧急对讲终端上的按钮，即发出对控制中心客服调度人员的通话请求，在客服调度台上有声光显示提醒客服调度员，调度员激活此请求后，控制中心客服调度员与乘客之间实现通话。

（3）考虑远期车站无人值守，在各车站站厅、站台设置有乘客应急对讲终端。当乘客按下应急对讲电话按钮，即发出对控制中心调度人员的通话请求，当对讲请求得到确认后，车站内乘客通过应急对电话终端与控制中心调度人员实现对讲功能。

6. 城市轨道交通工程信号系统

城市轨道交通信号系统是整个城市轨道交通自动控制系统中的重要部分，具备快速、高密度、有序运行的功能，可保证列车和乘客的安全。本线信号系统应由正线列车自动控制（ATC）系统、车辆段计算机联锁设备等组成。

信号系统正线列车自动控制（ATC）系统包括列车自动防护（ATP）子系统及计算机联锁（CBI）设备、列车自动运行（ATO）子系统、列车自动监控（ATS）子系统等。ATP功能必须满足故障—安全原则，以防止列车碰撞、超速和其他危害。计算机联锁设备是实现道岔、信号机、轨道区段间的正确联锁关系及进路控制的安全系统。ATO是在ATP的防护下完成基本的驾驶列车的功能。ATS提供系统状态，监测系统的各种自动控制功能。

我院已在广州、深圳、南京等地有城市轨道交通信号系统设计业绩。

代表作品：

广州市珠江新城旅客自动输送系统信号系统

广州市珠江新城旅客自动输送系统线路全长3.94km，共设9座车站，1座控制中心，1座地下车场。该工程是国内第一条全地下无人驾驶线路，采用自动导向胶轮运载制式，远期实现站内无人值守。

作为线路运营控制指挥中枢的信号系统必须适应APM的功能定位，满足列车无人驾驶、最高速度60km/h、高密度、灵活编组等运营要求。信号系统采用Bombardier庞巴迪公司基于通信的移动闭塞制式Cityflo650系统，实现了车地间双向、实时、高速度的信息传输和实时跟随的目标距离模式曲线列控方式，提高了列车控制的实时和有效性以及运营的灵活性，满足运营要求。

信号系统采用集中式结构，正线和车场划为一个区域，正线车地通信采用漏缆，全线采用无人驾驶模式。车场分无人驾驶区和人工驾驶区，车地通信采用漏缆和轨道电路两种方式。

基于本工程列车无人驾驶、站内无人值守的特点，在控制中心行调控制台上设置了全系统紧急停车按钮，该按钮与信号ATP系统、供电系统接口，在出现危及列车运行或人员安全的紧急情况，行调人员可以按下全系统紧停按钮，此时全线供电轨停电、列车停车。

在无人驾驶系统中，信号系统与屏蔽门系统之间的接口设计是保证乘客、行车安全和列车正点运行，提升整体服务水平的关键接口之一。信号系统与屏蔽门系统之间的接口与常规地铁线路相比存在较大不同，在接口设计中充分考虑了列车无人驾驶和车站无人值守的特点，增加了信号系统与屏蔽门系统之间信息交换的内容，适当延伸信号系统对屏蔽门的监控深度，使得运营控制中心行车调度人员能够对车站单个屏蔽门进行有效监控。

二、民用建筑篇

广州地铁设计研究院建院周年优秀作品集

广州地铁运营指挥中心

Guangzhou Metro Control Center

建造地点 ◎ 广州市海珠区琶洲
总建筑面积 ◎ 30.92万m^2
容积率 ◎ 6.0
建筑高度 ◎ 200m
建成时间 ◎ 2015年

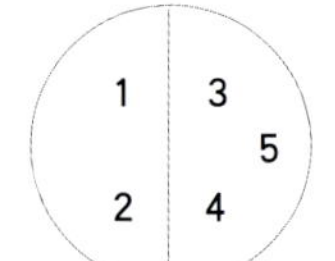

❶ 总体规划平面图
❷ 指挥中心流线设计
❸、❹ 沿街效果图
❺ 鸟瞰图

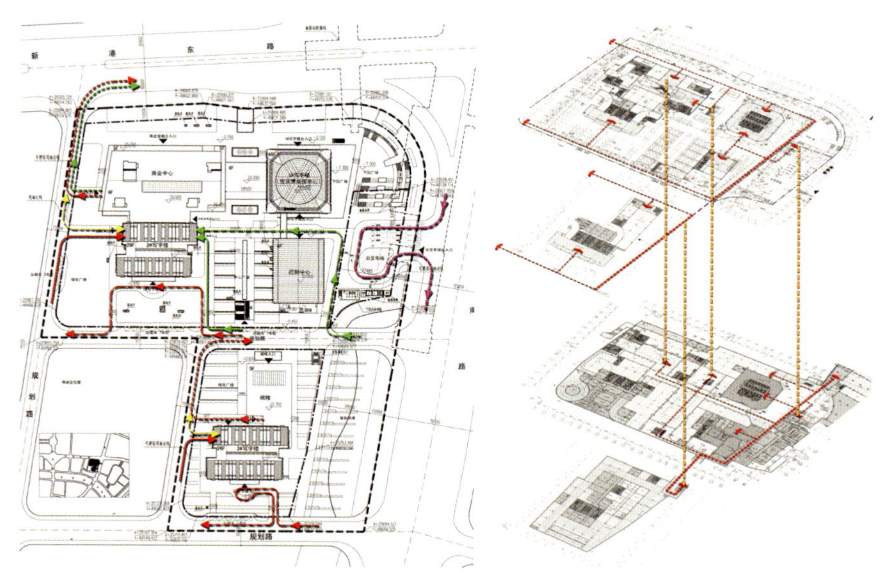

广州地铁运营指挥中心位于广州市海珠区琶洲，总用地面积4.32hm^2，将建成集地铁运营指挥中心（含线网控制中心、培训会议中心、档案中心、科普中心、员工餐厅等功能）、商业、金融、办公于一体的具有区域标志性的地铁上盖城市综合体建筑。

景观设计上，整合城市道路绿带、地铁车站下沉广场、公交站场、河道水系及南面的规划绿地，在基底外延形成一个半包围的“绿带”。开放延续的中心广场空间设计让景观得以流动渗透。

立面设计上，塔楼与裙楼立面采用陶板与玻璃的材料组合，铝合金金属密肋外饰面的形式，统一的立面元素加强了建筑群体的整体感。

佛山市南海区地铁金融城项目

Metro Financial Town Project in Nanhai Foshan

建造地点 ◎ 佛山市南海金融高新区
总建筑面积 ◎ 36万m^2
容积率 ◎ 6.0
建筑高度 ◎ 170m
建成时间 ◎ 2013年

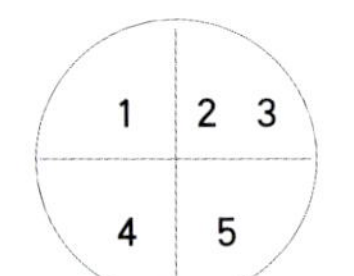

❶ 总体规划平面图
❷ 鸟瞰图
❸ 室内效果图
❹、❺ 沿街效果图

地铁金融城是全国首个纯地铁上盖的大型综合体建筑，主要由物业开发与交通枢纽两大功能块组成，包括主导性质的商业、办公、酒店、住宅、交通站场及附属性质的餐饮、商务金融及其他相关配套设施用房。项目由下至上可分为地下室、地面商业裙楼、住宅楼、高层写字楼。

建筑设计以简单几何形体的加工、组合为主，以其高大的体量尺度和运用高技派的手法，诠释现代标志性建筑，成为金融高新区的地标。

宁波轨道交通指挥控制中心

Ningbo Metro Control Center

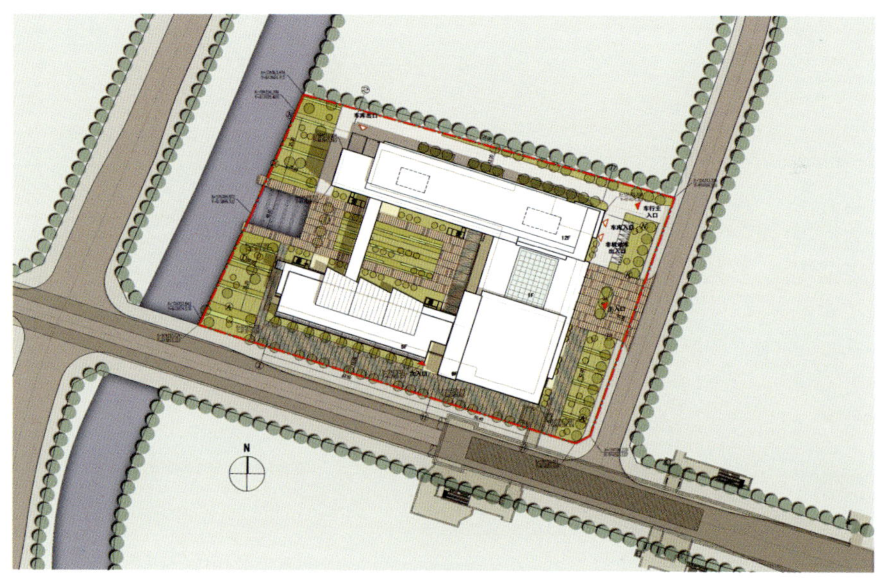

建造地点 ◎ 宁波市东部新城宁穿路
总建筑面积 ◎ 8.1万m^2
容积率 ◎ 2.35
建筑高度 ◎ 59.5m
建成时间 ◎ 2013年

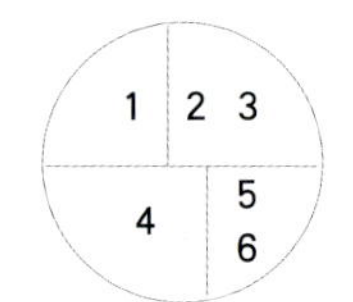

❶ 总体规划平面图
❷ 沿河效果图
❸ 鸟瞰图
❹ 沿街效果图
❺、❻ 室内效果图

宁波轨道交通指挥控制中心位于宁波市东部新城核心区以东片区宁穿路北侧，总用地面积2.42hm^2。

建筑功能主要包括宁波市城市快速轨道交通线网各线控制中心(OCC)、指挥中心(TCC)、清分中心、制票中心、编播中心、信息中心和宁波轨道公司综合管理中心、档案中心。

控制中心建筑功能设计立足于“以人为本”的理念，降低操作及维护人员的劳动强度，提高劳动生产率，便于运营管理和维护。同时形体处理方正简洁、稳重大气，给人以安全、稳定、亲切、理性的视觉感受，贴合地铁公司服务社会的理念。

福州市轨道交通指挥中心

Fuzhou Metro Control Center

建造地点 ◎ 福州市台江区广达路与达道路交叉口
总建筑面积 ◎ 6.9万m^2
容积率 ◎ 4.047
建筑高度 ◎ 88.55m
建成时间 ◎ 2015年

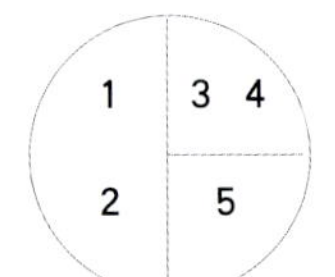

❶ 总体规划平面图
❷ 室内效果图
❸ 建筑功能示意图
❹ 剖面图
❺ 效果图

福州市轨道交通指挥中心大楼由两栋分别为12层、21层的塔楼及5层的裙楼组成。

使用功能包括控制中心、管理办公、科普中心、员工餐厅及配套档案库房，为一类高层建筑。

建筑总长141.9m，总宽最宽处36.4m，最窄处26.35m。西塔建筑高度53.55m，裙楼建筑高度23.75m，东塔建筑高度88.55m。地下室埋深－14.9m。

采用框架剪力墙结构，控制中心大跨度屋面采用钢桁架结构；使用年限按西塔与裙楼（控制中心工艺部分）100年、东塔（集团办公部分）50年设计，抗震设防烈度为7度。

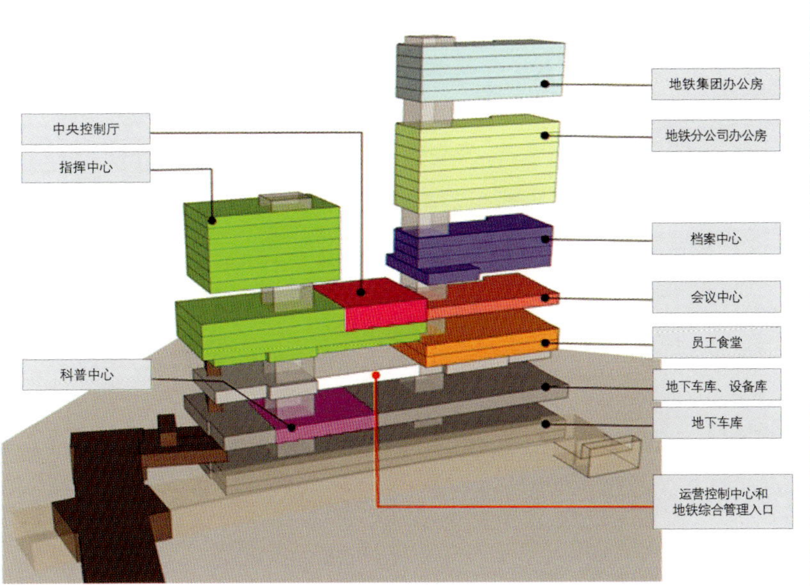

地铁集团办公房
中央控制厅
地铁分公司办公房
指挥中心
档案中心
会议中心
员工食堂
科普中心
地下车库、设备库
地下车库
运营控制中心和
地铁综合管理入口

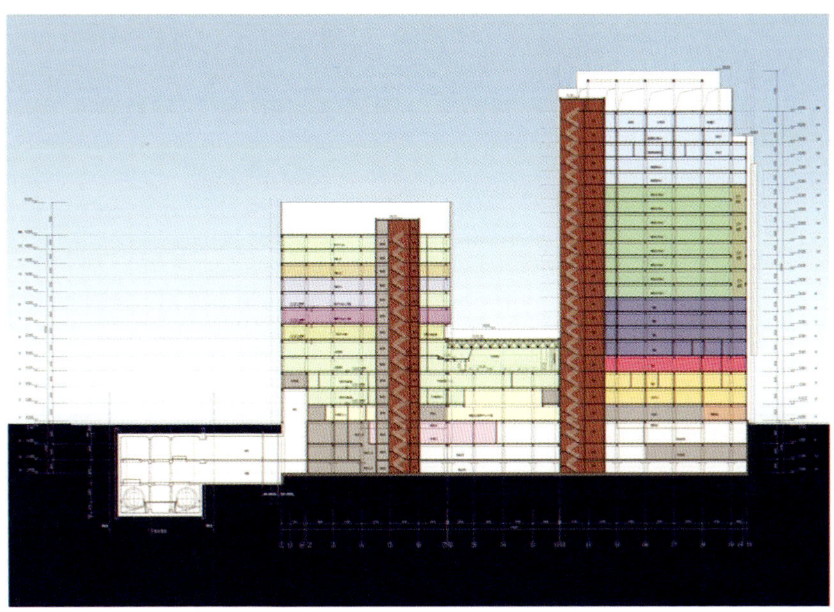

广州市轨道交通三号线大石控制指挥中心

Dashi Control Center of Guangzhou Metro Line 3

建造地点 ◎ 广州市番禺区大石村
总建筑面积 ◎ 1.41万m^2
容积率 ◎ 0.89
建筑高度 ◎ 23.75m
建成时间 ◎ 2006年

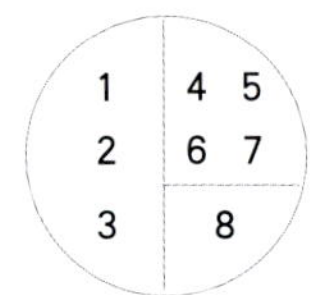

❶ 总体规划平面图
❷、❸、❽ 沿街实景图
❹、❺ 控制大厅
❻ 入口大堂
❼ 绿化中庭鸟瞰

大石控制指挥中心为三号线、七号线的区域控制指挥中心，项目邻近三号线大石站，随三号线的全线开通投入运营使用。

大石控制指挥中心作为地铁各条线路的应急指挥、控制的中心，设备系统及功能具有特殊性和综合性，需要多专业、多系统的联合工作，才能保证控制中心强大集中控制功能的实现。

工程在设计技术上不断探索、提高和创新，积极采用新技术、新材料，不仅解决了建设中的难题，节省了工程投资，加快了建设速度，提高了工程质量，更重要的是确保了广州市轨道交通线网唯一的应急指挥中心的高智能化、高集成性的集中控制系统功能的实现。在国内首次实施集成多专业子系统的综合监控系统，多项新技术、新方法率先引进与应用，电力调度、行车调度、环控调度、维修调度等的中央调度理念，发挥了控制中心集成系统的超强功能，在地铁行业具有极大的示范作用，是国内地铁工程至今功能最全、性能最优的控制中心，成为国内地铁控制指挥中心工程建设的样板。

获奖信息：
2008年广州市优秀工程设计二等奖
2009年广东省优秀工程设计三等奖

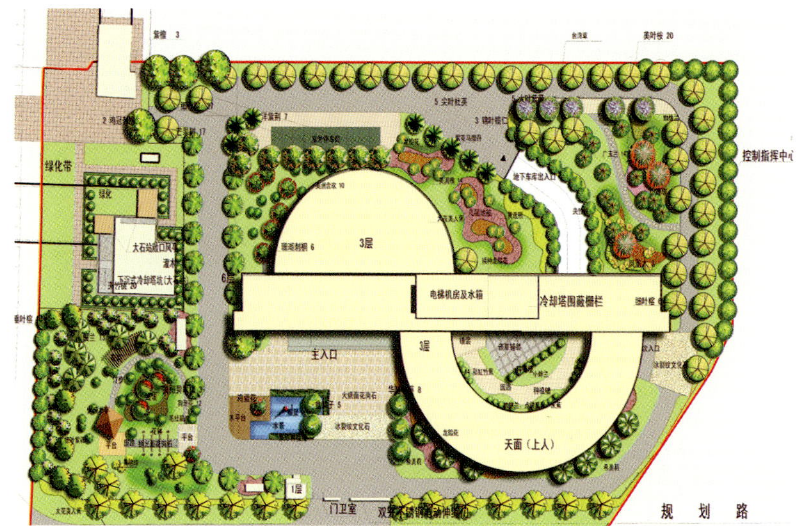

广州地铁
20
广州地铁
广州地铁线网调度中心

广州飞碟训练中心

Guangzhou Asian Games Gymnasiums Center

建造地点 ◎ 增城市榕树下

总建筑面积 ◎ 9908m²

容积率 ◎ 0.1

建筑高度 ◎ 13.89m

建成时间 ◎ 2010年

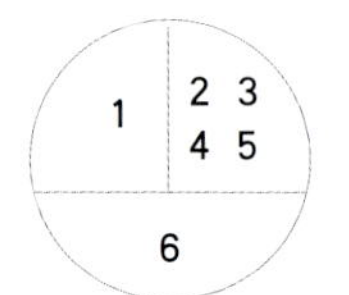

❶ 总体规划平面图
❷ 鸟瞰图
❸ 场地入口
❹～❻ 实景图

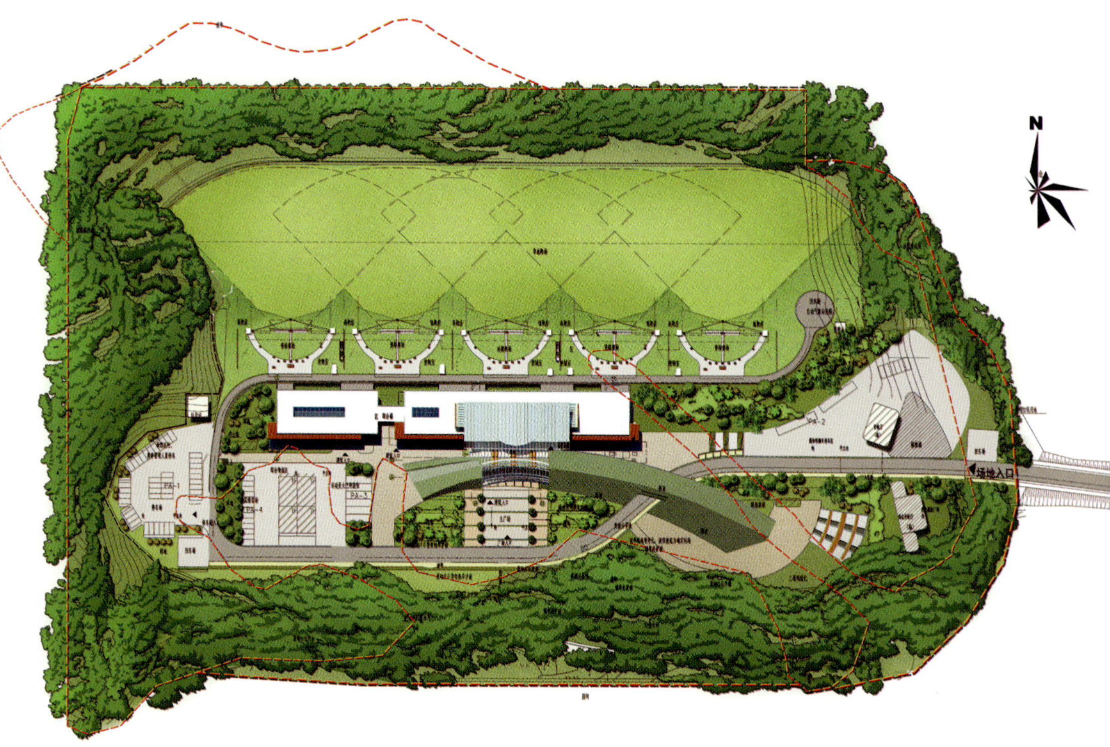

广州飞碟训练中心是2010年广州亚运会飞碟射击比赛场馆，最多可容纳3000名观众同时观赛，是继北京奥运场馆飞碟射击场之后国内第二个能承担高水平国际赛事的飞碟射击场馆。

项目为典型的山地建筑，设计为土方平衡，将靶场、建筑基底、场地入口错层设计；利用自然高程设"绿坡"从场地入口至看台入口，供观众缓坡进人，坡下行车，实现人车分流；建筑为不同人员设置独立出入口，与场地流线对应。项目精心设计满足了亚运场馆近十类人群的流线相对独立。

建筑设计采用简单的体量组合，用采光中庭、内天井、架空连廊等传统手法对空间加以分割，木质悬挑盒子、玻璃幕墙、钢结构等现代风格对地域精神进行再升华。现代与传统交相辉映，塑造出不拘一格、中西兼收并蓄的现代岭南体育建筑风格。

增城荔城龙舟比赛场

Zengcheng Asian Games Gymnasiums Center

建造地点 ◎ 广州增城荔城雁塔大桥以南1800m

规划总用地 ◎ 81.74hm^2

总建筑面积 ◎ 6995m^2

建成时间 ◎ 2010年

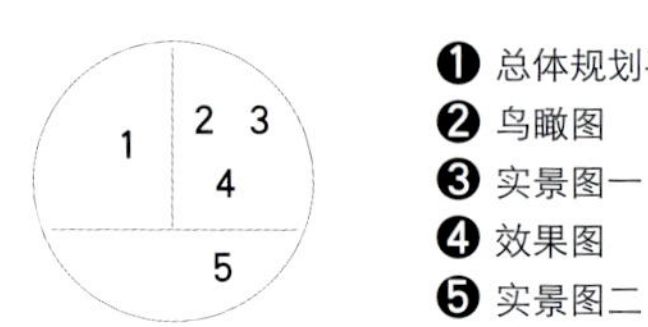

❶ 总体规划平面图
❷ 鸟瞰图
❸ 实景图一
❹ 效果图
❺ 实景图二

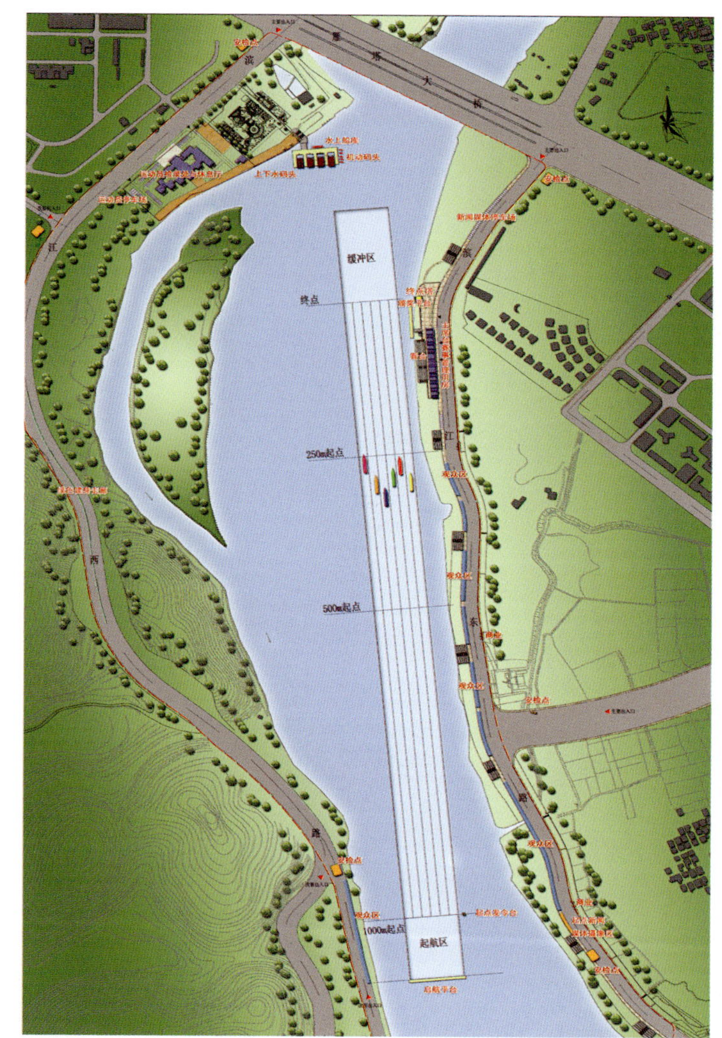

增城荔城龙舟比赛场是2010年广州第十六届亚运会主要比赛场馆之一，承担1000m范围内直道竞速赛。

增城荔城龙舟比赛场是首个亚运会龙舟专业比赛场。赛场设置6条航道，赛时坐席668个。东岸设置主席台、终点塔、颁奖平台，西岸设置运动员区、上下水码头。

获奖信息：

广州市优秀工程勘察设计二等奖

广州东山区9406人防工程

9406 Civil Air Defense Project in Dongshan of Guangzhou

建造地点 ◎ 广州市越秀区中山三路
总建筑面积 ◎ 1.8万m^2
建成时间 ◎ 1996年

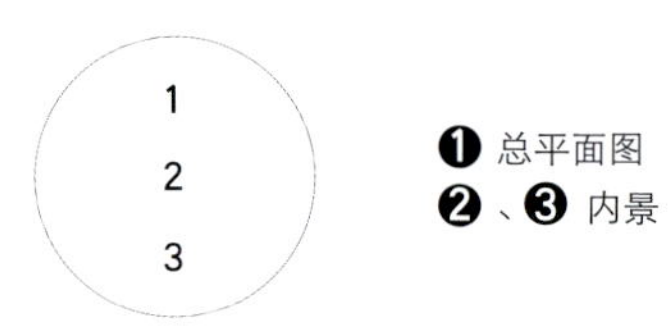

❶ 总平面图
❷、❸ 内景

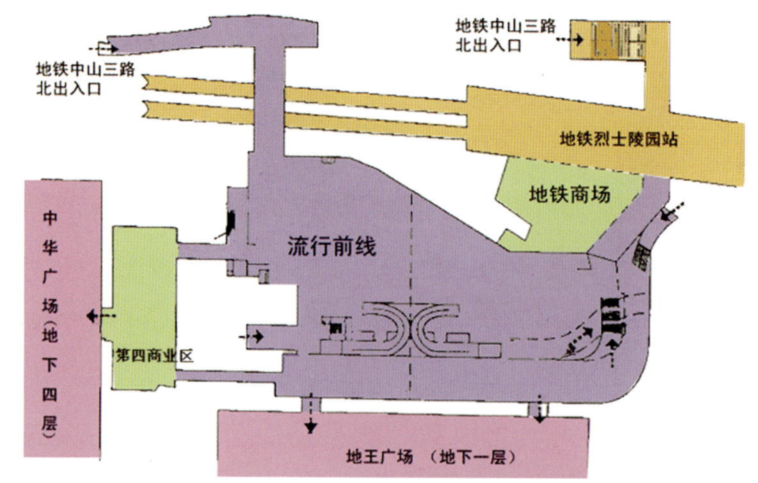

广州东山区9406人防工程同名广州流行前线，位于越秀区中山三路与较长东路交界。本项目是依托广州地铁一号线烈士陵园站进行的地下空间开发项目。负一层为商业区，其东端与地铁站连接，两端与中华广场连接，中部区域设步行通道，连接至广场。负二层是停车库。

广州芳村联合围住宅小区

Guangzhou Fangcun Lianhewei Residential Area

建造地点 ◎ 广州市芳村大道东与信义路交界处
用地面积 ◎ 4954m^2
总建筑面积 ◎ 2.83万m^2
容积率 ◎ 4.76
建筑高度 ◎ 69m
竣工时间 ◎ 1996年

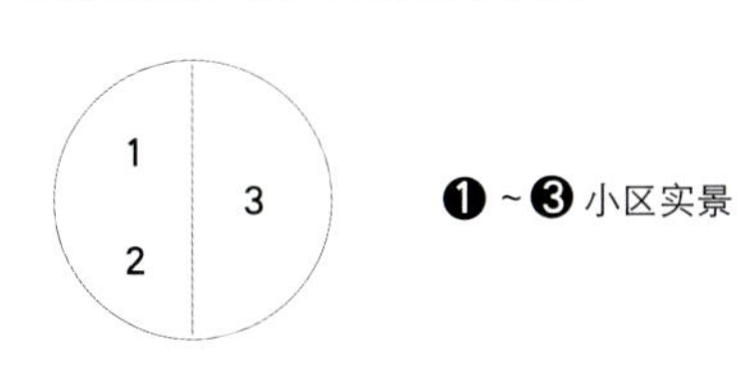

❶～❸ 小区实景

芳村联合围住宅小区位于广州市芳村大道东与信义路交界处，包含两栋22层住宅楼。1～2层为商场，3层为设备层，4～22层为住宅。地下室两层，屋顶设花园。

广东省一七七医院门诊楼、住院楼等

Outpatient Building \ Inpatient Building of Guangdong No 177 Hospital

建造地点 ◎ 广州市海珠区新港东路
总建筑面积 ◎ 2.34万m^2
建筑高度 ◎ 60.9m
建成时间 ◎ 1998年

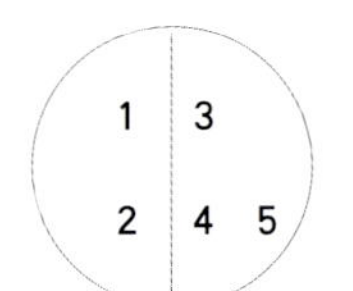

❶ 医院总体规划平面图
❷ 医院实景图
❸ 小区鸟瞰图
❹ 小区实景图
❺ 小区总体规划平面图

本工程位于新港东路与石榴岗路交叉口。项目为解放军一七七医院，目前改名为广东省第二人民医院，包括16层住院楼和5层门诊楼，设计床位为500床。

广州郭村小区8、9号楼设计

Guangzhou Guocun High Rise residential Area Planning and Architectural Design

建造地点 ◎ 广州市芳村区芳信路
总建筑面积 ◎ 9.05万m^2
建筑高度 ◎ 99m
容积率 ◎ 4.55
建成时间 ◎ 2011年

郭村小区8、9号楼定位为经济适用房，是由三栋塔楼组成的高层商住建筑。地上32层，下面两层裙楼为商场，上部为住宅；地下3层，为停车场及设备用房，地下二、三层设有六级人防地下室。

户型平面布局紧凑，使用率达82%，各户通风采光良好，整个设计经济、实用、美观、大方。合理的设计与良好的工程质量，受到多方好评，现正申报工程“鲁班奖”。

广州三元里商业办公综合大楼工程

Guangzhou Sanyuanli Office Building

建造地点 ◎ 广州市白云区三元里村
总建筑面积 ◎ 5.6万m^2
容积率 ◎ 4.0
建筑高度 ◎ 97.7m
建成时间 ◎ 2011年

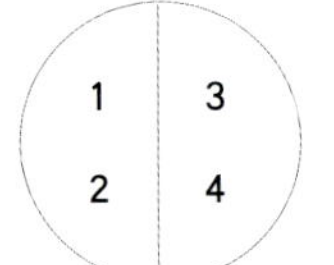

❶ 总体规划平面图
❷～❹ 实景图

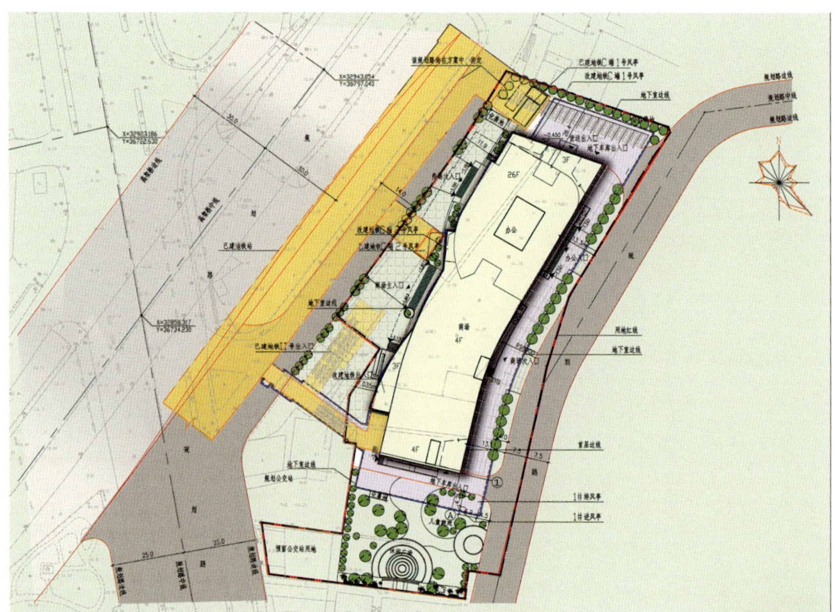

三元里商业办公综合大楼工程位于广州市白云区三元里广花路与广园西路立交口德东南侧，毗邻二号线三元里站。

本工程1～4层裙楼为商场，5～26层塔楼为办公楼，两层地下室，其中地下一层有通道与地铁站相连接。

020-36682288 36683388
写字楼，诚邀进驻！
YIJIAREN

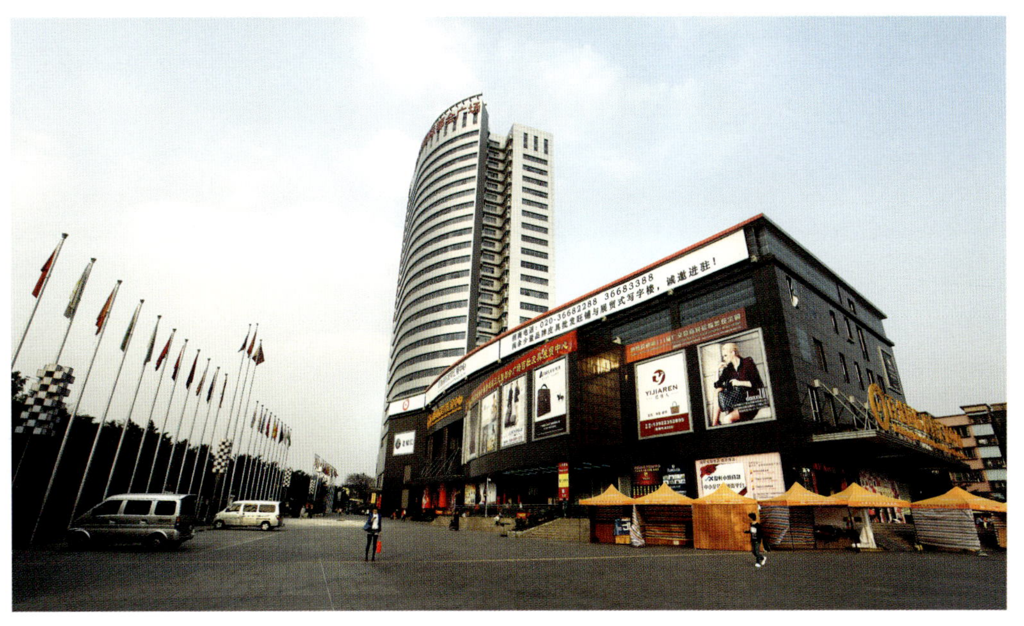

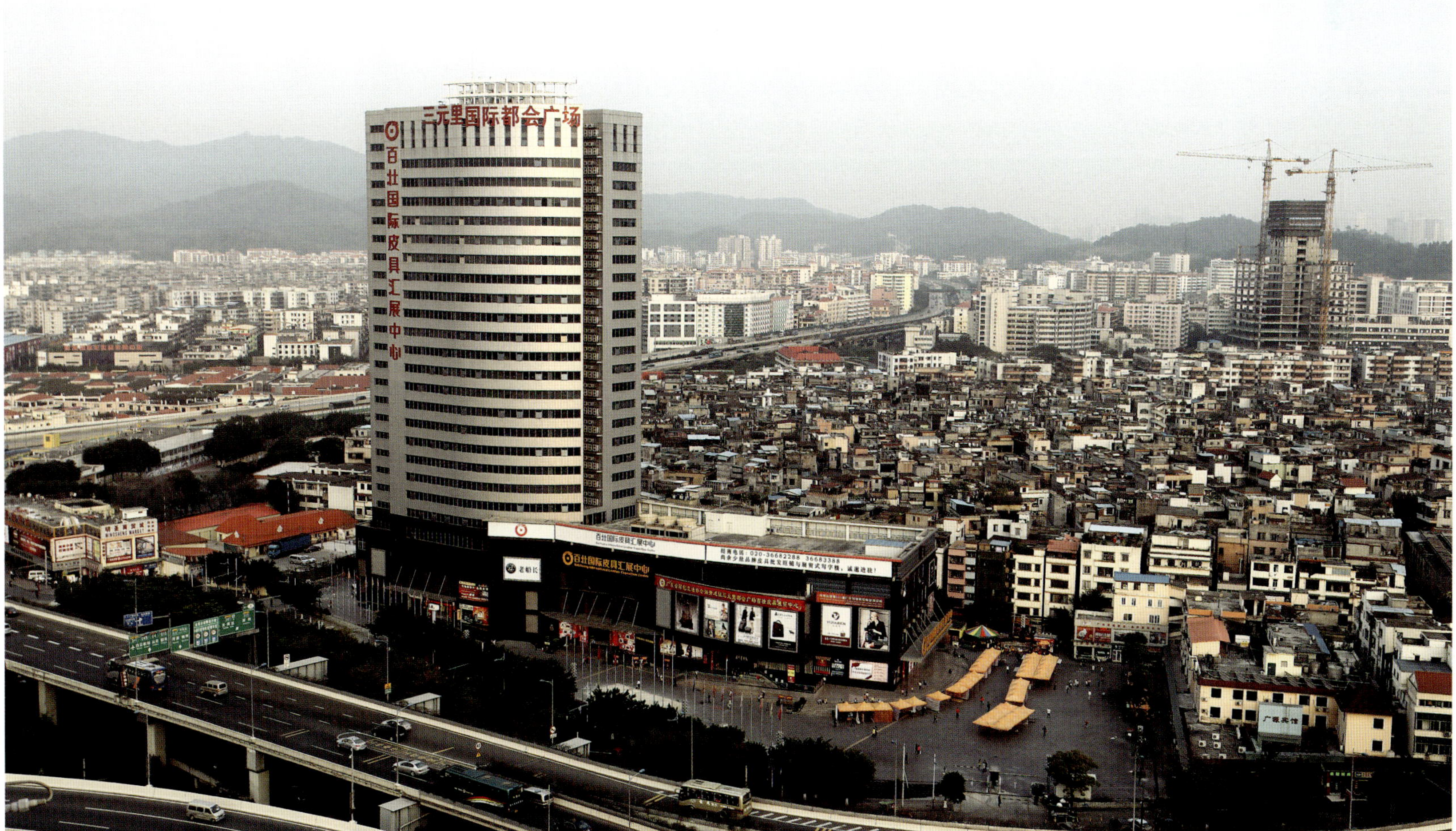
三元里国际都会广场
百壮国际皮具汇展中心

广州电客车驾驶与运营模拟训练基地

Driving Simulation Training Center of Guangzhou

建造地点 ◎ 广州市海珠区赤沙车辆段内
总建筑面积 ◎ 8341m²
建筑高度 ◎ 20.4m
容积率 ◎ 1.16
建成时间 ◎ 2012年

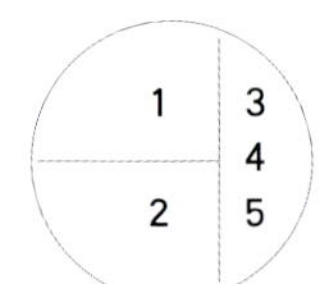

❶ 总平面图
❷ 鸟瞰图
❸ 室内装修图
❹ 效果图
❺ 实景图

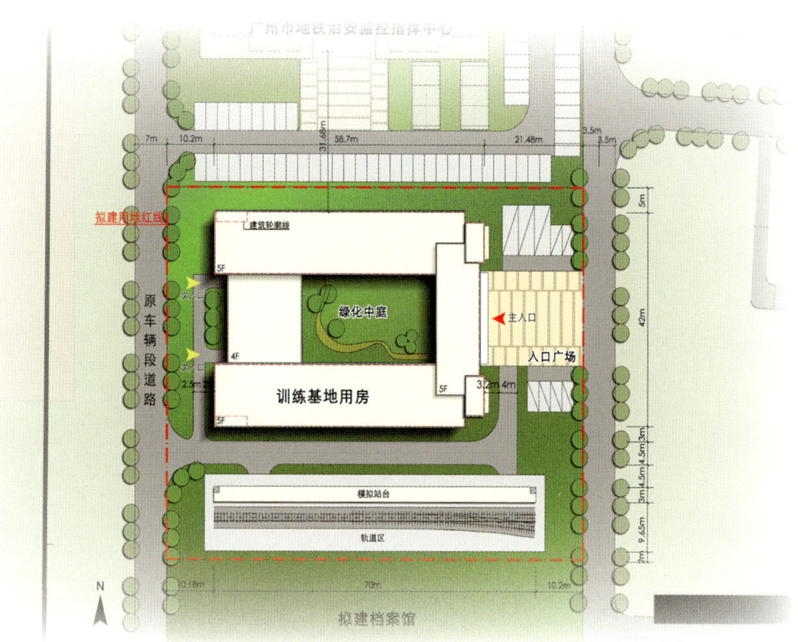

电客车驾驶及运营设备模拟训练基地是我院承接的第一个以设计为龙头的总承包工程，涉及土建、装修、机电、综合工艺、轨道、信号、通信等系统，以及具有地铁特色的各类培训设备采购安装工程等。总用地面积6619m²，由室外模拟场地与一栋5层培训楼组成。

基地使用功能包括电客车模拟培训室、设备模拟培训室、普通教室、办公室及其他用房。

建筑造型的总体构思：秉承赤沙车辆段规划设计中流畅、自然、和谐的设计理念，主人口立面造型营造一种端庄、稳重的氛围，使人感受到自然的和谐；南、北立面采用简洁明快的处理手法，使不同功能房间的风格和谐统一，西立面充分考虑了遮阳措施，整栋建筑风格与周边现有环境融为一体。

南京南控制中心及商业办公楼

Nanjing Metro Control Center and Office Building

建造地点 ◎ 南京雨花台区站北广场以西
总建筑面积 ◎ 7.0万m²
建筑高度 ◎ 30m
容积率 ◎ 3.14
建成时间 ◎ 2014年

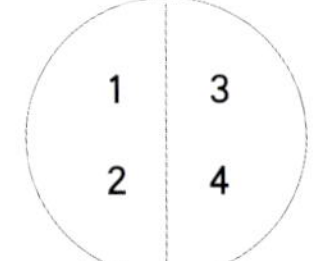

❶ 总平面图
❷、❸ 鸟瞰图
❹ 沿街效果图

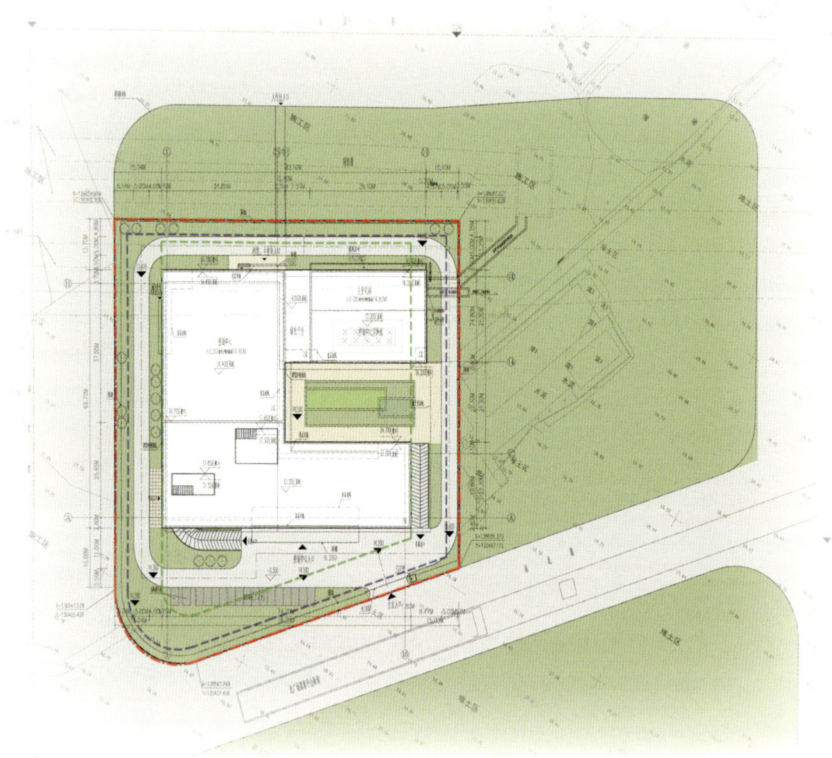

南京南控制中心主要管辖南京市南城线路，集中合并设置3号线、5号线、宁高城轨机场段、12号线、S3号线的控制中心，并预留一条线路的监控规模。

项目用地形状为梯形，东南面为南京火车南站，总用地面积2.2hm²，总建筑面积7.0万m²，其中主变电站3055m²，控制中心3.3万m²，商业开发3.4万m²。

本工程采用框架结构，中央控制大厅无柱大空间上部采用大跨度钢网架结构；建筑使用年限50年，抗震设防烈度7度。商业开发部分地下室内预留有宁和城际线区间隧道通过的空间。

南昌综合客运枢纽工程

Nanchang Terminal

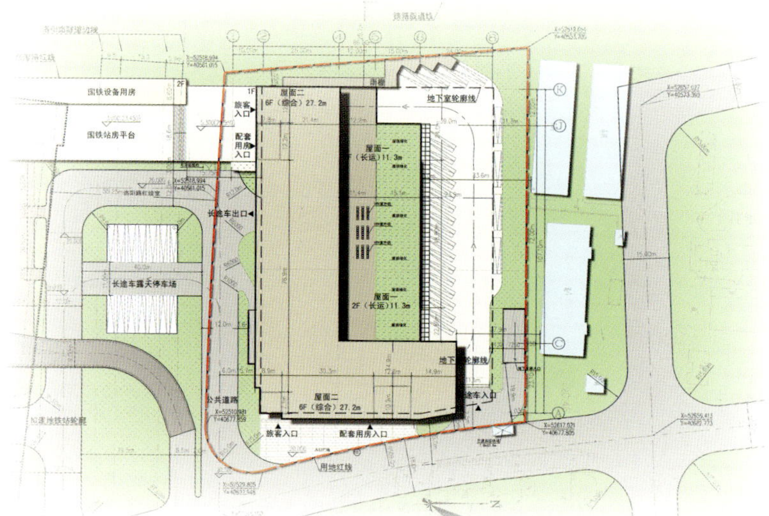

建造地点 ◎ 南昌市规划新魏路与洛阳路交叉口西北象限
总建筑面积 ◎ 3.57万m^2
建筑高度 ◎ 27.2m
容积率 ◎ 1.74
建成时间 ◎ 2017年

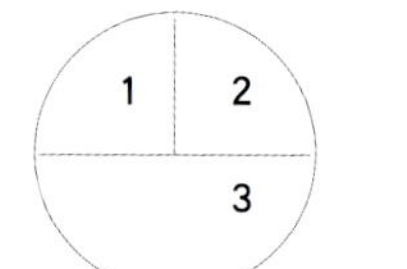

❶ 总平面图
❷ 透视效果图
❸ 鸟瞰效果图

南昌综合客运枢纽位于南昌市旧城中心区火车站以北，规划新魏路西侧，总用地面积1.3hm^2。

建筑功能为以公路客运为主，辅以配套办公的综合客运枢纽。建成后该站将承担全部的旧城区客流，并承担大量的旅客输送任务。该枢纽站定位为一级客运站，平均日发送旅客量达10000人，最高旅客聚集人数为1000人，发车位24个。

枢纽建筑设计的原则是以简洁、明快、导向性强的造型和建筑材料的运用，使枢纽站具有较强可识别性，成为城市景观的亮点。立面设计完整大气，简洁不失细腻，充分体现交通建筑特点。

南昌综合客运枢纽

天津市文化中心地下交通枢纽工程

Tianjin Culture Center Metro Terminal Project

建造地点 ◎ 天津市文化中心广场下
总建筑面积 ◎ 7.0万m²
建成时间 ◎ 2014年

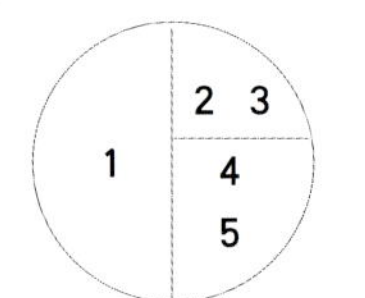

❶ 总平面图
❷ 区域示意图
❸、❹ 枢纽出入口效果图
❺ 剖透视图

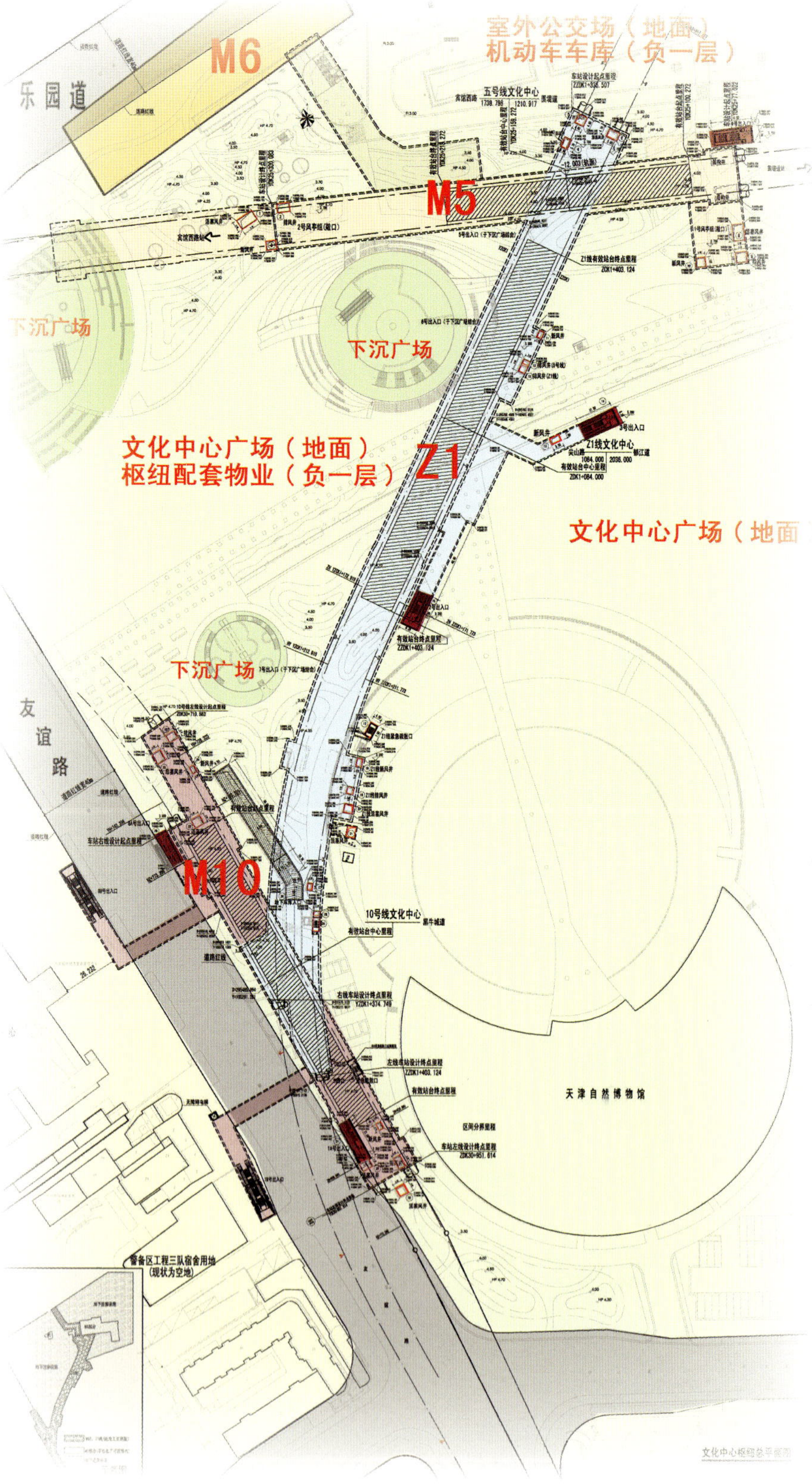

天津市文化中心地下交通枢纽工程地铁部分是天津市轨道交通5、10号线与Z1号线的三线换乘枢纽站，主体呈南北走向布置于友谊路银河广场路边绿化带下，Z1线文化中心站则分别以T字换乘的方式连接5、10号线。站位附近有公交站点。

文化中心枢纽在文化中心广场内共设10个独立出入口、8组地面风亭。出入口设计时，充分考虑文化中心的“核心地位”，对各方向的客流进行了合理分配。

该枢纽为天津中心城区提供便捷高效的公共交通服务，保证人流的快速集散。同时，完善文化中心枢纽地区道路网，形成“三横四纵”的路网骨架，实现文化中心进出车流的畅通无阻。另外，文化中心枢纽结合地下空间的开发，规划建设地下综合停车场，有效解决目前车辆停放困难的问题。

乐城
歌剧院
图书馆
美术馆
博物馆
文化中心广场
公交场
乐园道
Z1线
M6
M5
M10
地下交通枢纽
友谊路

swatch
MaxMara
MISS SIXTY
BALLY

LOUIS VUITTO

深圳东站综合交通枢纽工程

Shenzhen Terminal

建造地点 ◎ 深圳市坪山新区中心
总建筑面积 ◎ 4.01万m^2
建成时间 ◎ 2013年

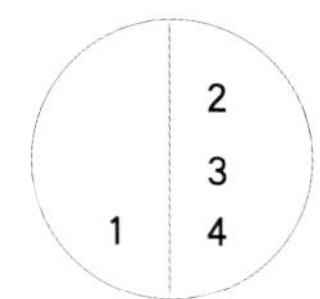

❶ 总体规划平面图
❷ 主立面效果图
❸ 室内效果图
❹ 鸟瞰图

深圳东站综合交通枢纽工程位于龙岗中心组团与坪山新区连接轴带上，集铁路、轨道交通、常规公交、小汽车接驳等多种交通方式换乘为一体，辐射整个深圳市东部地区，对促进东部地区的发展具有重要的意义。枢纽功能定位为深圳市重要的综合客运交通枢纽。

工程建设内容包括公交、出租等场站，南北广场、绿地及周边道路工程。深圳市城市轨道交通12号线属于远期建设工程，只做规划预留。道路工程主要包括站场周边四条道路，即丹梓西路、站前路、和乐路、坪兰路。丹梓西路为城市主干路，设计速度60km/h，起点接宝龙路，终点与现状丹梓西路顺接，全长2483.744m。站前路、和乐路和坪兰路均为城市次干路，设计速度为40km/h，其中站前路全长1463.339m，和乐路全长374.897m，坪兰路全长1196.685m。

枢纽工程总用地面积约47hm^2，场站工程建筑面积4.01万m^2，广场面积3.23万m^2，公共绿地面积6.52万m^2，市政道路面积31.18万m^2。

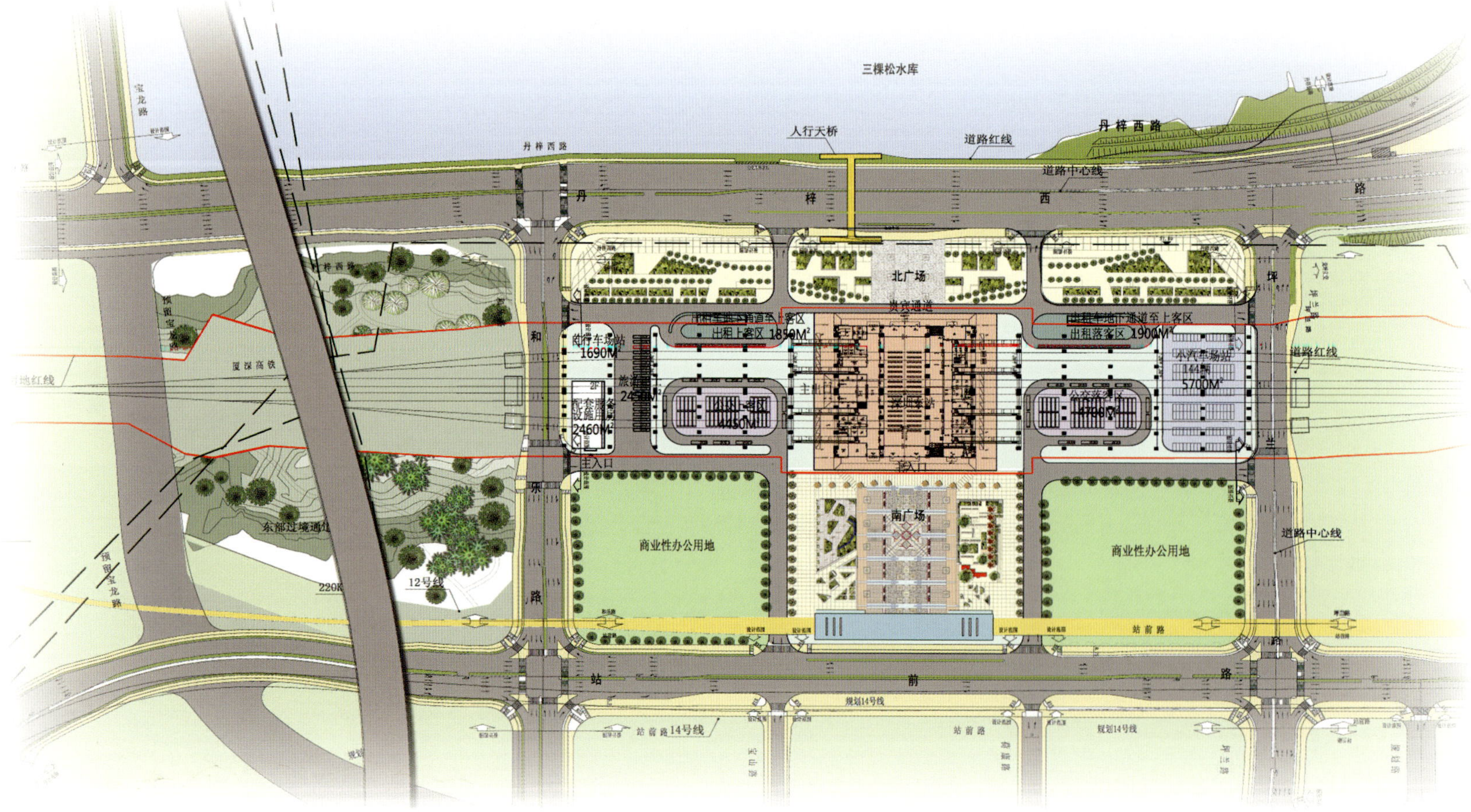

深圳东站

歐龍茶

轨道交通车辆段上盖物业开发

Depot Superstructure Development

开发项目：

1. 广州轨道交通六号线萝岗车辆段；
2. 广州轨道交通八号线北延段白云湖车辆段；
3. 广州轨道交通九号线岐山车辆段；
4. 广州轨道交通十三号线官湖车辆段；
5. 广州轨道交通二十一号线水西停车场；
6. 广州轨道交通二十一号线镇龙车辆段；
7. 广州轨道交通四号线南延南沙停车场；
8. 南昌轨道交通一号线蛟桥停车场。

设计理念：

开发背景：集约利用土地资源，优化城市功能与空间，提升区域综合价值。

开发模式：地毯式全上盖开发、半上盖开发、车辆段上盖周边白地开发。

开发定位：绿色低碳，生态技术与智能化居住生活一体活力社区。

开发规模：容积率为2.0~2.7。

开发效益：平台土地整理投资利润率为14%~95%。

代表工程：

萝岗车辆段上盖物业开发

（1）可收储用地35.45hm^2,其中上盖平台用地20.99hm^2。

（2）开发规模：开发总建筑面积为63.47万m^2，容积率为2.36，开发总人口为1.78万人。

（3）车辆段上盖平台总投资14.88亿元，平台土地整理投资利润率为72%。

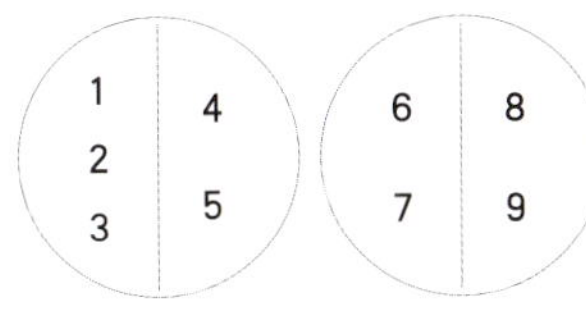

❶ 二十一号线镇龙停车场总平面图
❷ 十四号线邓村车辆段开发总平面图
❸ 四号线南延南沙停车场总平面图
❹ 六号线萝岗车辆段总平面图
❺ 二十一号线水西停车场
❻ 八号线白云湖车辆段
❼ 九号线岐山车辆段
❽ 南昌蛟桥停车场
❾ 十三号线官湖车辆段

三、市政工程篇

广州地铁设计研究院建院周年优秀作品集

一江两岸

Zhujiang Riversides

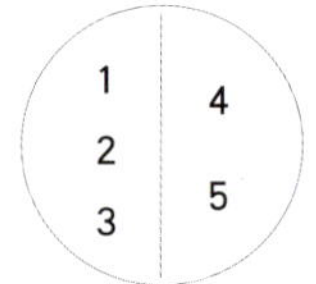

❶ 滨江东堤岸景观
❷ 二沙岛景观段
❸ 西堤亲水平台
❹ 珠江两岸夜景
❺ 沿江路架空悬挑段

珠江两岸环境景观建设工程是广州市政府的城市标志性形象工程之一，亦是广州市城市环境改造工作的重要环节。伴随着广州“一年一小变，三年一中变”的城市改造步伐，至2001年10月工程历时三年在九运会前夕，东起华南桥，西至人民桥全河段近25km的珠江两岸环境景观工程顺利竣工。

设计始终坚持“以人为本”、“精良设计”的理念，强调空间的连续性、统一性、协调性和可持续性的总体设计原则，沿用“元素廊”、“模数化”的设计手法，巧妙利用栏杆、花池、座椅、人行道等景观构成元素，对两岸景观资源统一规划，设置开放式的滨河公园、景观节点，合理组合和划分休闲区和步行区域，营造出一个充满人情味的、优美的共享空间，使河岸景观井然有序而又充满生机。 设计力求突出“珠江”的特点，把其蕴含的“岭南文化”精髓融合其中，堤岸栏杆采用天然花岗石的新型加工工艺，在精致中显粗犷，古朴中显大气，现代与自然的完美结合，正好体现出岭南文化收放自如、兼容并蓄的风格。

建成后的珠江两岸景观环境重塑了珠江沿岸的形象，体现了广州作为国际化中心城市应有的风貌，使美丽的珠江熠熠生辉，为广州增添了一道亮丽的风景线。

获奖情况：

2002年广州市优秀工程设计一等奖

2003年广东省优秀工程设计二等奖

珠江隧道

Zhujiang Tunnel

珠江隧道是广州市第一条穿越珠江的隧道，也是我国内地首次采用沉管法设计施工的大型水下隧道，公路和一号线区间合建。该隧道于1990年10月14日动工，1993年12月28日建成通车，总投资6亿元人民币，全长1238.5m，河中段全长475m。

建造地点 ◎ 广州市
隧道总长 ◎ 1238.5m
建成时间 ◎ 1993年

1
2

❶ 隧道洞口一
❷ 隧道洞口二

广州地铁九号线沿线城市道路交通优化工程

The Road Traffic Optimization Project Along Guangzhou Metro Line 9

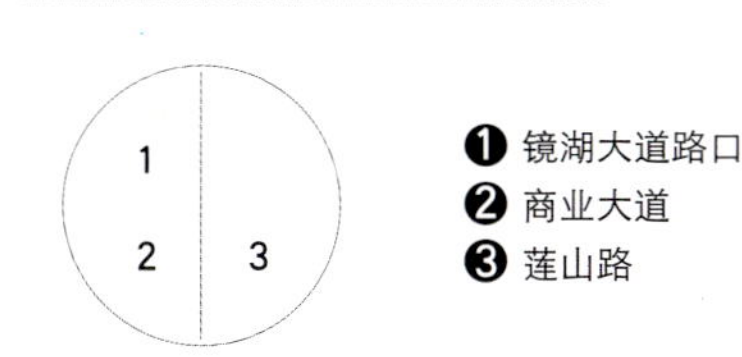

镜湖大道车行隧道为双向六车道，位于镜湖大道和迎宾大道交叉口，沿迎宾大道呈南北走向。镜湖大道隧道全长620m，总宽28.7m。

镜湖大道与迎宾大道交叉口

商业大道与迎宾大道交叉口

商业大道车行隧道为双向六车道，位于商业大道与迎宾大道交叉口，沿迎宾大道呈南北走向，与商业大道垂直，在规划设计的9号线区间隧道西侧，与9号线区间隧道基本平行设置。商业大道隧道全长85.253m，总宽28.7m。

莲山路与迎宾大道交叉口

莲山路车行隧道为双向四车道，位于规划莲山路与迎宾大道交叉口，沿莲山路呈东西走向。莲山路隧道全长594.307m，总宽 20.8m。

广州市东晓南路放射线二期工程

Phase II Project of Guangzhou Dongxiaonan Road

建造地点 ◎ 广州市
桥梁总长 ◎ 4.5km
建成时间 ◎ 2009年

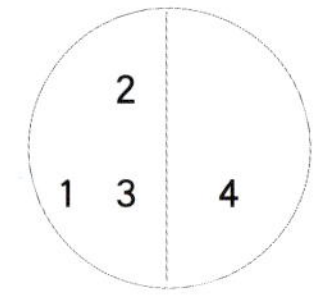

❶ 正线高架桥
❷ 新窖南互通立交一
❸ 新窖南互通立交二
❹ 车陂路跨线桥工程

东晓南路放射线二期工程是在一期工程已建道路上实施的，包括地面道路工程和高架桥梁工程两部分。高架桥梁工程包括主线高架桥梁、新窖南路互通区立交匝道桥以及上桥、下地匝道桥工程。主线高架桥梁起点处接昌岗路立交预留的高架桥接口，终点处左幅落地接地面道路、右幅接南洲路立交预留的高架桥接口，主线桥全长3147.84m，新窖南互通区A、B、C匝道桥全长1203.66m，上桥、下地匝道桥全长395.37m。跨越新窖西路采用54m+70m+54m预应力钢箱混凝土叠合梁，匝道为现浇预应力混凝土连续箱梁，最小半径67m，相应跨度39m。

广州市黄埔大道车陂路垮线桥工程（黄洲立交）

Huangzhou Grade Separated Bridge of Guangzhou Huangpu Road

广州市黄埔大道车陂路跨线桥为黄埔大道上跨车陂路的分离式立交桥，道路等级为城市快速路，跨线桥设计双向6车道。此交叉口地下是广州市轨道交通四号线车陂南站，为四、五号线的换乘站。沿着黄埔大道东西向的五号线，位于南北向四号线之上。

车陂路跨线桥与五号线线路并行，通过墩下转换梁将桥梁上部荷载传到车站的围护桩、站内钢管混凝土柱及桩基。

建造地点 ◎ 广州市
桥梁总长 ◎ 585m
建成时间 ◎ 2013年

广州人民北路、流花路人行隧道

Guangzhou Liuhua Road Pedestrian Tunnel

建造地点 ◎ 广州市
隧道全长 ◎ 138m
建成时间 ◎ 2001年

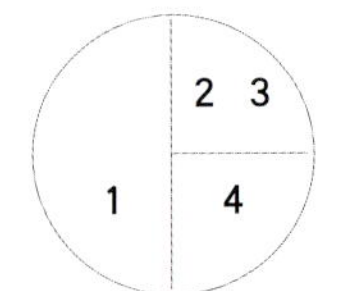

❶ 出入口
❷ 通道岔口
❸ 通道内部
❹ 通道接口

流花路隧道是广州市政府对广州出口商品交易会馆正门流花路段进行环境整治的重点市政工程，投资2000多万元。该隧道呈“H”形，分别在广州出口商品交易馆、广州军区总医院、东方海外俱乐部和流花湖公园门前各设一个行人出入口。隧道内拥有先进的照明和闭路电视监控等设施。

本隧道采用暗挖施工，为城市中心区超浅埋大跨度隧道的经典案例，并且是国内首条拥有残疾人电梯的人行隧道。

广州市增槎路跨线桥工程

Grade Separated Bridge of Guangzhou Zengcha Road

建造地点 ◎ 广州市
设计概算 ◎ 64439.2万元
建成时间 ◎ 2012年

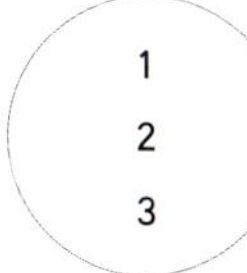

❶ 匝道跨线桥一
❷ 地面道路
❸ 匝道跨线桥二

作为市中心区交通网络的主干快速道路，增槎路放射线是广州市七条内环放射线之一，从内环连接到外环高速公路。道路全长3.26km，包含增步跨江大桥、松南立交、广清立交等主要工程，总投资约6.5亿元。

本工程桥梁规模大（5.57万m^2）、结构复杂，有跨河的40m+51.54m+40m连续梁和跨路的31m+40m+31m连续弯梁(R300m)主线桥，也有22.5m+26.74m+53m+37.5m+26.5m大跨度连续刚构和5x21m小半径（R90m）连续弯梁匝道桥，设计难度较高。全线采用统一梁高1.65m，高跨比在1/16.5～1/20，使梁外观协调流畅。

获奖信息：

2002年广州市优秀设计二等奖

2002年广东省优秀设计二等奖

南昌八一广场站人行天桥工程——Y形人行天桥

Nanchang Bayi Square Pedestrian Bridge Project—Y Shape Pedestrian Bridge

建造地点 ◎ 南昌市
桥梁总长 ◎ 137m
建成时间 ◎ 2011年

❶ 主桥
❷ 梯道
❸ 天桥全景

南昌市轨道交通1号线八一广场站人行天桥分A、B、C三支，分别跨越八一大道、中山东路和八一大道转弯车道。其中A支单跨跨越八一大道双向十车道，跨径为43.6m，B支和C支跨度分别为37m和38m。该天桥为江西省内跨度最大的人行天桥。

天桥主桥采用下承式钢桁架结构，主桁架高度3.25m。下部结构采用钢管柱支撑。基础采用钢筋混凝土扩大基础和人工挖孔桩基础。考虑人性化设计，天桥设有耐力板雨棚。

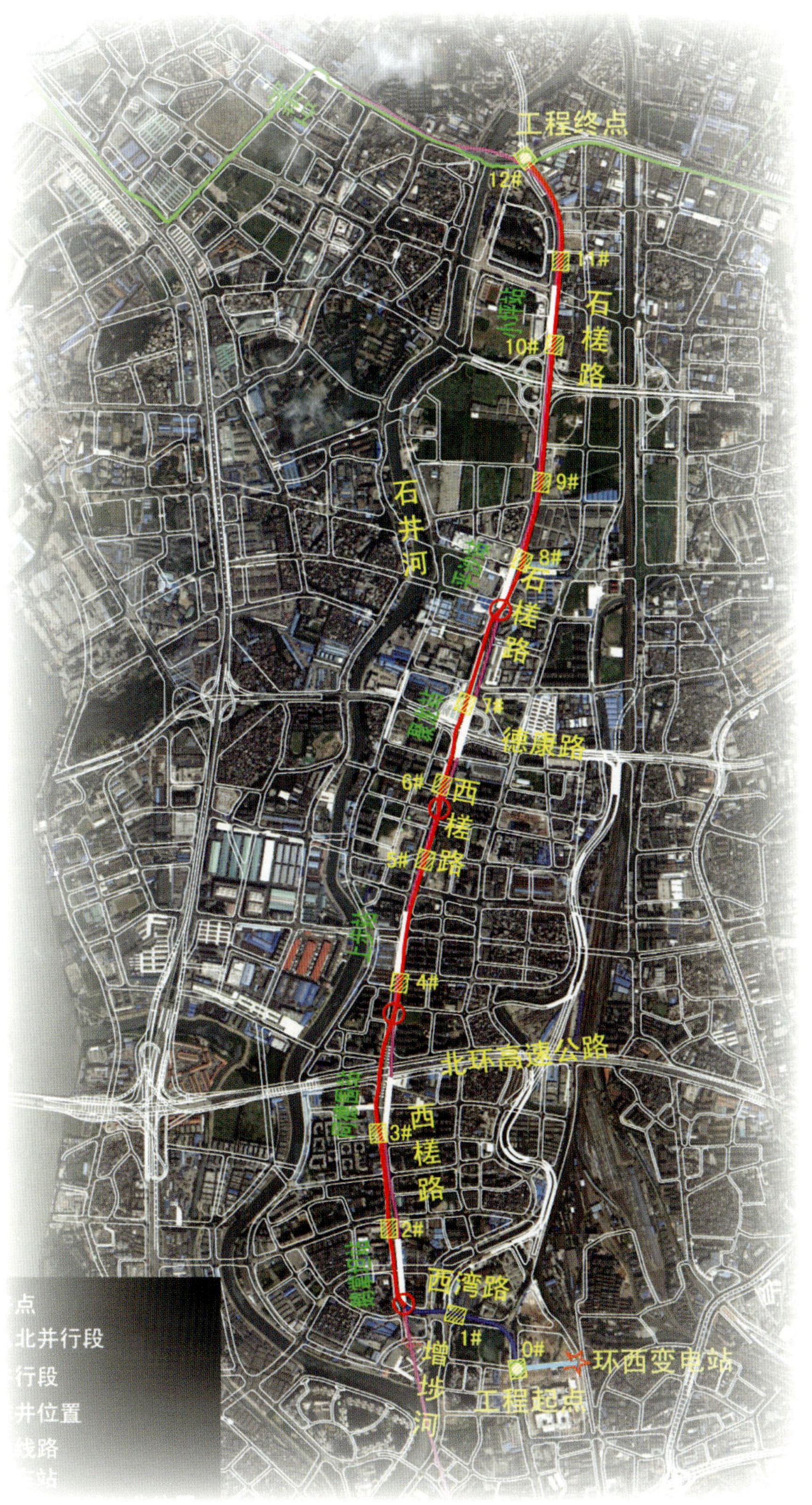

广州220kV石井至环西电缆隧道工程

Cable Tunnel Between Shijing and Huanxi in Guangzhou

建造地点 ◎ 广州市

隧道全长 ◎ 6770m

建成时间 ◎ 2016年

220kV石井至环西电缆隧道是石井至环西电缆线路工程的配套建设项目。该工程与八号线同步设计、同步实施、统一施工管理。

220kV石井至环西电缆隧道全长6770m，分为两段，一段为环西出站段西线电力隧道起沿西湾路向西又向北大约700m，此段与八号线北延段垂直；另一段为沿西槎路、石槎路，一路向北至石槎路和石沙公路交叉口与石井至凯旋电力隧道连接，约6100m，此段为与八号线北延段并行段。石槎路和西槎路管线密集，附近房屋也较密集，为石井、同德围高密度区域，路面交通较繁忙。

本工程共设0～12号共13个工作井，隧道为盾构法施工，为内径3.5m直径圆形盾构，可放置4回路220kV及6回路110kV电缆。工作井均为明挖法施工。与八号线北延段并行段电力隧道4次上穿八号线北延段区间隧道，1次穿越聚龙站主体结构，17次下穿车站风道和出入口结构。

南宁市滨湖北路延长线（长湖路—贤宾路）工程——竹排冲大桥

The Zhupaichong Bridge in Extension Line of Nanning Binghubei Road (Changhu Road–Xianbin Road)

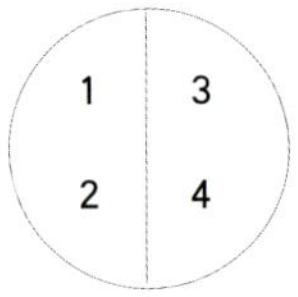

建造地点 ◎ 南宁市
桥梁总长 ◎ 87.5m
建成时间 ◎ 2009年

竹排冲大桥位于南宁市滨湖北路延长线上，规划道路红线宽度为50m，为城市主干道Ⅰ级，呈西南东北走向，以桥梁形式跨越呈西北东南方向流向的竹排冲河，桥梁与竹排冲河以正交角跨越。竹排冲河为内河，无通航要求。该桥主要功能是为滨湖北路跨越竹排冲河，连接茅桥、东沟岭片区的交通。为体现竹排冲改造工程以及周边环境的整体景观要求，设计采用了造型优美的V形斜腿刚构拱桥。

❶ 竹排冲桥现场图
❷ 竹排冲桥设计效果图
❸ 凤岭隧道洞口透视图
❹ 隧道内景效果图

南宁市凤岭南路（会展路—青秀路）隧道工程

The Tunnel in Nanning Fengling Road (Huizhan Road-Qingxiu Road)

建造地点 ◎ 南宁市
隧道总长 ◎ 1100m
建成时间 ◎ 2012年

南宁市凤岭南路（会展路—青秀路）隧道工程起点接会展路，往东经青秀山北侧与青秀路相交，城市主干道Ⅰ级，隧道全长1100m，双向六车道，限高≥5.0m，隧道内平曲线半径700m，最大纵坡为3.991%。隧道断面采用2×13.25m单箱双室全封闭框架结构，明挖法施工，覆土后隧道顶恢复青秀山绿化景区，洞内设一处紧急停车带和三组射流风机，内壁采用喷涂高级涂料装饰。

广州新广从路快速化改造工程

The Renovation of Guangcong Road in Guangzhou

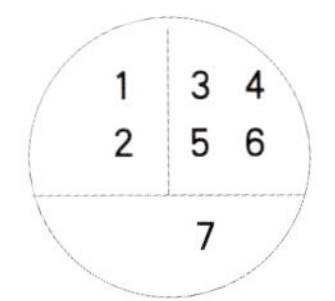

❶ 新广从下穿隧道并行轨道交通高架桥
❷ 新广从跨线桥与轨道交通高架桥并行
❸、❹ 轨道交通双岛四线车站
❺ 轨道交通区间桥梁
❻、❼ 轨道交通标准侧式车站

新广从路为国道（G105）广州境内北段，南起白云，北至从化，是广州市北部地区的一条重要交通走廊，衔接中心城区、白云区和从化市内多个组团。随着北部地区的建设，新广从路交通流量增长迅猛，道路的断面形式、交叉口的控制方式以及设计车速等道路的现行状况难以适应交通的发展，部分路段交通较为拥堵。与此同时，新广从路规划为十四号线的走廊，而十四号线建设迫在眉睫。多重原因下，为适应城市交通的发展和轨道线路的建设，新广从路快速化改造与十四号线建设作为一个项目整体考虑、同步规划设计。

北段工程（北二环至街口）长38.32km，近期按城市主干道进行改造，设计时速60km/h，线形按80km/h控制，远期改造为城市快速路。共设12座立交，32座人行过街天桥。工程总投资约55亿元（不含公路占道费用）。计划2013年年初动工，2015年完工。

新广从路快速化改造工程与十四号线高架段重叠约30km，7座高架车站。